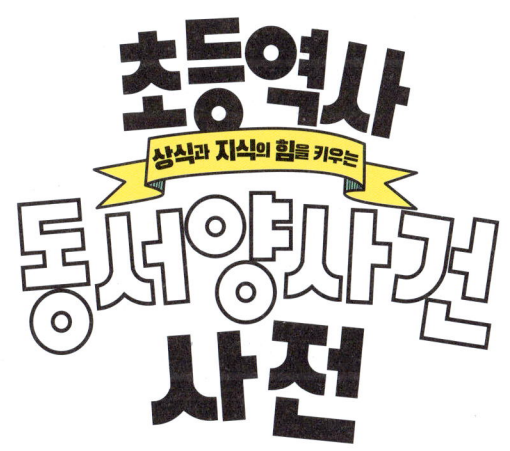

지은이 박수미
그린이 신동민
펴낸이 정규도
펴낸곳 (주)다락원

초판 1쇄 발행 2021년 5월 10일
초판 2쇄 발행 2021년 12월 15일

편집총괄 최운선
기획편집 김지혜
디자인 유어텍스트

다락원 경기도 파주시 문발로 211
내용문의 (02)736-2031 내선 272
구입문의 (02)736-2031 내선 250~252
Fax (02)732-2037
출판등록 1977년 9월 16일 제406-2008-000007호

Copyright © 2021, 박수미

저자 및 출판사의 허락 없이 이 책의 일부 또는 전부를 무단 복제·전재·발췌할 수 없습니다. 구입 후 철회는 회사 내규에 부합하는 경우에 가능하므로 구입 문의처에 문의하시기 바랍니다. 분실·파손 등에 따른 소비자 피해에 대해서는 공정거래위원회에서 고시한 소비자 분쟁 해결 기준에 따라 보상 가능합니다. 잘못된 책은 바꿔 드립니다.

값 16,500원
ISBN 978-89-277-4765-9 73900

http://www.darakwon.co.kr
다락원 홈페이지를 통해 인터넷 주문을 하시면 자세한 정보와 함께 다양한 혜택을 받으실 수 있습니다.

초등역사
상식과 지식의 힘을 키우는
동서양사건사전

박수미 지음 | 신동민 그림

다락원

역사책만 보면
가슴이 벌렁벌렁하는 친구들에게

학교에서 수업하다 보면 초등학생 때부터 역사를 좋아하는 친구와 그렇지 않은 친구가 명확히 나뉘는 것을 종종 봅니다. 사실 역사를 좋아하지 않는다기보다 어려워하는 것이죠. 그러다 중학교에 가서 세계사와 한국사를 함께 공부하다 보면, 갑자기 쏟아지는 연도와 어려운 단어들 때문에 또 역사는 멀어지게 됩니다. 역사는 우리가 살아온 길이고 우리가 딛고 서 있는 시간이기에 재미있으면서도 꼭 필요한 바탕입니다. 그런데도 역사를 어렵고 딱딱하게만 생각하는 안타까운 상황들이 많기에, 재미있고 가볍게 그리고 자주 펼쳐 볼 수 있는 책이 있었으면 하고 바랐습니다.

우리 아이들이 수천 년이 넘는 세계의 역사와 우리의 역사를 다 외울 수는 없습니다. 이미 알고 있는 역사적 사건은 단편적인 지식이 대부분입니다. 그러다 보니 전체적인 흐름을 꿰뚫지 못하고 뒤죽박죽 헷갈리는 역사 공부가 되고 맙니다. 이 책은 아이들이 관심 가질 만한 사건들을 시대순으로 배열해 자연스럽게 흐름을 따라갈 수 있도록 했습니다. 또 긴 글 읽기를 어려워하는 학생들을 위해 최대한 간략하게 요약, 정리하고 사진과 그림으로 이해를 돕도록 구성했습니다.

이 책을 처음부터 끝까지 찬찬히 읽고 이해하면 더없이 좋겠지만, 그러지 못해도 생활 속에서 만나는 궁금한 사건을 찾아 뒤적일 때, 앞뒤로 연결된 세계사와 한국사를 한눈에 볼 수 있으면 좋겠다는 생각으로 구성에 신경 썼습니다.

이 책은 중학생, 고등학생인 내 아이에게도 빨리 보여 주고 싶은 책입니다. 우리 아이들에게 꼭 필요한 책을 만들어 주신 다락원과 꼼꼼한 편집으로 품격을 높여 준 김지혜 편집자님께 감사의 인사를 드립니다. 끝으로 이 책의 맨 뒷장인 새로운 역사를 만들어 갈 어린이들에게 가장 큰 고마움을 전합니다.

2021년 화창한 어린이날에
박수리

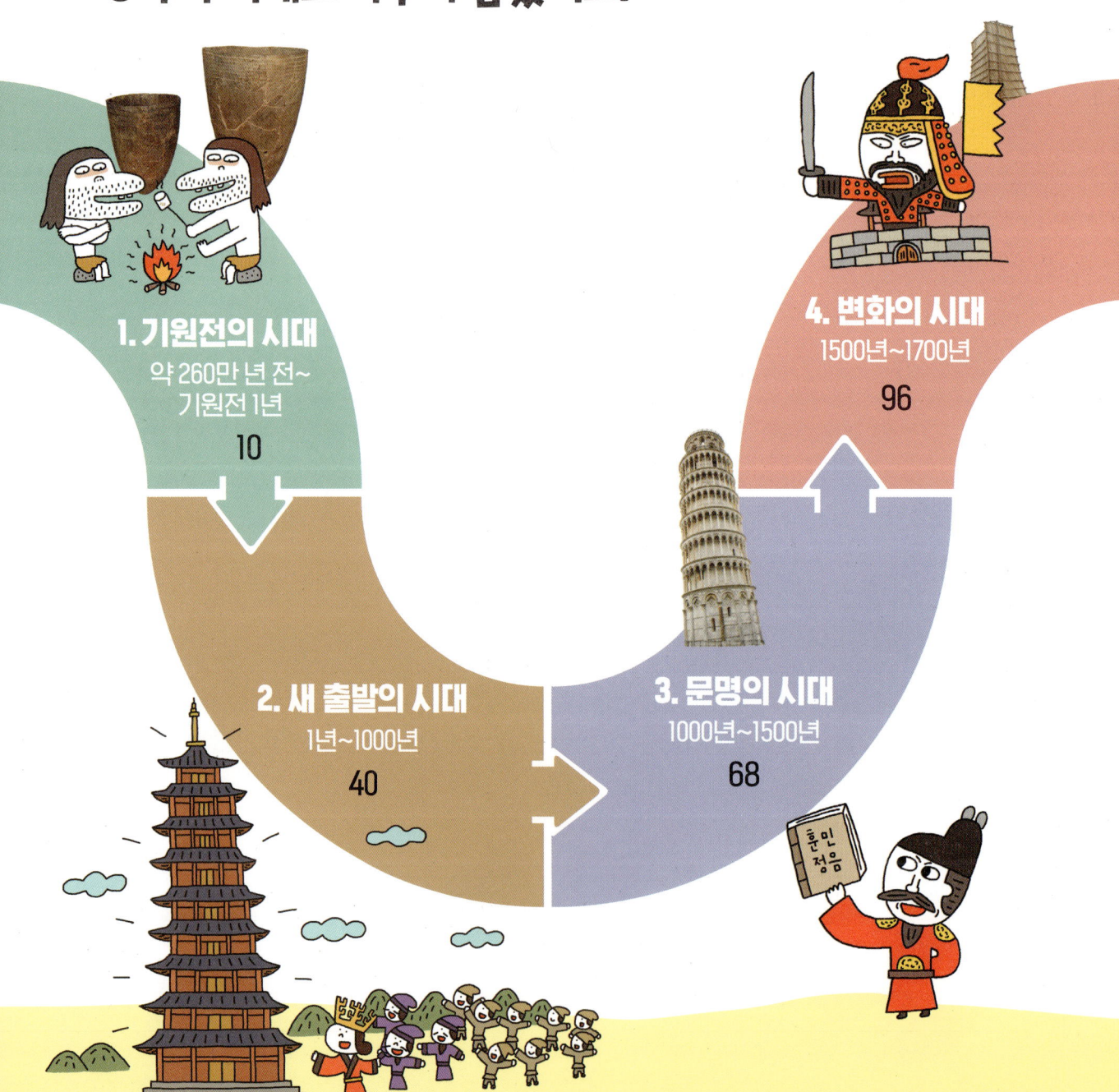

5. 혁명의 시대
1700년~1850년
124

8. 과학 기술의 시대
1945년~현재
248

6. 제국주의 시대
1850년~1914년
154

7. 세계 대전의 시대
1914년~1945년
218

찾아보기 298   사진 출처 310

이 책의 특징
이렇게 살펴보세요!

초등학생이 꼭 알아야 할 역사 사건을
6가지의 분야에서 추려 선정하였어요.

 역사   인물   과학   의학   수학 예술

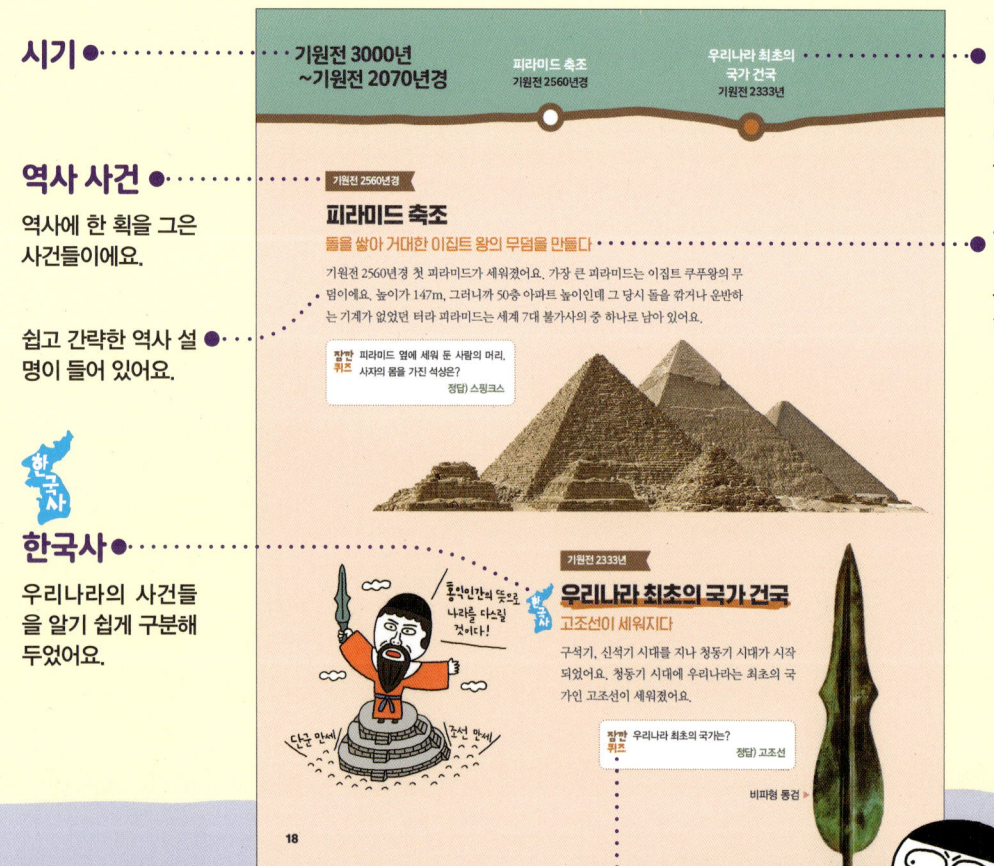

시기 — 기원전 3000년 ~기원전 2070년경

연표 — 이 시기에 일어난 사건을 한눈에 파악할 수 있어요.

역사 사건 — 역사에 한 획을 그은 사건들이에요.

한 줄 설명 — 사건을 한마디로 딱 설명해요.

쉽고 간략한 역사 설명이 들어 있어요.

한국사 — 우리나라의 사건들을 알기 쉽게 구분해 두었어요.

잠깐 퀴즈 — 짧은 퀴즈로 역사 사건을 확인해요.

기원전 770년

중국 춘추 전국 시대
공자와 노자의 나라

중국의 춘추 전국 시대는 춘추 시대와 전국 시대를 합쳐서 부르는 이름이에요. 크고 작은 나라가 끊임없이 경쟁하던 시대라 많은 인재가 나오기도 했죠. 공자, 맹자, 노자는 모두 이 시대 사람들이에요.

● 사건이 한눈에 이해되는 진귀한 사진과 삽화가 있어요!

▲『논어』

기원전 551년~기원전 479년

공자 인물
중국을 대표하는 사상가

공자는 유가 사상을 만든 사람이에요. 우리나라에서는 유교라고 하죠. 공자의 가르침을 정리한 『논어』라는 책은 아주 유명하답니다. 정치가이기도 하고 사상가이기도 했던 공자의 가르침은 중국뿐 아니라 우리나라와 일본에까지 전해졌어요.

● **인 물**

인물은 관련 역사 사건 뒤에 배치하여 한 번에 배울 수 있도록 하였어요.

잠깐 퀴즈 제자들이 공자의 가르침을 정리한 책의 이름은?
정답)『논어』

알립니다!

★ 이 사전의 표기법은 국립국어원의 한글 맞춤법과 표준어 규정을 따랐습니다.

★ 띄어쓰기는 현행 규정에 따르되, 원칙 규정과 허용 규정이 있을 경우 될 수 있으면 원칙을 따랐습니다.

★ 외국 지명과 인명 등은 국립국어원의 외래어 표기법을 따르되 관용적으로 쓰이는 것은 절충하여 관례를 따랐습니다.

★ 역사 사건들은 기원전의 시대부터 현재까지 일어난 역사 사건 중에서 초등학생과 중학생이 꼭 알아야 할 사건들로 추려 선정하였습니다.

★ 시대에 따른 사건들은 사건이 일어난 연도를 기준으로 나열하였습니다. 다만, 인물은 생몰 연대를 기록하였고, 특히 출생 연도를 기준으로 나열하였습니다.

★ 책에 사용된 사진들은 〈사진 출처〉에 출처 표기를 하였습니다. 혹 부득이 저작권 확인을 받지 못한 사진은 추후 저작권이 확인되는 대로 적법한 절차에 따라 저작권료를 지불하겠습니다.

기원전의 시대

기원전을 뜻하는 BC는 Before Christ, 즉 그리스도 이전이라는 의미예요. 예수 그리스도가 태어나기 전까지의 시기를 뜻하는 말이죠. 예수님이 태어난 이후는 기원후, 또는 서기라고 해요. 올해가 서기 2021년이라면 기원전의 시대는 2021년보다 더 이전의 시대를 뜻하는 것이랍니다.

약 260만 년 전
~ 기원전 1년

약 260만 년 전 | 석기 출현 약 260만 년 전 | 불의 발견 약 200만 년 전 | 한반도 인류 출현 약 70만 년 전
~약 1만 5천 년 전

약 260만 년 전

석기 출현
돌을 이용해 기구를 만들기 시작하다

지금까지 발견된 석기 중 가장 오래된 석기는 에티오피아의 고나 강가에서 발견된 것이에요. 그때의 석기는 정교하지도 않았고 사냥에 직접 사용한 것도 아니었어요. 식물의 껍질을 벗기거나 육식 동물이 먹다 남긴 고기 찌꺼기를 찢어 내는 용도였을 것으로 추측하고 있죠. 하지만 260만 년 전의 이 석기를 통해 인간이 돌을 가공해서 사용하기 시작했다는 것을 알 수 있어요.

약 200만 년 전

불의 발견
처음 불을 발견하다

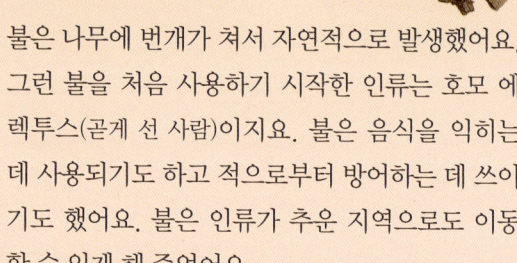

불은 나무에 번개가 쳐서 자연적으로 발생했어요. 그런 불을 처음 사용하기 시작한 인류는 호모 에렉투스(곧게 선 사람)이지요. 불은 음식을 익히는 데 사용되기도 하고 적으로부터 방어하는 데 쓰이기도 했어요. 불은 인류가 추운 지역으로도 이동할 수 있게 해 주었어요.

잠깐 퀴즈 처음 불을 사용한 인간은?
정답) 호모 에렉투스

약 70만 년 전

한반도 인류 출현
한반도에 사람이 살기 시작하다

한반도에 사람들이 살기 시작한 것은 약 70만 년 전이에요. 충청북도 단양의 금굴 유적지를 통해 알 수 있지요. 이때, 호모 에렉투스(곧게 선 사람)가 한반도로 이동해 들어왔어요. 이 시기의 사람은 나무를 꺾거나 돌을 깨뜨리고 떼 내어 만든 뗀석기를 이용했답니다.

호모 사피엔스 출현	활과 화살 사용
약 20만 년 전	약 1만 5천 년 전

약 20만 년 전

호모 사피엔스 출현
지금 인류와 가장 비슷한 인간이 등장하다

현대 인류의 직접적 조상은 호모 사피엔스로 봐요. 약 20만 년 전에 출현했죠. '지혜가 있는 사람'이라는 뜻의 호모 사피엔스는 잘 발달한 뇌를 지니고 있어 다양한 언어 표현을 할 수 있었고 문화를 발달시키기 시작했답니다. 우리말로는 '슬기 사람'이라고 불러요.

▼ 인류의 변화 과정

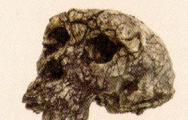 →  →  →  →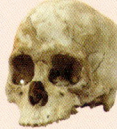

사헬란트로푸스차덴시스 / 오스트랄로피테쿠스 / 호모 에렉투스 / 호모 네안데르탈인 / 호모 사피엔스

> **잠깐 퀴즈** 호모 사피엔스의 뜻은?
> 정답) 지혜가 있는 사람

약 1만 5천 년 전

활과 화살 사용
사냥 도구를 사용하다

사실 활과 화살의 사용은 1만 5천 년보다 훨씬 이전일 수도 있어요. 하지만 나무처럼 썩기 쉬운 재료로 만들어졌기 때문에 지금까지 남아 있는 자료가 없을 뿐이죠. 활과 화살에 이어 창, 작살 같은 사냥 도구는 기원전 15000년 전부터 나타나기 시작했어요. 이런 도구들은 멀리 있는 동물을 사냥할 수 있어, 보다 안전하고 정확하게 먹잇감을 얻을 수 있게 되었지요.

| 약 1만 5천 년 전 ~기원전 4000년경 | 첫 토기 사용 약 1만 4천 년 전 | 최초의 가축 개의 등장 약 1만 2천 년 전 | 농경 생활 시작 기원전 9000년경 |

약 1만 4천 년 전

첫 토기 사용
토기를 사용하기 시작하다

지금까지 발견된 가장 오래된 토기는 일본 열도에서 발견되었어요. 바닥이 뾰족한 모양이어서 땅에 묻어 사용했을 거라고 추측하지요. 후에 발견된 바닥이 평평한 토기는 열매나 곡식을 저장하는 용도로 사용했음을 알 수 있답니다.

약 1만 2천 년 전

최초의 가축 개의 등장
처음으로 야생 동물을 길들이다

야생 동물을 길들여 가축으로 기르기 시작한 것은 아주 오래전부터였어요. 지금까지 연구에 의하면 인간이 최초로 기르기 시작한 가축은 개라고 해요. 이후 식량으로 양이나 염소를 사육하기 시작했고 소, 말, 돼지도 기르기 시작했어요. 우리나라에서는 동래패총과 김해패총에서 사람이 키운 개의 뼈가 발굴되었어요.

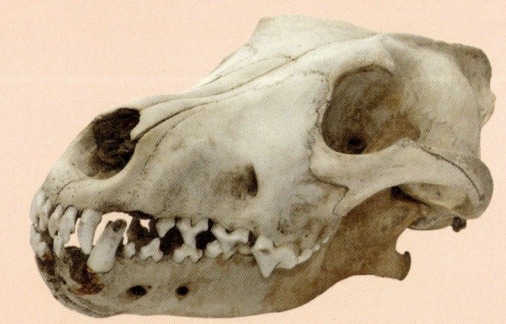

기원전 9000년경

농경 생활 시작
처음으로 곡물을 재배하다

인류는 산이나 들에서 열매나 곡물을 채집하는 단계에서 직접 재배하는 단계로 발전했어요. 한 곳에서 거주하는 집단이 생기면서 곡식을 재배하기 시작했고 남은 것은 저장하기 시작했어요. 토기를 만들고 돌을 갈아 도구를 만들었어요. 인구는 빠르게 늘어나 생활 모습도 바뀌었어요. 이러한 변화를 '신석기 혁명'이라고 불러요.

한반도에 빗살무늬 토기 등장	본격적 벼농사의 시작	말의 이용	기원전의 시대
기원전 5000년경	기원전 5000년경	기원전 4000년경	

기원전 5000년경

한반도에 빗살무늬 토기 등장
빗금이 쳐진 끝이 뾰족한 토기

신석기 시대를 대표하는 토기예요. 바닥이 뾰족하고 표면에 선이나 점으로 빗살무늬가 새겨져 있어요. 인류는 곡식을 담을 그릇이 필요했어요. 그래서 주변에서 구하기 쉬운 흙으로 토기를 만들었죠. 우리나라에서는 주로 해안가나 강가에서 발견되고 있어요.

기원전 5000년경

본격적 벼농사의 시작
중국에서 벼 재배법이 발달하다

벼농사는 약 1만 년 전부터 시작되었다고 추측해요. 이후 기원전 5000년경 즈음 중국에서 벼의 재배법이 발달하며 본격적인 벼농사를 시작하게 되었고 동남아시아와 다른 지역으로 전파되었어요.

> **잠깐 퀴즈** 본격적으로 벼농사가 시작된 곳은?
> 정답) 중국

기원전 4000년경

말의 이용
말을 길들여 이동 수단으로 사용하다

처음엔 말을 고기와 젖을 얻을 용도로 키웠지만 이후에는 농사나 경주, 전쟁에까지 이용하기 시작했어요. 말을 타고 다니면서부터 인간은 좀 더 멀리까지 이동하게 되었어요.

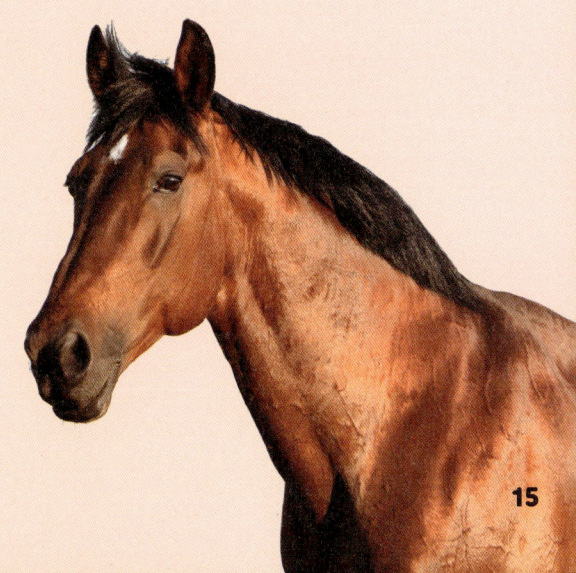

15

| 기원전 4000년경 ~기원전 3000년 | 최초의 문자 점토판 기원전 3300년경 | 청동의 등장 기원전 3200년경 |

▲ 점토판에 찍힌 쐐기 문자

기원전 3300년경

최초의 문자 점토판
문자를 기록하기 시작하다

이라크에서 기원전 3300년경의 유물로 추정되는 문자 점토판이 발견되었어요. 이곳은 고대 메소포타미아 지역으로 인류의 문명이 시작된 곳이기도 하죠. 최초의 기록물인 이 문자 점토판은 상인들이 물건을 사고팔기 위해 기록했을 것이라고 해요. 흙으로 만든 점토판 위에 새겨진 문자는 아래가 뾰족한 쐐기를 닮았다고 해서 쐐기 문자라고 부른답니다.

> **잠깐 퀴즈** 인류가 사용한 최초의 문자 이름은?
> 정답) 쐐기 문자

기원전 3200년경

청동의 등장
구리와 주석을 섞어 청동을 만들다

돌이나 광석에서 구리를 분리하여 추출하는 기술은 기원전 6500년경에도 있었어요. 하지만 구리와 주석을 섞어 청동을 만드는 것은 좀 더 발전된 기술이 필요했죠. 아무나 가질 수 없는 기술이라 주로 지배자들이 사용했답니다.

▲ 남부 시베리아에서 발견된 청동기

기원전 시대

- **파라오의 등장** 기원전 3100년경
- **최초 비단 생산** 기원전 3000년경
- **파피루스 종이 제작** 기원전 3000년

기원전 3100년경

파라오의 등장
이집트의 절대 권력자

나일강 유역의 이집트에서 고대 사회를 상징하는 대표적인 권력이 탄생했어요. 바로 이집트의 왕 파라오(Pharaoh)죠. 파라오는 살아 있는 신이자 땅의 수호자로 여겨졌어요. 3천 년 동안 이어진 파라오의 통치 역사 중 가장 강력한 힘을 가졌던 람세스 2세는 거대한 신전에 자신의 모습을 새겨 넣기도 했어요.

기원전 3000년경

최초 비단 생산
누에고치에서 실을 뽑아 옷감을 만들다

비단이 처음 생산되기 시작한 것은 중국의 작은 농촌에서부터였어요. 누에고치에서 가는 실을 뽑아 옷감을 짰지요. 이후 실크 로드를 통해서 서역에도 전해졌어요.

> **잠깐 퀴즈** 누에고치에서 나오는 옷감은?
> 정답) 비단

기원전 3000년

파피루스 종이 제작
식물의 줄기를 이용해 종이를 만들다

파피루스는 지중해 연안 습지에서 자라는 식물의 이름이에요. 고대 이집트에서는 갈대처럼 생긴 이 식물을 이용해 종이를 만들었어요. 파피루스의 줄기를 얇게 갈라 두드려 말린 후, 밀가루로 붙이면 긴 두루마리 형태가 되는데 그 위에 갈대로 만든 펜이나 잉크를 이용해 글을 썼죠.

▲ 파피루스에 적힌 고대 이집트 문자

17

| 기원전 3000년 ~기원전 2070년경 | 피라미드 축조 기원전 2560년경 | 우리나라 최초의 국가 건국 기원전 2333년 |

기원전 2560년경

피라미드 축조
돌을 쌓아 거대한 이집트 왕의 무덤을 만들다

기원전 2560년경 첫 피라미드가 세워졌어요. 가장 큰 피라미드는 이집트 쿠푸왕의 무덤이에요. 높이가 147m, 그러니까 50층 아파트 높이인데 그 당시 돌을 깎거나 운반하는 기계가 없었던 터라 피라미드는 세계 7대 불가사의 중 하나로 남아 있어요.

잠깐 퀴즈 피라미드 옆에 세워 둔 사람의 머리, 사자의 몸을 가진 석상은?
정답) 스핑크스

기원전 2333년

우리나라 최초의 국가 건국
고조선이 세워지다

구석기, 신석기 시대를 지나 청동기 시대가 시작되었어요. 청동기 시대에 우리나라는 최초의 국가인 고조선이 세워졌어요.

잠깐 퀴즈 우리나라 최초의 국가는?
정답) 고조선

▶ 비파형 동검

스톤헨지 완성
기원전 2100년경

중국 최초의 왕조 개국
기원전 2070년경

기원전 2100년경

스톤헨지 완성
영국에 있는 거대한 돌기둥 유적지

영국에 있는 스톤헨지(StoneHenge)는 거대한 돌기둥을 세워 놓은 유적지예요. 그런데 이 돌기둥은 34km나 떨어진 곳에서 옮겨온 것이라고 해요. 돌을 깎는 기계도, 운반하는 차도 없던 시대에 50톤에 가까운 돌을 어떻게 가져왔을까? 지금까지 풀리지 않는 수수께끼로 남아 있답니다.

기원전 2070년경

중국 최초의 왕조 개국
중국의 하나라가 세워지다

기록상으로 중국에서 가장 먼저 등장한 왕조는 '하(夏)나라'라고 해요. 사실 그동안은 문헌에만 기록되어 있고 유물이나 유적이 없어 전설의 나라로 알려졌죠. 하지만 최근 관련 유물이 발견되면서 실제 있었던 나라로 인정되고 있어요.

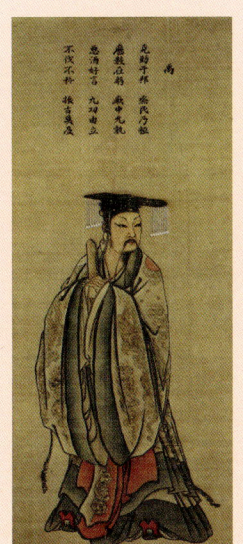

▲ 순임금의 뒤를 이은 우임금

기원전 2070년경 ~기원전 1600년

아브라함	최초의 일식 기록	함무라비 법전
기원전 2000년경	기원전 1876년	기원전 1792년

기원전 2000년경

아브라함 인물
이스라엘 민족 시조

아브라함은 『구약 성서』「창세기」에 기록된 유대교, 기독교, 이슬람교의 공통 조상이에요. 신성한 예언자이기도 한 아브라함은 이스라엘에서 민족의 조상으로 섬기고 있으며 믿음의 조상으로 인정받고 있어요.

▶ 아들 이삭을 제물로 바쳐 믿음을 시험받는 아브라함

기원전 1876년

최초의 일식 기록 과학
일식을 처음으로 기록하다

'일식'은 달이 태양을 가리는 현상이에요. 지구, 달, 태양 운동에 의해 1년에 2회에서 5회까지 나타나요. 중국의 역술가들이 기록한 최초의 일식은 정확한 날짜까지 계산할 수 있을 정도로 매우 자세하게 묘사되어 있다고 해요.

기원전 1792년

함무라비 법전
'눈에는 눈, 이에는 이'에 기준을 둔 법전

바빌로니아의 왕국에서 함무라비 시대에 만든 법전이에요. 2.25m의 커다란 돌에 새겨져 있어 남아 있는 법전 중 가장 크고 체계적인 법전으로 유명하죠. '눈에는 눈, 이에는 이'라는 기준으로 결혼부터 살인, 무역에 이르기까지 다양한 사건 판결을 담고 있어요. 지금은 루브르 박물관에 소장되어 있어요.

> **잠깐 퀴즈** '눈에는 눈, 이에는 이'라는 말로 유명한 법전은?
> 정답) 함무라비 법전

알파벳의 시작	중국 상 왕조 등장
기원전 1700년경	기원전 1600년

기원전의 시대

기원전 1700년경
알파벳의 시작
알파벳 문자가 나타나기 시작하다

알파벳 이전에도 문자는 있었지만 그림이나 상징으로 되어 있어서 복잡하고 어려웠어요. 이런 불편함을 해결하기 위해 페니키아 사람들은 말소리를 그대로 기호로 나타낼 수 있는 문자를 만들었답니다. 그리고 이 문자가 그리스와 로마로 전해지면서 알파벳이 완성되었죠. 알파벳은 영국이나 미국에서 주로 사용하는데 '로마자'라고 부르는 이유가 바로 이것이랍니다.

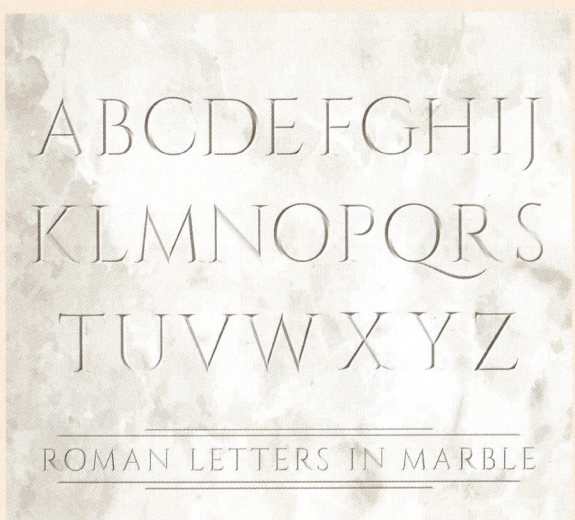

기원전 1600년
중국 상 왕조 등장
공식적으로 증명된 중국 최초의 국가

중국 하 왕조는 아직 공식적으로 인정되지 않았기 때문에 중국 최초의 국가는 상 왕조라고 보고 있어요. 마지막 수도였던 은허에서 발굴된 유적으로 상 왕조의 존재를 증명할 수 있었죠. 그래서 '은나라'라고도 해요.

> **잠깐 퀴즈** 공식적인 중국 최초의 국가는?
> 정답) 상나라

◀ 상나라의 청동 유물들

기원전 1600년
~기원전 1400년경 | 갑골 문자 등장
기원전 1600년경 | 최초의 의학 기록
기원전 1600년경

기원전 1600년경

갑골 문자 등장
거북의 배딱지나 짐승의 뼈에 새겨진 문자

갑골(甲骨)은 거북의 배딱지와 동물의 뼈를 뜻해요. 갑골 문자는 중국의 은(상)나라 때 점을 치는 데 사용했던 문자로 한자의 가장 오래된 형태랍니다. 주로 거북 배딱지나 뼈에 기록이 남아 있어 갑골 문자라고 부르지요.

기원전 1600년경

최초의 의학 기록 _{의학}
처음으로 파피루스에 의술을 기록하다

어느 정도 해석이 가능한 형태로 전해 오는 최초의 의학 문서는 이집트에서 파피루스에 기록된 것이에요. 여기에는 두개골 절단부터 포경 수술까지 외과 수술의 과정도 기록되어 있다고 해요. 지금으로부터 3,600년 전에 두개골을 가르고 수술을 했다니 정말 놀랍죠?

첫 유리 제작	철기 등장	물시계의 발명	기원전의 시대
기원전 1600년경	기원전 1400년경	기원전 1400년경	

기원전 1600년경
첫 유리 제작
투명한 유리를 만들다

인류가 언제부터 유리를 만들기 시작했는지는 정확하게 밝혀지지 않았어요. 다만 기원전 3000년경 유리 조각이나 구슬이 발견되기는 했죠. 이때의 유리는 대부분 도자기처럼 불투명했어요. 그러다가 기원전 1600년경부터 투명한 유리를 만들기 시작했다고 추측하고 있답니다.

기원전 1400년경
철기 등장
돌덩이를 녹여 철을 만들다

돌처럼 되어 있는 철광석을 높은 온도에서 녹여 철로 만드는 기술을 야금술이라고 해요. 야금술은 인류에게 아주 큰 변화를 가져왔어요. 철은 비교적 쉽게 구하여 청동보다 더 단단한 도구를 만들 수 있었어요. 또 지배자의 힘을 더 강하게 만들어 주었답니다.

▲ 철기 시대 유물

▲ 신라 시대의 철로 만든 갑옷

기원전 1400년경
물시계의 발명 〈과학〉
떨어지는 물로 시간을 측정하다

인간이 만든 최초의 시계는 해시계였지만 흐린 날에는 시간을 알 수 없어 불편했어요. 그래서 고대 이집트에서는 물시계를 발명하였어요. 물 항아리 밑에 구멍을 뚫고 항아리 안쪽에는 시간 눈금을 새겨 수면의 위치로 시간을 알아내었어요.

| 기원전 1400년경 ~기원전 1000년경 | 모세의 기적 기원전 1300년경 | 아부심벨 신전 건립 기원전 1264년 |

기원전 1300년경

모세의 기적
유대인들이 이집트를 탈출하다

바다가 갈라지는 모세의 기적에 대해 들어 보았나요? 이집트의 강력한 왕 람세스 2세 때에 노예로 살던 유대인들이 모세를 따라 이집트를 탈출한 '출애굽' 사건은 기원전 1300년경에 있었던 일이랍니다.

> **잠깐 퀴즈** 애굽은 어느 나라인가요?
> 정답) 이집트

기원전 1264년

아부심벨 신전 건립
사암 절벽을 깎아 만든 람세스 2세의 신전

이집트에 있는 아부심벨 신전은 람세스 2세가 자신과 왕비를 위해 지은 신전이에요. 천연의 사암층을 뚫어서 만든 세계 최대의 석굴 사원이죠. 3,000년 동안 모래 속에 묻혀 있던 거대한 신전이 발견된 것은 1813년이에요. 그러다가 이집트의 댐 건설로 물에 잠길 뻔했죠. 유네스코가 세계적인 캠페인을 벌여 1968년에 지금의 위치로 옮겨 놓지 않았다면 이 신전은 물속으로 사라졌을 거예요.

> **잠깐 퀴즈** 아부심벨 신전을 만든 이집트의 왕은?
> 정답) 람세스 2세

솔로몬
기원전 1000년경

인도 카스트 제도 등장
기원전 1000년경

기원전 1000년경

솔로몬 인물
지혜의 왕

솔로몬은 이스라엘의 세 번째 왕이에요. 한 아기를 놓고 두 어머니가 싸우는 것을 현명하게 해결하여 지혜로운 사람의 대표 명사가 되었어요.

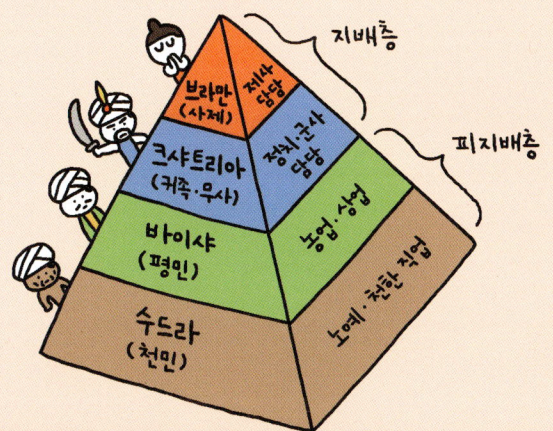

기원전 1000년경

인도 카스트 제도 등장
인도의 4가지 신분 제도

카스트 제도는 인도를 대표하는 계급 제도에요. 가장 높은 계급인 브라만부터 크샤트리아, 바이샤, 수드라까지 네 개의 계급으로 나누어져 있지요.

잠깐 퀴즈 인도를 대표하는 신분 제도의 이름은?
정답) 카스트 제도

기원전 1000년경 ~기원전 650년 | 올림픽의 시작 기원전 776년 | 중국 춘추 전국 시대 기원전 770년 | 공자 기원전 551년 ~기원전 479년

기원전 776년
올림픽의 시작
고대 그리스에서 열린 최초의 올림픽

고대 그리스 사람들은 신들에게 제사를 지낸 후 재능을 겨루는 대회를 열었어요. 신이 준 신체와 정신을 단련하고 그 결과를 보여 준다는 의미였죠. 그 중 대표적인 경기가 올림피아제였고 그 이름을 따서 올림픽이 시작되었어요.

기원전 770년
중국 춘추 전국 시대
공자와 노자의 나라

중국의 춘추 전국 시대는 춘추 시대와 전국 시대를 합쳐서 부르는 이름이에요. 크고 작은 나라가 끊임없이 경쟁하던 시대라 많은 인재가 나오기도 했죠. 공자, 맹자, 노자는 모두 이 시대 사람들이에요.

기원전 551년~기원전 479년
공자 〔인물〕
중국을 대표하는 사상가

공자는 유가 사상을 만든 사람이에요. 우리나라에서는 유교라고 하죠. 공자의 가르침을 정리한 『논어』라는 책은 아주 유명하답니다. 정치가이기도 하고 사상가이기도 했던 공자의 가르침은 중국뿐 아니라 우리나라와 일본에까지 전해졌어요.

> **잠깐 퀴즈** 제자들이 공자의 가르침을 정리한 책의 이름은?
> 정답) 『논어』

▲『논어』

| 로마 건국 | 최초의 동전 |
| 기원전 753년 | 기원전 650년 |

▲ 초대 황제 시저

기원전 753년

로마 건국
도시 국가 로마가 세워지다

지금은 이탈리아의 수도이지만 고대의 로마는 역사와 문화의 중심지였답니다. 로마가 정복한 땅이 얼마나 넓고 컸던지 '모든 길은 로마로 통한다.'는 말까지 생길 정도였어요.

기원전 650년

최초의 동전
화폐의 개념이 생기다

최초의 동전은 기원전 650년경 '리디아'라는 나라에서 처음 만들어 사용하기 시작했어요. 동전이 생기기 전에는 보리, 조개껍데기를 썼는데 오래 보관하거나 많은 양을 교환하기 힘들었어요. 겉면에는 왕을 상징하는 모양까지 새겨 넣었어요.

기원전 650년 ~기원전 490년

- **페르시아 제국 등장** 기원전 539년
- **불교의 기원** 기원전 528년
- **피타고라스의 정리** 기원전 525년

기원전 539년
페르시아 제국 등장
고대 역사상 가장 넓은 땅을 가진 나라

기원전 539년, 아케메네스 왕조의 키루스왕이 페르시아를 통합했어요. 이때 페르시아는 3개의 대륙에 걸쳐 4,000km에 이르는 가장 넓은 땅을 가진 제국이 되었죠. 그 후로도 천 년 동안 서아시아의 대부분 지역을 차지했답니다. 지금은 '페르시아'가 아니라 '이란'이라고 나라 이름을 바꾸었지요.

기원전 528년
불교의 기원
석가모니가 만든 종교

석가모니(싯다르타)는 인도에서 태어난 왕자였어요. 석가모니는 보리수나무 아래서 깨달음을 얻었다고 해요. 그 후 자신이 깨달은 것을 전하며 불교가 만들어졌어요. 불교는 중국을 거쳐 삼국 시대 때 우리나라에 들어왔어요.

> **잠깐 퀴즈** 불교는 어느 나라에서 생겨났나요?
> 정답) 인도

기원전 525년
피타고라스의 정리 _{수학}
2,500년 전의 수학 공식

수학을 싫어하는 사람도 한 번쯤은 들어봤을 '피타고라스의 정리'. 이 정리는 기원전 525년경, 그리스의 철학자이자 수학자로 유명한 피타고라스와 그를 따르는 제자들이 최초로 정리하고 증명해서 '피타고라스의 정리'라고 하지요.

아테네 민주주의	페르시아 전쟁	마라톤 전투
기원전 500년경	기원전 492년 ~기원전 448년	기원전 490년

기원전 500년경

아테네 민주주의
최초의 민주주의 정치 형태

민주주의의 시작은 고대 아테네에서부터였어요. 시민이 직접 참여하여 정치적 의사 결정을 하는 형태지요. 하지만 미성년자, 여자, 노예, 외국인은 직접 투표에 참여할 수 없었어요.

기원전 492년~기원전 448년

페르시아 전쟁
페르시아의 그리스 원정 전쟁

페르시아는 넓은 땅을 차지한 힘센 제국이었고 그리스는 작은 도시 국가들이 모여 있는 나라였어요. 페르시아 제국은 그리스를 점령하기 위해 3번이나 원정을 보냈지만 결국 실패하고 말았답니다.

기원전 490년

마라톤 전투
마라톤의 유래가 된 제2차 페르시아 전쟁

페르시아군의 첫 번째 원정은 싸워 보지도 못하고 끝났어요. 폭풍 때문에 군함이 모두 바다에 가라앉고 말았거든요. 그 후 페르시아군은 그리스의 아테네를 공격하기 위해 마라톤 평원으로 밀어닥쳤어요. 하지만 이 싸움도 결국 그리스의 승리로 끝났지요. 이 승리의 소식을 전하기 위해 한 병사가 마라톤 평원에서 아테네까지 뛰어간 것에서 마라톤이 유래했다는 전설이 있어요.

▲ 그리스와 페르시아 전사가 서로 싸우는 모습

기원전 490년 ~기원전 431년

살라미스 해전 기원전 480년

소크라테스 기원전 470년 ~기원전 399년

기원전 480년

살라미스 해전
그리스 연합군이 대승을 이룬 제3차 페르시아 전쟁

페르시아의 세 번째 원정 전쟁이에요. 폭이 좁은 살라미스만으로 적을 유인한 것, 유리한 배를 만든 것, 적은 수의 배를 이용해 2배 가까운 적의 군함을 물리친 것까지! 우리나라의 한산도 대첩과 무척 닮아 있어요.

> **잠깐 퀴즈** 세계 4대 해전 중 하나로 한산도 대첩과 닮은 해전은?
> 정답) 살라미스 해전

기원전 470년~기원전 399년

소크라테스 인물
고대 그리스를 대표하는 철학자

소크라테스라는 이름은 누구나 한 번쯤 들어 봤을 거예요. '너 자신을 알라.'는 그의 말은 아주 유명하지요. 사람들이 소크라테스를 따르자 정치가들은 그를 눈엣가시로 여겼어요. 결국 억울한 누명을 씌워 사형 선고를 내렸죠. 그때 '악법도 법이다.'라는 말을 남기고 독이 든 잔을 받아 마셨다는 일화도 유명하답니다.

파르테논 신전 완공
기원전 432년

인류 최초의 병원
기원전 431년

기원전 432년

파르테논 신전 완공
아테나 여신에게 바치는 신전

파르테논 신전은 당대 최고의 조각가와 건축가가 16년에 걸쳐 만들었어요. 기원전 432년에 완공되어 2,500년이 지난 지금도 그리스의 아크로폴리스 언덕 위에 우뚝 서 있다니 정말 놀랍지 않나요?

> **잠깐 퀴즈** 파르테논 신전은 누구를 위해 지어진 신전인가요?
> 정답) 아테나 여신

기원전 431년

인류 최초의 병원 _{의학}
환자 치료를 위해 세워진 세계 최초의 병원

최초의 병원은 기원전 431년경 인도 스리랑카에 있었다는 기록이 있어요. 이 병원은 아주 작은 의원 수준 정도이었는데 결핵, 천연두처럼 심각한 병을 앓고 있는 환자에게 약초나 주술적 치료법도 제공했다고 해요.

기원전 431년 ~기원전 240년경 　　플라톤 기원전 427년~347년 　　알렉산더 대왕 기원전 356년 ~기원전 323년

기원전 427년~347년

플라톤 〈인물〉
유럽 최초의 대학을 세운 철학자

플라톤은 소크라테스의 제자였어요. 플라톤의 사상인 이데아론이나 그가 쓴 책 『국가론』은 지금까지도 높은 평가를 받고 있지요. 그는 '아카데메이아'라는 유럽 최초의 대학을 세워 제자들 길러냈답니다.

기원전 356년~기원전 323년

알렉산더 대왕 〈인물〉
헬레니즘 문화를 탄생시킨 대왕

알렉산드로스 3세, 알렉산더는 마케도니아의 왕이었어요. 그는 그리스, 페르시아, 인도 등 유럽과 아시아, 아프리카에 걸친 넓은 땅을 정복했지요. 덕분에 동서양의 문화가 합쳐진 헬레니즘 문화도 탄생했답니다.

잠깐 퀴즈 그리스 문화에 동양의 오리엔트 문화가 섞인 문화는?
정답) 헬레니즘 문화

32

| 최초의 지동설 | 지구의 크기 측정 |
| 기원전 280년경 | 기원전 240년경 |

기원전 280년경

최초의 지동설 과학

태양을 중심으로 지구가 돈다는 우주관

옛날 사람들은 대부분 지구가 중심이고 태양이나 별이 지구 주위를 돈다는 천동설을 믿었죠. 기록에 의하면 태양이 우주의 중심이라는 이론을 처음 내세운 사람은 아리스타르코스라고 해요.

기원전 240년경

지구의 크기 측정 과학

지구의 둘레를 측정하다

최초로 지구의 둘레를 측정한 에라토스테네스는 우물에 비치는 그림자의 길이와 각도를 이용해 지구의 둘레를 계산했다고 해요. 그가 측정한 지구의 둘레는 지금의 첨단 과학으로 측정한 실제 둘레와 거의 비슷하다고 해요.

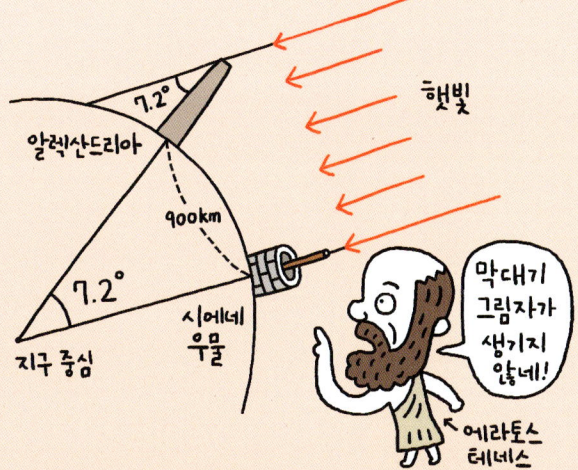

기원전 240년경
~기원전 206년

아르키메데스
기원전 287년
~기원전 212년

중국 진나라 등장
기원전 221년

기원전 287년~기원전 212년

아르키메데스 인물
유레카를 외친 수학자이자 물리학자

아르키메데스는 헬레니즘 시대를 대표하는 수학자예요. 왕의 금관 부피를 재는 방법을 연구하다 목욕탕에서 그 해답을 찾고 "유레카(알아냈다!)"를 외치며 알몸으로 뛰어나왔다는 일화가 유명하죠. 그는 또 96각형을 이용해 원주율(π)을 구하기도 했는데 소수점 두 자리인 3.14까지 정확한 값을 알아내어 π를 '아르키메데스의 수'라고도 불러요.

기원전 221년

중국 진나라 등장
중국 최초의 통일 국가가 세워지다

중국의 진나라는 춘추 전국 시대의 크고 작은 나라를 통일한 중국 최초의 통일 국가예요. 15년이라는 짧은 시간 동안 존재했지만, 진나라를 세운 진시황제와 만리장성은 지금까지도 중국을 대표하는 상징성이 되고 있답니다. 중국의 영어 이름인 차이나(China)도 진(Chin)에서 비롯된 것이죠.

▲ 만리장성

▲ 벽에 새겨진 진시황

진시황제	한자의 정리
기원전 259년~기원전 210년	기원전 206년

기원전 259년~기원전 210년

진시황제 인물
중국 진나라를 세운 최초의 황제

진나라를 세운 왕은 중국을 통일하고 거대한 제국을 만들었어요. 그리고 자신을 왕이 아닌 '황제'라고 칭하기 시작했죠. 진나라를 세운 최초의 황제라고 해서 진시황제(始皇帝: 처음 시, 황제 황, 황제 제)가 되는 것이랍니다. 진시황의 무덤을 지키는 병마용은 지금까지도 발굴이 진행 중이라고 해요. 병마용은 흙으로 만든 실제 크기의 병사와 말 형상의 인형을 일컫는 말이랍니다.

▲ 병마용

기원전 206년

한자의 정리
한나라 때 한자가 정리되다

한나라는 진나라에 이어 세워진 중국의 통일 국가예요. 유방이 초나라의 항우를 물리치고 세운 나라죠. 한나라 때 중국의 글자가 지금의 모습과 같이 정리되어서 한자(漢字: 한나라 한, 글자 자)라고 부르는 것이랍니다.

| 기원전 206년 ~기원전 37년 | 실크 로드 기원전 110년 | 신라 건국 기원전 57년 |

기원전 110년
실크 로드
동양과 서양을 잇는 비단길

실크 로드는 중국에서 시작해 사막을 넘어 지중해 근처 유럽까지 이어졌던 무역로예요. 중국의 비단이 주요 품목이어서 실크 로드라고 부르지요. 동양과 서양을 잇는 이 길을 통해 물건뿐 아니라 문화의 교류도 이루어졌어요.

잠깐 퀴즈 실크 로드를 통해 유럽으로 팔려 나간 중국의 주요 교역품은?
정답) 비단(실크)

기원전 57년

신라 건국
경주에 서라벌을 세우다

박혁거세가 지금의 경주에 세운 나라가 신라예요. 처음에는 나라 이름을 '서라벌'이라고 했는데 500년 후에 지증왕이 '신라'라고 이름을 바꾸었지요. 신라는 삼국 중 가장 늦게 발전했지만, 고구려와 백제를 멸망시키고 삼국 통일을 이루어 냈답니다.

▲ 신라 금관

박혁거세
기원전 69년~기원후 4년

고구려 건국
기원전 37년

기원전 69년~기원후 4년

 **박혁거세** 인물

신라 최초의 왕

박혁거세는 알에서 태어났다고 해요. '나정'이라는 우물 옆에서 웬 말이 울고 있다가 사람들이 다가가니 홀연히 사라지고 그 곁에 알이 남아 있었대요. 그 알에서 태어난 아이가 바로 박혁거세였죠. 알이 박처럼 둥글게 생겨서 '박'씨가 되었대요.

기원전 37년

 **고구려 건국**

졸본에 고구려를 세우다

고구려는 주몽이 압록강 근처 졸본 땅에 세운 나라예요. 이곳은 산과 골짜기가 많은 곳이라 고구려 사람들은 일찍부터 말 타는 기술과 활 쏘는 기술이 뛰어났다고 해요. 고구려는 중국 땅이 된 요동 지방까지 영토를 넓혔답니다.

> **잠깐 퀴즈** 고구려를 세운 사람의 이름은?
> 정답) 주몽

▲ 무용총 수렵도

◀ 고구려 돌무지무덤 장군총

기원전 37년 ~기원전 1년

주몽 기원전 58년~기원전 19년

백제 건국 기원전 18년

기원전 58년~기원전 19년

주몽 인물
고구려 최초의 왕

고구려를 세운 주몽은 '부여'라는 나라에서 태어났는데 부여에서는 '활 잘 쏘는 사람'을 주몽이라고 불렀대요. 주몽은 천제 해모수의 아들로 알에서 태어났다는 전설이 있어요. 후에 '동명성왕', '추모왕'이라고 불렸답니다.

기원전 18년

백제 건국
한강 유역에 백제를 세우다

백제는 고구려 주몽의 아들인 온조가 남쪽으로 내려와 한강 지역에 세운 나라예요. 삼국 중에서 가장 먼저 전성기를 맞이한 나라로 일본과도 교류가 많았답니다.

▲ 무령왕 금제 장식

▲ 익산 미륵사지 석탑

◀ 백제 금동 대향로

예수
기원전 4년~기원후 30년

기원전 4년~기원후 30년

예수 인물
세상을 구원할 하나님의 아들

기독교는 예수를 하나님의 아들로 믿고 세상을 구원할 구원자라고 여겨요. 예수의 가르침은 성경에 기록되었고 그 후 전 세계의 정치, 문화에 큰 영향을 끼쳤답니다. 예수의 탄생을 기준으로 '기원후 1년'이라고 해요. 하지만 후에 다시 예수가 태어난 연도를 계산해 보니 기원전 4년 경쯤이라고 추측하고 있답니다. 계산 실수였지만 '기원후'의 연도를 널리 사용하고 있어 어쩔 수 없이 고치지 않고 지금까지 사용하고 있다고 하네요.

2

새 출발의 시대

예수의 탄생과 함께 서기 1년이 새롭게 시작되었어요. 이 시기에는 고대의 여러 나라가 멸망하기도 하고 탄생하기도 했죠. 인도와 일본에는 새로운 통일 왕조가 등장하고 고대 로마 제국은 신성 로마 제국으로 새 출발을 시작했어요. 우리나라에서도 고구려, 백제, 신라의 삼국이 등장하면서 국가의 기틀을 다져 갔답니다.

1년
~1000년

| 1년 ~184년 | 가야 건국 42년 | 폼페이 최후의 날 79년 |

42년

가야 건국
낙동강 일대에 세워진 여섯 개의 연맹 왕국

가야의 건국 설화에 따르면 황금알 여섯 개에서 태어난 왕들이 가야의 임금이 되었다고 해요. 처음 나온 왕은 수로왕으로 금관가야의 왕이었죠. 가야는 철이 많아 철기 문화가 발달했어요.

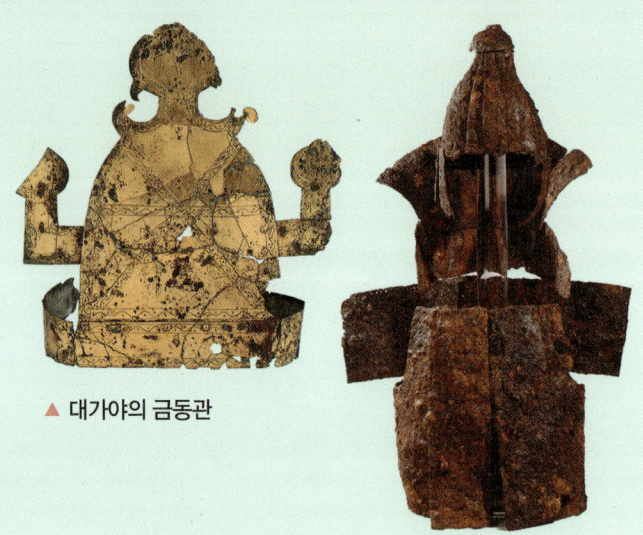

▲ 대가야의 금동관

▲ 대가야 철제 갑옷

79년

폼페이 최후의 날
베수비오 화산 폭발로 사라진 로마 도시

폼페이는 지금의 이탈리아에 있던 도시예요. 무역으로 번영을 누렸던 로마의 항구 도시였죠. 그러다 서기 79년, 베수비오 화산의 폭발로 도시 전체가 화산재로 덮이면서 역사에서 사라졌어요. 그 후 1,000년이 훨씬 지난 1938년에 땅 밑에 있던 도시가 발굴되어 세상에 다시 드러났지요. 참고로 베수비오 화산은 지금도 폭발 가능성을 가진 유럽의 유일한 활화산이랍니다.

> **잠깐 퀴즈** 폼페이를 사라지게 한 활화산 이름은?
> 정답) 베수비오

| 콜로세움 건축 | 종이의 발명 | 황건적의 난 |
| 80년 | 105년 | 184년 |

80년
콜로세움 건축
검투사들의 대결이 펼쳐진 거대한 로마의 원형 경기장

약 2,000년 전, 콘크리트와 벽돌로 만든 콜로세움은 고대 로마인들의 뛰어난 건축 공학 기술을 엿볼 수 있는 건축물이에요. 이곳에서는 검투사 시합이 열렸는데 5만 명이나 들어갈 수 있었대요. 원형 극장의 디자인은 오늘날 수많은 스포츠 경기장의 모델이 되기도 했답니다.

105년
종이의 발명
채륜이 나무껍질로 종이를 만들다

기록에 의하면 중국 후한 시대 채륜이라는 사람이 나무껍질, 누더기 천 등을 물에 불리고 갈아서 종이를 만들었다고 해요. 종이를 만드는 기술은 8세기경 실크 로드를 통해 서유럽에 전해졌어요.

184년
황건적의 난
후한 시기 농민들의 대반란

중국의 후한 말 폭정과 생활고에 시달리던 농민들이 대반란을 일으켰어요. 중국의 황토를 상징하는 노란색 머리띠를 둘러 황건적이라고 했지요. 황건적의 난은 후한의 멸망을 불러왔어요.

> **잠깐 퀴즈** 중국 후한의 멸망을 불러온 사건은?
> 정답) 황건적의 난

184년
~313년

고구려 진대법 실시
194년

마야 문명
250년경

194년
고구려 진대법 실시
가난한 백성을 구제하기 위한 최초의 복지 제도

진대법(賑貸法: 구휼할 진, 빌릴 대, 법 법)은 가난을 구제하기 위해 빌려준다는 뜻이에요. 고구려의 재상이었던 을파소의 건의로 봄에 백성들에게 곡식을 빌려주고 가을에 갚도록 한 제도이죠. 이 제도는 이후에 고려의 의창, 조선의 환곡 제도로 이어졌어요.

250년경
마야 문명
라틴 아메리카를 대표하는 고대 문명

250년경, 50개의 도시 국가가 합쳐지면서 마야 문명의 고전 시대가 시작되었어요. 지금의 멕시코 근처에 있었던 마야 문명은 수준 높은 천문, 건축 기술을 가지고 있었다고 해요. 마야인들은 이집트의 피라미드와 비슷한 거대 신전을 건축하기도 했지요.

▶ 마야 문명의 피라미드, 쿠쿨칸의 신전

십진법 발명	바나나의 전파	밀라노 칙령
300년경	300년경	313년

300년경

십진법 발명 수학

10개의 숫자를 사용하여 수를 나타내는 방법

0, 1, 2, 3, 4, 5, 6, 7, 8, 9. 이렇게 10개의 숫자를 사용해 수를 나타내는 것을 십진법이라고 해요. 십진법은 서기 300년경 인도에서 처음으로 사용하기 시작했어요. 이슬람으로 전해져 아라비아 숫자로 알려졌고, 오늘날 전 세계적으로 사용하는 만국 공통의 수학 언어가 되었어요. 고대 바빌로니아에서 사용했던 60진법도 있고 로마 시대의 12진법도 있었지만, 사람의 손가락이 10개이다 보니 십진법이 가장 널리 사용되었어요.

잠깐 퀴즈 십진법을 가장 먼저 사용하기 시작한 나라는?
정답) 인도

300년경

바나나의 전파

바나나 아프리카에 가다

바나나는 본래 동남아시아의 열대 지역이 원산지예요. 이 바나나가 서기 300년경 말레이인들에 의해 아프리카의 사하라 사막 남부 지역으로 전파되었지요. 그 후 아프리카 전역으로 퍼진 바나나는 많은 지역에서 재배되기 시작했어요.

313년

밀라노 칙령

신앙의 자유를 선포하다

313년에 로마의 콘스탄티누스 대제가 모든 사람에게 신앙의 자유를 인정한다고 선포했어요. 그러면서 그동안 박해를 받던 그리스도교도에게 법적 권리를 보장하고, 몰수했던 재산도 돌려주도록 지시했지요. '밀라노'라는 도시에서 발표했다고 해서 밀라노 칙령이라고 해요.

| 313년~414년 | 인도 굽타 왕조 등장 320년경 | 일본의 야마토 정권 350년 | 불교 전래 372년 |

320년경
인도 굽타 왕조 등장
북인도를 통일하고 지배한 왕조

인도의 굽타 왕조는 찬드라 굽타 1세가 세운 중앙 집권적 제국이에요. 인도 고유의 불교 미술이 발달하고 아잔타 석굴과 같은 거대한 석굴 사원이 세워지는 등 다양한 인도 문화가 발달한 시기죠.

▲ 인도 아잔타 석굴

350년
일본의 야마토 정권
일본 최초의 통일 정권

이웃 나라 일본도 여러 나라로 갈라져 있었어요. 그러다 하나로 처음 통일된 것이 야마토 정권 시대랍니다. 이때, 고구려·백제·신라로부터 여러 제도와 문물이 전해졌어요. 특히 6세기 중엽 백제로부터 불교가 전해져 아스카 문화를 발전시켰어요.

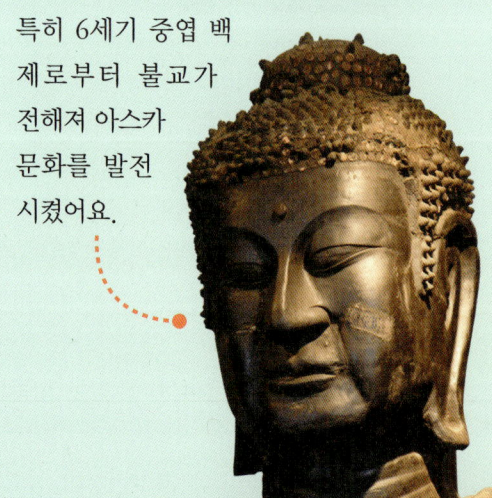

372년
불교 전래
한반도에 불교가 들어오다

인도에서 발생한 불교는 중국을 거쳐 고구려 소수림왕 때에 우리나라에 처음 들어왔어요. 중국의 사신과 함께 불상과 불경이 전한 것이 시초였죠. 백제는 고구려보다 12년 늦은 침류왕 1년에 인도의 승려가 절을 짓고 승려를 양성하면서 전해졌어요. 이후, 백제의 불교는 일본으로 건너갔답니다.

> **잠깐 퀴즈** 우리나라에서 불교를 최초로 받아들인 나라는?
> 정답) 고구려

로마 제국의 분열	광개토 대왕릉비 건립	광개토 대왕
395년	414년	374년~413년

395년
로마 제국의 분열
로마 제국이 동과 서로 나뉘다

고대 최대의 제국인 로마가 건국된 지 약 1,100년 만에 동과 서로 분열되었어요. 이후 서로마 제국은 476년에, 동로마 제국(비잔티움 제국)은 1453년에 멸망하고 말았답니다.

▲ 중국 지린에 있는 광개토대왕릉비

414년
광개토 대왕릉비 건립
광개토 대왕을 기리기 위해 능에 세운 비석

광개토 대왕의 업적을 기리기 위해 장수왕이 세운 비석이에요. 높이가 6.39m에 달하는 우리나라에서 가장 큰 비석이에요. 비석에는 광개토 대왕을 '국강상광개토경평안호태왕(國岡上廣開土境平安好太王)'이라고 지칭하기도 하는데 '국력을 강화해 넓은 땅을 개간하고 평화와 안정을 가져온 왕 중의 왕'이라는 뜻이에요.

374년~413년
광개토 대왕 `인물`
역사상 가장 넓은 영토를 정복한 고구려 왕

광개토 대왕은 우리나라 역사상 최대의 영토를 정복한 고구려의 왕이에요. 총 64개의 성, 1,400곳의 촌락을 정복했다고 해요. 또 고구려가 자주적인 나라임을 알리기 위해 우리나라 최초로 '영락'이라는 연호를 사용하기도 했죠. 그래서 '영락 대왕'이라고도 불러요.

| 414년~520년경 | 고구려 평양 천도 427년 | 나제 동맹 433년 |

◀ 평양성 대동문

427년
고구려 평양 천도
평양으로 수도를 옮기다

'천도'는 수도를 옮기는 것을 뜻해요. 고구려는 장수왕 때 수도를 국내성에서 평양성으로 옮겼어요. 평양성은 국내성보다 땅이 기름지고, 바다를 활용하는 데도 편리했기 때문이죠.

433년
나제 동맹
신라와 백제가 맺은 동맹

'나'는 신라, '제'는 백제를 의미해요. 고구려의 힘이 강해지자 이에 위기를 느낀 신라와 백제 두 나라가 필요할 때마다 서로 군대를 지원하기로 약속했어요. 하지만 후에 신라의 진흥왕과 백제 성왕 사이의 한강 유역 쟁탈전으로 동맹은 깨어졌지요. 역시 나라의 이익 앞에는 영원한 동맹도 영원한 적도 없나 봐요.

> **잠깐 퀴즈** 신라와 백제가 동맹을 맺어 견제하고자 했던 나라는?
> 정답) 고구려

| 백제 웅진 천도 | 이차돈 | '0'의 개념 확립 |
| 475년 | 506년~527년 | 520년경 |

475년

백제 웅진 천도
웅진으로 수도를 옮기다

백제의 첫 수도는 위례성이에요. 지금의 한강 유역이죠. 그러다 고구려의 장수왕이 한강 유역을 빼앗기 위해 쳐들어오자 웅진으로 수도를 옮겼어요. '웅진'은 지금의 공주 지역이에요.

506년~527년

이차돈 〔인물〕
불교 전파를 위한 최초의 순교자

삼국 중 제일 마지막으로 신라에 불교가 들어왔지만, 전파가 쉽지 않았어요. 그때 이차돈은 귀족들의 반대를 이겨 내고 자신의 목숨을 바쳐 불교 공인에 힘썼어요. 『삼국유사』에 따르면 이차돈의 목을 베자 잘린 목에서 흰 젖이 치솟고 하늘에서 꽃비가 떨어졌다고 해요.

▶ 이차돈 순교비

520년경
'0'의 개념 확립 〔수학〕
'0'의 개념이 생기다

300년경 인도에서 시작된 십진법에서 이미 '0'을 사용하고 있었지만, 이때는 '10'과 대칭되는 상징이었을 뿐이에요. 작은 동그라미(●이나 ○)를 사용한 것도 빈자리를 메우기 위한 것이었죠. 계산할 때 아무것도 남아 있지 않다는 의미의 '0'이라는 개념은 500년경에야 사용되기 시작했어요.

> **잠깐 퀴즈** '0'의 개념을 가장 먼저 사용하기 시작한 나라는?
> 정답) 인도

520년경 ~570년 | **무령왕릉 축조** 525년 | **신라의 한강 유역 차지** 553년

525년

무령왕릉 축조
백제 무령왕과 왕비의 무덤

1971년, 공주의 한 배수로를 정비하다 우연히 발견되었어요. 무령왕릉은 도굴당하지 않은 완전한 상태로 발견되어서 그 당시 임금이 사용했던 물건과 보물들이 엄청나게 쏟아져 나왔어요.

553년

신라의 한강 유역 차지
진흥왕 때 처음으로 한강을 차지하다

한강은 한반도의 중심에 위치하고 땅도 비옥하여 많은 나라가 차지하기 위해 쟁탈전을 벌였어요. 맨 처음 한강을 차지한 나라는 백제였어요. 이후 고구려가 세력을 넓히며 한강을 차지했죠. 마지막으로 신라는 진흥왕 때 한강 유역을 차지하면서 전성기를 누리게 되었어요.

> **잠깐 퀴즈** 신라가 한강 유역을 차지했을 때 왕은?
> 정답) 진흥왕

▲ 현재 한강의 모습

진흥왕	대가야 멸망	무함마드
534년~576년	562년	570년~632년

534년~576년

진흥왕 인물
신라 최고의 정복왕

고구려에 광개토 대왕과 장수왕이 있다면 신라에는 진흥왕이 있어요. 한강 유역까지 차지하며 신라 최대로 영토를 넓힌 왕이죠. 진흥왕은 자신의 업적을 기념하기 위해 전국에 진흥왕 순수비를 세웠어요. 또 화랑 제도를 만든 왕이기도 하지요.

> **잠깐 퀴즈** 신라 최대의 영토를 차지한 왕은?
> 정답) 진흥왕

▲ 북한산에 있는 진흥왕 순수비(모조품)

562년

대가야 멸망
가야, 신라에 의해 멸망하다

가야는 백제와 신라 사이의 지역에서 철기 문화를 바탕으로 발전했어요. 초기에는 금관가야가, 5세기 후반부터는 대가야가 가야 연맹을 주도했지요. 가야는 수준 높은 문화를 가졌지만, 건국 후 500여 년 만에 신라에 의해 멸망했어요.

570년~632년

무함마드 인물
이슬람교의 창시자

무함마드는 알라의 계시를 받은 예언자라고 해요. 사막의 도시 '메카'에서 태어나 그를 따르던 사람들을 이끌고 이슬람교를 세웠답니다.

▶ 무함마드의 무덤

570년~618년

수나라 건국 581년

목판 인쇄 시작 593년

581년
수나라 건국
38년간의 통일 왕조

220년 후한이 망한 후, 여러 나라가 세워졌다가 사라졌어요. 그러다 581년 문제가 수나라를 세우고 중국을 다시 통일했지요. 문제의 아들은 양제였는데 이 두 왕이 다스린 이후 38년 만에 수나라는 멸망하고 말았어요.

◀ 수나라의 비파를 치는 악사

593년
목판 인쇄 시작
목판에 새겨 책을 찍어 내다

목판 인쇄란 부드러운 나무판 위에 글과 그림을 새긴 후, 위에 잉크를 바르고 종이를 대어 찍어 내는 방법이에요. 목판 인쇄술은 중국 수나라에서 시작되었어요. 간단하면서도 혁명적인 기술이라 나침반, 종이, 화약과 함께 중국의 4대 발명품 중 하나로 꼽힌답니다.

> **잠깐 퀴즈** 중국의 4대 발명품은?
> 정답) 목판 인쇄, 나침반, 종이, 화약

살수 대첩	당나라 건국
612년	618년

612년

살수 대첩
살수에서 수나라를 크게 물리치다

중국 수나라가 30만 명의 별동대를 이끌고 고구려의 평양성을 공격했어요. 고구려의 을지문덕 장군은 엄청난 규모의 수나라 군대를 상대로, 후퇴하는 척하며 치고 빠지는 작전을 썼어요. 수나라 군사가 지치기 시작하자 이때를 기다렸던 을지문덕 장군은 살수(지금의 북한 평안도에 위치한 청천강) 근처에 숨어서 기다리다가 맹공격을 퍼부었지요. 이때 살아 돌아간 수나라 군사는 겨우 2,700명 정도였다고 해요.

618년

당나라 건국
중국 문화의 전성기

당은 넓은 영토를 차지한 통일 국가였답니다. 중국 문화의 황금기였지요. 당나라는 주변의 문화를 받아들여 국제적인 문화를 발전시켰고, 이 과정에서 신라, 발해를 비롯해 동아시아 문화권에 큰 영향을 끼쳤어요.

▶ 당나라 대안탑

▲ 당나라 삼채마

▲ 당나라 여인상

618년 ~647년

- 안시성 전투 **645년**
- 연개소문 **?~665년**
- 첨성대 건립 **647년**

645년

안시성 전투
고구려가 당나라의 침략을 물리친 전투

고구려 연개소문이 정변을 일으키고 정권을 잡자 이를 트집 잡아 중국 당나라 태종이 수십만 대군을 이끌고 안시성을 침략했어요. 하지만 고구려 병사와 백성들은 힘을 모아 안시성을 지키고 당나라 군대를 물리쳤어요. 이때 안시성을 지킨 성주는 '양만춘'이라고 해요.

> **잠깐 퀴즈** 안시성 전투는 어느 나라 간의 싸움이었나요?
> 정답) 고구려와 당나라

?~665년

연개소문 **인물**
고구려 말 최고의 권력자

연개소문은 고구려 말기에 최고의 권력을 가졌던 재상이에요. 자신을 반대하던 왕과 귀족들을 제거하고 권력을 잡았죠. 연개소문은 호시탐탐 고구려를 노리던 당의 침입을 몇 차례나 막아낸 장군이기도 하지만 임금을 죽이고 권력을 잡은 독재자라는 평가를 받기도 해요.

647년

첨성대 건립 **과학**
동양 최대의 천문 관측소를 세우다

첨성대는 신라 선덕 여왕 때 만들어진 천체 관측 시설이에요. 경상북도 경주에 지금까지 남아 있죠. 천체를 관측하는 가장 큰 이유는 농사 때문이었어요. 농업은 국가 경제의 기초였기 때문에 천문학이 매우 중요했거든요. 첨성대는 동양에서 가장 오래된 천문대로 국보 제31호랍니다.

선덕 여왕
?~647년

선덕 여왕 인물

우리나라 최초의 여왕

신라의 제27대 임금이자 우리나라 최초의 여왕이에요. 신라 진평왕은 아들이 없이 세상을 떠났어요. 그래서 성골 출신인 선덕 여왕이 임금의 자리에 올랐지요. 선덕 여왕이 신라를 다스리는 동안 첨성대와 함께 황룡사 9층 목탑 등을 건립하여 불교를 발전시켰고 김춘추, 김유신 같은 뛰어난 인재들을 양성하여 삼국 통일의 기초를 닦았어요.

잠깐 퀴즈 우리나라 최초의 여왕이 있었던 나라는?
정답) 신라

▲ 경주 선덕 여왕릉

647년~670년

나당 동맹 648년

황산벌 전투 660년

648년

나당 동맹
신라와 당나라, 동맹을 맺다

'나당'이라고 하면 신라와 당나라라는 것, 눈치채셨죠? 두 나라가 동맹을 맺은 것은 고구려와 백제에 대항하기 위해서였어요. 신라가 백제를 공격할 땐 당이 지원하고, 당이 고구려를 공격할 땐 신라가 도와준다는 내용이었죠. 결국, 나당 연합군은 백제와 고구려를 멸망시키고 신라가 삼국을 통일하는 데 큰 역할을 했어요.

660년

황산벌 전투
백제의 마지막 전투

백제 계백 장군이 신라군을 맞아 싸운 전투를 말해요. 계백은 가족까지 죽인 뒤, 전쟁에 나가 목숨을 아끼지 않고 싸웠다고 해요. 하지만 신라의 어린 화랑인 관창이 백제군의 진영에 뛰어들어 용감하게 싸우다 죽은 일이 신라군의 사기를 높여 결국에는 백제의 패배로 끝났답니다.

> **잠깐 퀴즈** 황산벌 전투를 이끈 백제의 장수는?
> 정답) 계백

백제 멸망	고구려 멸망	나당 전쟁
660년	668년	670년~676년

660년

백제 멸망
백제, 사비성이 무너지다

나당 연합군의 공격으로 백제는 점점 궁지에 몰렸어요. 그런데다 계백의 5천 결사대가 황산벌에서 김유신이 이끄는 신라군에 패배하면서 백제의 수도 사비성(부여)이 함락되었죠. 결국, 백제는 의자왕을 마지막으로 멸망했어요.

668년

고구려 멸망
고구려, 평양성이 함락되다

고구려는 중국 수나라, 당나라를 상대로 계속된 전쟁을 치렀어요. 또 연개소문이 죽자 지도층 내부의 권력 다툼까지 일어났어요. 그 틈에 나당 연합군이 공격해 수도인 평양성이 함락되며 고구려의 역사는 끝났어요.

▲ 의자왕이 죽자 삼천 궁녀가 뛰어내린 낙화암

670년~676년

나당 전쟁
신라가 당나라를 몰아낸 전쟁

나당 연합군에 의해 백제와 고구려가 멸망한 후, 당나라는 중국으로 물러가지 않고 한반도 지배의 욕심을 드러냈어요. 결국, 신라와 당나라가 대립하면서 7년간의 전쟁이 시작되었죠. 결론부터 말하자면 신라는 당나라를 물리치고 삼국 통일을 이루었어요.

| 670년~700년경 | 첫 삼국 통일
676년 | 문무왕
626년~681년 | 바위 사원 건축
692년 |

676년

첫 삼국 통일
고구려, 백제, 신라가 통일되다

우리나라 역사상 처음으로 하나의 민족 문화가 시작되었다는 점에서 의미가 있어요. 하지만 고구려의 옛 영토인 만주 지역을 당나라에 빼앗겼고, 곧이어 발해가 건국되면서 하나의 통일 국가로 발전시키지는 못했다는 평가도 받고 있지요.

> **잠깐 퀴즈** 고구려, 백제, 신라의 세 나라를 통일한 나라는?
> 정답) (통일)신라

▲ 동해 가운데의 문무 대왕릉

626년~681년

문무왕 〈인물〉
삼국 통일을 완성한 왕

당나라와 연합해 고구려를 정복한 뒤 나당 전쟁에서 승리해 삼국 통일을 완성한 왕이에요. 문무왕은 세상을 떠나면서 '나는 죽어서 용이 되어 신라를 지키겠으니 화장한 후 동해에 묻어 달라.'는 유언을 했대요. 정말로 문무왕의 무덤은 감은사 앞바다에 있는 대왕암으로 알려져 있어요.

692년

바위 사원 건축
이슬람의 최초 기념비적 건축물

이슬람의 예언자 무함마드가 승천했다고 전해지는 바위를 둘러싸고 있는 사원이에요. 아브라함이 아들 이삭을 하늘에 바친 곳이기도 하고, 솔로몬 왕의 궁궐이 있었던 곳이기도 해서 기독교, 이슬람교, 유대교 모두 바위 사원을 숭배하고 있다고 해요.

발해 건국	대조영	인쇄 신문의 등장
698년	?~719년	700년경

▲ 발해 석등

698년
발해 건국
고구려 유민이 세운 나라

고구려가 멸망한 후, 고구려 장군인 대조영이 고구려 유민과 말갈족을 모아 길림성의 동모산 근처에 나라를 세웠어요. 고구려를 이은 나라가 탄생한 것이죠. 발해는 해동성국(海東盛國: 동쪽 바다의 융성한 나라)이라 불리며 크게 번성했지만 9세기 후반 거란에 의해 멸망했어요.

?~719년
대조영 〔인물〕
발해를 세운 왕

대조영은 고구려가 나당 연합군에 의해 멸망한 후, 당나라에 끌려간 고구려인이었다고 해요. 대조영의 아버지인 걸걸중상이 군사를 일으켰고, 아들인 대조영은 당나라의 대군을 무찌르고 옛 고구려 땅 동모산 근처에 발해를 세웠죠.

700년경
인쇄 신문의 등장
중국에 등장한 목판 인쇄 신문

중국 당나라는 세력이 확장되고 나라의 규모가 커지자 중앙 관청의 일을 지방에 알리기 위해 '저보'를 만들었어요. 저보는 목판 인쇄의 발달에 힘입어 신문의 형식으로 제작, 배포되는 혁명을 가져왔답니다.

| 700년경 ~828년 | 무구정광대다라니경 751년 | 바이킹의 등장 790년경 |

751년
무구정광대다라니경

세계에서 가장 오래된 목판 인쇄물

1966년 경주 불국사의 석가탑을 수리하기 위해 탑을 분해하면서 두루마리 모양의 인쇄물이 발견되었어요. 이것이 바로 무구정광대다라니경이죠. 무구정광대다라니경은 1,200여 년 전 통일 신라 시대에 만들어진 것으로, 지금까지 남아 있는 목판 인쇄물 가운데 세계에서 가장 오래된 것으로 추정되고 있어요.

790년경
바이킹의 등장
유럽 바다를 차지한 노르만족

'바이킹' 하면 해적이 먼저 떠오르지요? 바이킹은 스칸디나비아반도에 살던 노르만족을 말해요. 모험을 좋아하고 항해술이 뛰어나 배를 타고 유럽 각지를 다니며 침략을 일삼아 해적의 이미지가 강해진 것이죠.

◀ 바이킹의 배

| 신성 로마 제국의 탄생 | 대수학의 개발 | 청해진 설치 |
| 800년 | 825년 | 828년 |

800년
신성 로마 제국의 탄생
고대 로마 제국의 부활을 꿈꾸다

고대 로마 제국은 동서로 분열되었고 얼마 지나지 않아 서로마 제국이 멸망했어요. 그러다 서기 800년, 샤를마뉴 대제가 신성 로마 제국을 세웠어요. 다시 로마 제국의 부활을 꿈꾸며 '로마'라는 이름을 사용했고 교황의 힘이 강하여 앞에 '신성'을 붙였죠. 신성 로마 제국은 지금의 독일 역사랍니다.

▲ 신성 로마 제국의 국기

825년
대수학의 개발 수학
방정식 푸는 방법을 개발하다

대수학은 수학의 한 부문으로, 수 대신에 문자를 사용하거나, 수학 법칙을 간명하게 나타내는 것을 말해요. 수학 시간에 배우는 방정식이 여기에 속하죠. 방정식은 300년경 디오판토스가 이미 개발했는데 그것을 이어받은 알 콰리즈미가 6가지 방정식의 형태와 이를 푸는 방법을 개발해 '대수학'이라는 새로운 학문 분야를 개척한 것이랍니다.

828년

청해진 설치
신라의 해상 무역 기지

청해진은 지금의 완도에 있었던 해군 무역 기지예요. 당시 완도는 중국 당나라와 일본을 오가는 교통의 요지였어요. 청해진은 군사 기지의 역할도 했지만, 무역이 활발하게 이루어지는 국제 도시이기도 했답니다.

> **잠깐 퀴즈** 지금의 완도 지방에 있었던 신라의 해상 무역 기지 이름은?
> 정답) 청해진

| 828년~915년 | 장보고 ?~846년 | 최초의 화약 발명 850년경 | 커피의 발견 850년경 |

?~846년

장보고

해상 무역을 장악한 신라의 장군

통일 신라 때 일찍이 당나라로 건너가 군인이 된 장보고는 해적에게 잡혀 노비가 되어 고생하는 신라 사람들을 보고 신라로 다시 돌아왔어요. 이후 장보고는 당나라 해적을 막기 위한 군사 기지, 청해진을 만들었지요. 하지만 막대한 부를 쌓아 해상왕으로 불리는 그를 귀족들은 못마땅하게 생각했어요. 결국, 장보고는 자신의 부하에 의해 살해되고 말았어요.

▲ 청해진 장도

850년경

최초의 화약 발명 〔과학〕

우연히 폭발 물질인 화약을 발명하다

중국 당나라의 연금술사들은 죽지 않는 명약을 만들고자 했어요. 하지만 실험 도중 폭발하고 말았죠. 이 폭발로 우연히 화약이 탄생했어요. 중국에선 처음에 불꽃놀이에만 사용했다가 지금은 다양한 무기에 사용되고 있답니다.

850년경

커피의 발견

목동이 신비의 열매인 커피를 발견하다

커피를 처음 발견한 사람은 에티오피아에서 양을 치던 목동이었다고 해요. 목동은 커피 열매를 먹고 흥분해서 활기차게 뛰어다니는 양을 보고 커피의 효능을 알게 되었죠. 이후 기분이 좋아지고 졸음을 방지해 주는 신비의 열매로 알려지며 사람들에게 퍼져 나갔어요.

후백제 건국	후고구려 건국	풍차 사용
900년	901년	915년

900년
후백제 건국
견훤이 백제를 계승하여 세운 나라

통일 신라 말기, 사회가 혼란한 틈을 타 전국 여러 곳에서 농민 봉기가 일어났어요. 그중 상주 지역 출신의 호족, 견훤이 완산주에 도읍을 정하고 세운 나라가 후백제랍니다.

> **잠깐 퀴즈** 완산주에 도읍을 정하고 후백제를 세운 왕은?
> 정답) 견훤

901년
후고구려 건국
궁예가 고구려를 계승하여 세운 나라

후고구려는 궁예가 세운 나라예요. 궁예는 신라의 왕족 출신인 승려로, 반란군의 장수가 되었다가 지금의 강원도와 경기도 지역에 후고구려를 세웠어요.

915년
풍차 사용
바람을 이용해 농사를 짓다

'풍차' 하면 네덜란드. '네덜란드' 하면 풍차. 하지만 풍차는 페르시아(터키)의 농부들이 바람을 이용해 물을 끌어다 대던 것에서 유래했어요. 이후 그 기술이 유럽으로 전해졌고, 국토가 바다 수면보다 낮아 물을 퍼 올려야 하는 네덜란드에서 더욱 발달하게 되었어요.

> **잠깐 퀴즈** 기록상 풍차를 가장 먼저 사용하기 시작한 곳은?
> 정답) 페르시아(터키)

| 915년~958년 | 고려 건국 918년 | 왕건 877년~943년 | 발해 멸망 926년 |

918년

고려 건국
왕건이 고구려를 계승하여 세운 나라

왕건이 후고구려를 세운 궁예를 몰아내고 임금이 되었어요. 그리고 고구려를 이은 나라라는 뜻에서 나라 이름을 '고려'라고 했어요. 고려는 고려청자와 팔만대장경 등 많은 문화재를 남겼어요. 또 활발한 무역 활동으로 고려(Corea)라는 이름을 세계에 알리기도 했어요.

▶ 고려청자

877년~943년

왕건 인물
고려를 세운 왕

왕건은 고려를 세우고 후삼국을 통일한 임금이에요. '태조 왕건'이라고도 하는데 '태조'는 나라를 세운 임금에게 죽은 후 붙이는 시호랍니다.

926년

발해 멸망
발해, 거란족에 의해 멸망하다

발해는 거란족이 힘을 키워 주변 나라들을 정복하기 시작할 때, 맨 먼저 공격을 받고 보름 만에 멸망했다고 해요. 당시 발해는 귀족들 간의 권력 다툼 때문에 힘이 많이 약해져 있었어요. 발해의 멸망으로 만주 지역의 땅을 영영 잃고 말았어요.

▲ 태조 왕건 어진

후삼국 통일	과거 제도 실시
936년	958년

936년

 ## 후삼국 통일
고려, 후삼국을 통일하다

왕건이 고려를 세우고 점점 세력을 넓혀 갈 무렵, 후백제의 견훤도 힘을 키워 신라를 공격했어요. 그러자 힘을 잃은 신라의 경순왕은 고려에 항복하고 나라를 넘겨주었죠. 마침내 고려는 후백제군과 벌인 전투에서도 승리해 후삼국을 통일했답니다. 후에 고려는 멸망한 발해의 유민까지 받아들여 민족 통일을 이루었어요.

958년

과거 제도 실시
나라의 관리를 뽑기 위한 시험

관리를 뽑기 위한 시험 제도가 바로 과거 제도예요. 고려 광종 때 왕권을 강화하기 위해 처음 실시되었어요. 처음에는 비교적 단순한 시험이었지만, 점점 더 복잡한 과정을 거쳐 관리를 선출하게 되었답니다.

958년 ~1000년

송나라 건국 960년

그린란드 정착 986년경

960년
송나라 건국
문화와 예술의 나라

당나라 이후 중국이 여러 나라로 분열되어 어지러웠던 시기에 조광윤이 송나라를 세워 중국을 통일하게 되었어요. 송나라는 학문과 문화, 예술을 중요하게 생각했어요.

986년경
그린란드 정착
쫓겨난 바이킹족 그린란드에 정착하다

그린란드는 유럽과 북미 사이에 위치한 세계에서 가장 큰 섬이에요. 바이킹족인 에리크가 죄를 지어 추방되어 이곳에 정착하면서 '그린란드'라고 이름 지었죠. 에리크가 이곳을 '푸른 땅', 그린란드(Greenland)라고 소개하자 많은 노르웨이 정착민들이 이곳으로 건너와 유럽의 첫 번째 식민지를 건설했어요. 원주민인 이누이트족이 북쪽에 살고 있다는 것도 모른 채 500여 년간 이 섬에서 살았다고 해요.

| 거란의 1차 침입 | 서희의 외교 담판 |
| 993년 | 993년 |

993년

거란의 1차 침입
거란, 고려에 쳐들어오다

중국의 북방 민족이었던 거란은 요나라를 세웠어요. 이때 중국엔 송나라도 있었는데 고려는 송나라와 친하고 요나라와는 사이가 좋지 않았어요. 거란이 선물로 준 낙타도 굶겨 죽일 정도로 말이죠. 이후 거란은 여러 차례 고려를 침입했는데 993년 소손녕이 대군을 이끌고 온 전쟁이 바로 1차 침입이었답니다.

> **잠깐 퀴즈** 거란의 1차 침입 때 거란족을 이끈 요나라 장수는?
> 정답) 소손녕

993년

서희의 외교 담판
대화로 거란을 물러가게 하다

거란의 1차 침입 때, 고려의 서희는 거란에 당당하게 맞서 담판을 벌였어요. 고려가 거란과 친하지 못한 것은 중간을 가로막고 있는 여진족 때문이니 여진족을 몰아내고 그 땅을 고려가 차지해야 한다는 것이었죠. 결국, 거란은 압록강 남쪽 6개의 성(강동 6주)을 고려에 돌려주고 물러갔어요.

3

문명의 시대

서기 천 년이 넘어서면서 인류는 물질적, 기술적으로 더욱 발전하기 시작했어요. 자연 그대로의 원시적 생활에서 발전하여 이제는 편리한 생활 기구를 만들어 사용하기 시작한 것이죠. 나침반과 금속 인쇄술이 등장하고 화폐의 이용이 활발해 최초의 은행이 생기기도 했어요. 우리나라는 조선이 건국되고 훈민정음이 창제된 때이기도 하지요.

1000년 ~1500년

1000년 ~1019년

거란의 2차 침입 1010년

거란의 3차 침입 1018년

1010년
거란의 2차 침입
거란이 다시 쳐들어오다

거란의 1차 침입 후 7년 만인 1010년, 거란이 40만 대군을 이끌고 고려를 다시 침략했어요. 이 전쟁으로 고려의 수도인 개경이 함락되었고 고려의 왕이 직접 요나라에 가서 신하의 예를 올리겠다는 조건으로 거란군이 물러났답니다.

◀ 요나라의 기병대

1018년
거란의 3차 침입
거란과 화친을 맺다

고려가 예를 올리겠다던 약속을 지키지 않자 거란은 다시 고려를 침략했어요. 이렇게 끈질기게 고려를 공격한 이유는 대륙으로 진출할 때 혹여나 뒤쪽에서 고려가 공격할 수 있다고 생각했기 때문이에요.

| 귀주 대첩 | 강감찬 |
| 1019년 | 943년~1031년 |

1019년

귀주 대첩
고려가 귀주에서 거란을 크게 이기다

거란의 3차 침입 때 고려에 침입한 거란군을 귀주 지역에서 크게 물리친 싸움이 바로 귀주 대첩이에요. 귀주 지역에서 싸운 큰 싸움이라는 뜻이죠. 귀주 대첩 이후, 거란은 무력으로 침략하려는 계획을 버리고 고려와 화친을 맺었어요. 고려는 북방을 지키기 위해 천리장성을 쌓았고요.

943년~1031년

강감찬 인물
귀주 대첩을 승리로 이끈 장군

거란의 소배압 장군과 10만 명의 대군에 맞선 사람은 바로 70세가 넘은 노장 강감찬이었어요. 강감찬 장군은 뛰어난 작전을 바탕으로 흥화진 전투와 귀주 대첩을 승리로 이끌었죠. 강감찬은 큰 별이 떨어진 곳에서 태어났다는 설화가 있어요. 지금의 서울 낙성대(落星垈: 떨어질 락, 별 성, 터 대)가 바로 그곳이랍니다.

◀ 낙성대에 있는 강감찬 동상

> **잠깐 퀴즈** 강감찬 장군이 태어난 곳으로 '별이 떨어진 곳'이라는 뜻을 가진 지역은?
> 정답) 낙성대

1019년 ~ 1150년

- 볼로냐 대학 설립 1088년
- 제1차 십자군 전쟁 1095년~1099년
- 여진 정벌 1107년

1088년
볼로냐 대학 설립
세계 최초로 볼로냐에 대학이 세워지다

이탈리아의 볼로냐 대학은 가장 오래된 대학이에요. 수도원에서 종교적인 교육을 받는 것에서 벗어나 나라에 필요한 젊은이들이 법을 배우며 공부하던 최초의 교육 기관이죠.

1095년~1099년
제1차 십자군 전쟁
예루살렘을 되찾기 위해 벌인 전쟁

예루살렘은 기독교의 성지이지만 고대 로마 제국이 멸망하면서 이슬람인들이 차지하게 되었죠. 한편 유럽에선 성지를 되찾아야 한다는 목소리가 높아졌어요. 결국 교황의 전쟁 선언으로 십자군 전쟁이 시작되었어요. 하나님의 이름으로 승리하겠다는 뜻으로 가슴에 십자가를 새긴 옷을 입고 싸워 '십자군'이라고 불렀어요. 이후 200여 년간 8차례에 걸친 길고 긴 전쟁이 시작되었어요.

> **잠깐퀴즈** 십자군 전쟁에서 탈환하려고 했던 곳은?
> 정답) 예루살렘

◀ 십자군

1107년
여진 정벌 [한국사]
별무반이 여진족을 물리치다

발해가 멸망한 후, 힘을 키운 여진족이 고려를 침략했어요. 이때 고려의 문신이자 장수인 윤관이 별무반을 만들어 여진족을 물리쳤지요.

서울시 중구 서소문 공원에 있는 윤관 동상 ▶

이자겸의 난	『삼국사기』 편찬	앙코르 와트 건설
1126년	1145년	1150년

1126년

이자겸의 난
이자겸이 왕이 되려고 일으킨 반란

이자겸은 고려 인종의 외할아버지이자 장인이에요. 이렇듯 자신의 딸들을 왕비로 앉히며 외척으로 큰 권세를 누렸지만, 욕심이 지나쳐 자신이 왕이 되고자 반란을 일으켰지요. 하지만 반란은 실패로 끝났어요.

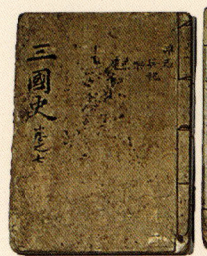
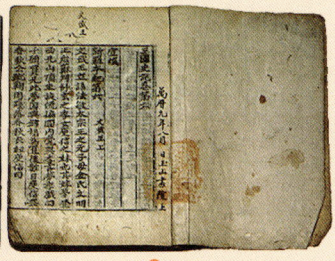

1150년

앙코르 와트 건설
세계에서 가장 큰 석조 사원을 만들다

캄보디아의 앙코르 와트는 둘레가 약 800m에 달하는 세계에서 제일 큰 사원이에요. 앙코르 와트 왕조가 무너지면서 정글 속에 방치되었다가 700여 년 만에 세상에 알려졌고 지금은 유네스코 세계 유산으로 지정되어 있답니다.

1145년

『삼국사기』 편찬
현존하는 가장 오래된 우리나라 역사책

고구려, 백제, 신라의 삼국 역사에 대해 기록한 대표적인 역사책으로 『삼국사기』와 『삼국유사』가 있어요. 둘 다 고려 시대에 기록되었는데 그 중 『삼국사기』가 먼저 편찬되었어요. 『삼국사기』는 왕의 명령을 받아서 김부식의 주도로 펴낸 총 50권짜리 책이에요.

> **잠깐 퀴즈** 삼국사기는 어느 시대에 누가 지었나요?
> 정답) 고려 시대, 김부식

1150년 ~1173년

둥근 세계 지도 제작 1154년

노트르담 성당 건축 1163년

1154년
둥근 세계 지도 제작
최초로 둥근 세계 지도를 만들다

그전까지의 대부분 지도는 자신의 나라를 중심으로 평면 종이에 그려 놓았어요. 그러다 알이드리시가 둥근 모양에 7개 대륙과 바다로 된 세계 지도를 만들었죠. 알이드리시의 세계 지도는 지구가 둥글다는 것을 보여 줄 뿐 아니라 중국 동쪽 해상에 '신라'가 적혀 있는 우리나라가 등장한 최초의 세계 지도예요.

1163년
노트르담 성당 건축
노트르담에 고딕 양식의 성당을 짓다

화려한 스테인드글라스 창과 조각상, 뾰족뾰족 높이 솟아오른 첨탑으로 유명한 고딕 양식은 1120년경 프랑스에서 시작되었어요. 이후 지어진 노트르담 성당에서는 나폴레옹의 대관식이 이루어졌어요. 또 빅토르 위고의 『노트르담 드 파리』라는 소설의 배경이 되면서 더욱 유명해졌어요.

| 무신 정변 1170년 | 최충헌 1149년~1219년 | 피사의 사탑 1173년 |

1170년

무신 정변
무신이 차별에 반대하며 일으킨 난

고려 시대 무신은 학문을 익힌 문신에 비해 차별을 많이 받았어요. 이에 불만을 품은 무신들이 왕을 몰아내고 권력을 차지한 사건이 무신 정변이에요. 무신 정변 이후 약 100여 년간 무신들이 나라를 다스렸어요.

1149년~1219년

최충헌 (인물)
무신 정권의 최고 권력자

무신 정변 이후 무신들의 시대가 열렸어요. 최충헌은 허수아비 왕을 세우고 교정도감과 도방을 이용해 고려를 다스렸어요. 최씨 정권은 4대에 걸쳐 60년간 이어졌지요.

1173년

피사의 사탑
피사 대성당에 있는 기울어진 탑

피사의 사탑은 이탈리아의 기울어진 탑으로 더 유명하죠. 하지만 이 사탑을 일부러 기울게 지은 것은 아니에요. 1173년 착공 시에는 수직이었으나, 공사 도중 탑의 기울어짐이 발견되었죠. 기울어진 이유는 탑이 세워진 땅의 지반이 약하기 때문이래요.

> **잠깐 퀴즈** 피사의 사탑은 어느 나라에 있나요?
> 정답) 이탈리아

1173년 ~1206년

만적의 난
1198년

나침반 이용
1200년경

1198년

만적의 난
만적이 일으킨 노비 신분 해방 운동

만적은 고려 최충헌의 노비였어요. 만적은 노비들을 불러 모아 "무신 정변 이후에 높은 벼슬을 하는 사람 중에는 천한 출신도 많이 있으니, 왕과 제후, 장수와 재상의 출신이 어찌 따로 있겠는가!"라고 하면서 신분 해방 운동을 계획했어요. 만적의 노비 해방 운동은 비록 실패로 끝났지만 이후 천민들의 해방 운동은 계속되었어요.

▲ 송광사에 있는 고려 노비 문서

1200년경

나침반 이용 과학
나침반을 항해에 이용하다

나침반은 아주 오래전 중국에서 처음 발명되었다고 전해져요. 나침반을 항해에 이용하기 시작한 것은 약 1200년경이죠. 선원들은 바다 한가운데에서도 어느 방향으로 가야 하는지를 알게 되었고, 더욱 머나먼 바다까지 항해할 수 있게 되었답니다.

> **잠깐 퀴즈** 나침반을 처음 사용하기 시작한 나라는?
> 정답) 중국

| 피보나치 숫자 | 몽골 부족 통일 |
| 1202년 | 1206년 |

1202년

피보나치 숫자 _{수학}
각각의 숫자가 앞의 두 숫자를 합한 값

이탈리아의 상인 피사노가 인도의 숫자 9,8,7,6,5, 4,3,2,1과 기호 0을 유럽에 알렸어요. 그는 1202년 『주판서』라는 책을 출간하면서 그동안 사용하던 로마 숫자보다 사용하기 편한 새로운 숫자 체계를 전파했지요. 피사노는 피보나치라고 더 잘 알려져 있는데 '0,1,1,2,3,5,8,13,21,34…'와 같이 각각의 숫자가 앞의 두 숫자를 합한 값인 '피보나치수열'을 만든 사람이랍니다.

1206년

몽골 부족 통일
칭기즈 칸이 몽골 제국을 이루다

1206년에 테무친이 여러 부족으로 나뉘어 살던 몽골 부족을 하나로 통일했어요. 테무친은 임금의 자리에 올라 자신을 '칭기즈 칸'이라고 했죠. 칭기즈 칸은 잘 훈련된 기마병을 앞세워 금나라를 멸망시키고 중앙아시아를 정복한 뒤, 유럽까지 진출해 세계 역사상 가장 큰 제국을 이루었어요.

1206년 ~1234년

칭기즈 칸 1162년~1227년　**몽골과의 전쟁 시작** 1231년

1162년~1227년

칭기즈 칸 _{인물}

세계를 지배한 몽골의 1대 왕

테무친은 자신을 칭기즈 칸이라고 했어요. '칸'은 임금을 뜻하는 몽골어예요. '칭기즈 칸'이라고 하면 강력한 지도자라는 뜻이랍니다. 칭기즈 칸은 불우한 어린 시절을 보냈지만 강력한 리더십을 발휘해 몽골을 세계 대제국으로 만든 인물이에요.

> **잠깐 퀴즈** 칭기즈 칸의 원래 이름은?
> 정답) 테무친

▲ 몽골 수도 울란바토르에 있는 칭기즈 칸의 대형 동상

1231년

몽골과의 전쟁 시작

고려와 몽골의 전쟁이 시작되다

고려에 무신 정권이 들어서면서 무신들 사이에 권력 다툼을 벌어지기 시작했어요. 이 시기에 몽골은 제국으로 성장하여 고려를 위협했죠. 그러던 중 몽골의 사신이 고려에 왔다가 살해당하는 일이 벌어지며 이 사건을 구실로 몽골은 고려에 쳐들어왔답니다.

강화 천도	석탄 채광 시작	금속 인쇄술 등장
1232년	1233년	1234년

1232년

강화 천도
몽골을 피해 강화도로 도읍을 옮기다

몽골이 고려를 침입하자 최고 권력자인 최우는 수도를 개경에서 강화도로 옮겼어요. 왜냐하면 강화도는 개경과도 가깝고, 밀물·썰물이 있어 공격하기 쉽지 않은 지리적 조건을 가졌기 때문이죠. 이렇게 해서 강화도는 38년간 고려의 임시 수도가 되었어요.

▲ 강화 고려 궁궐터

1234년

금속 인쇄술 등장
세계 최초로 금속 활자로 책을 찍다

고려는 인쇄술이 발달한 나라였어요. 나무로 만든 목판뿐 아니라, 금속으로 만든 활자를 이용한 인쇄술도 서양보다 앞서 있었죠. 1234년 『상정고금예문』이라는 책이 금속 활자본으로 인쇄되었다는 기록이 있어요.

1233년

석탄 채광 시작
땅속에서 석탄을 캐기 시작하다

석탄은 청동기 시대부터 사용해 왔어요. 하지만 대대적으로 땅속의 석탄을 캐기 시작한 것은 13세기 초 영국에서부터였죠. 영국의 수도승들은 최초의 광산을 만들어 땅속 깊은 곳에서 석탄을 캐냈어요. 이렇게 채광된 석탄은 철공소에서 쟁기를 만드는 연료로 사용이 되었다고 해요.

고려 금속 활자 ▶

1234년 ~1254년

팔만대장경 제작 **1236년**

황룡사 9층 목탑 소실 **1238년**

1236년

팔만대장경 제작
몽골에 대항하여 만든 8만여 개의 대장경

'대장경'은 불교 경전을 모아 놓은 것이에요. 고려는 몽골이 침입하자 부처의 힘으로 몽골군을 물리치겠다는 생각으로 팔만대장경을 만들기 시작했어요. 무려 16년 동안 8만여 개의 판에 8만 4천 개의 경전 말씀을 실어 팔만대장경이라고 하지요. 지금은 세계에서 가장 오래된 대장경판으로 그 가치를 인정받아 세계 기록 유산이 되었어요. 팔만대장경을 보관하는 장경판전도 유네스코 세계 문화유산으로 지정되어 있답니다.

1238년

황룡사 9층 목탑 소실
황룡사 9층 목탑이 불타다

신라 선덕 여왕은 불교의 힘으로 백성의 마음을 하나로 모으고자 80m 높이(아파트 30층 높이)에 달하는 거대한 황룡사 9층 목탑을 세웠어요. 하지만 아쉽게도 고려 때, 몽골의 침입으로 불에 타 사라졌어요. 지금은 경주에 그 터만 남아 있어요.

▲ 황룡사지

방향타 사용	한자 동맹 결성	마르코 폴로
1252년	1252년	1254년~1324년

1252년

방향타 사용 〔과학〕

배에 방향타를 사용하여 항해하다

배를 만드는 기술은 나침반, 지도와 함께 발전했어요. 유럽에서는 방향타가 배의 조종을 맡게 되면서 노를 사용하지 않게 되었죠. 처음에는 배의 양옆에 방향타가 부착됐지만, 가장 효과적인 곳은 배의 뒤쪽이어서 지금까지도 선미에 자리 잡고 있어요.

1252년

한자 동맹 결성

독일의 북부 상인들이 맺은 동맹

'한자'는 중국의 글자를 뜻하는 게 아니라 유럽의 상인 단체 이름이에요. 십자군 전쟁으로 동서양의 무역이 크게 발달하자 상인들이 뭉쳐서 한목소리를 내기 시작했어요. 그중 한자 동맹은 독일의 북부 도시 상인들이 맺은 동맹이에요. 한자(Hansa)란 친구, 무리를 뜻하는 독일 말이라고 해요.

1254년~1324년

마르코 폴로 〔인물〕

유럽과 아시아를 이은 탐험가

이탈리아의 상인으로 17살에 아버지를 따라 중국 각지를 여행했어요. 원나라에서 정부 관리로 지내기도 했죠. 후에 고향 베네치아로 돌아온 마르코 폴로는 동방에서 보고 들은 이야기를 책으로 냈는데 그 책이 바로 『동방견문록』이에요.

▲ 『동방견문록』의 한 페이지

잠깐퀴즈 마르코 폴로가 중국까지 여행한 자신의 모험담을 기록한 책은?
정답) 『동방견문록』

1254년 ~1337년

쿠빌라이의 중국 통일
1260년

삼별초의 항쟁
1270년

1260년
쿠빌라이의 중국 통일
몽골이 중국 전 지역을 차지하다

칭기즈 칸의 손자인 쿠빌라이는 중국의 남송을 멸망시키고 중국을 지배하게 되었어요. 중국 역사상 처음으로 유목 민족이 중국의 모든 지역을 지배하게 된 것이죠. 쿠빌라이는 자신이 지배하는 중국 땅과 몽골 지역을 '원'이라 하고, 수도를 베이징으로 옮겼어요.

◀ 쿠빌라이

1270년
삼별초의 항쟁
삼별초가 끝까지 몽골과 싸우다

삼별초는 본래 고려 최씨 무신 정권을 이끌던 최우가 자신을 호위하기 위해 만든 특수 부대였어요. 그러다 몽골이 침입하면서 몽골과의 전쟁에서 많은 공을 세웠지요. 삼별초는 무신 정권이 무너지고 고려가 몽골과 화해한 후에도 끝까지 몽골에 저항하며 고려의 자주정신을 보여 주었다고 해요.

> **잠깐 퀴즈** 몽골과 끝까지 항쟁을 벌인 고려의 특수 부대는?
> 정답) 삼별초

오스만 제국	백 년 전쟁	잔 다르크
1300년	1337년~1453년	1412년~1431년

1300년
오스만 제국
터키 지역에 세운 세계 대제국

오스만 튀르크가 오늘날의 터키 지역에 세운 제국이 바로 오스만 제국이에요. 오스만 제국은 1453년 비잔티움 제국을 정복한 후, 이스탄불로 이름을 고쳐 수도로 삼으면서 더욱 발전했어요. 1922년까지 통치한 이 제국은 가장 마지막까지 존재한 세계 대제국이랍니다.

▲ 국기

국장 ▶

1337년~1453년
백 년 전쟁
영국과 프랑스의 길고 긴 전쟁

프랑스의 왕 샤를 4세가 죽자 영국의 왕이 샤를 4세의 먼 친척임을 주장하며 프랑스 왕위를 계승하겠다고 나섰어요. 거기에 프랑스 내에 있던 영국 영토로 인해 두 나라의 관계는 급속히 나빠졌죠. 결국 영국(잉글랜드)이 프랑스를 침입하면서 백 년 전쟁이 시작되었어요. 이 전쟁은 유명한 프랑스의 여전사 잔 다르크가 활약한 전쟁이기도 해요.

1412년~1431년
잔 다르크 〔인물〕
백 년 전쟁에서 프랑스를 구한 소녀

프랑스에서 농민의 딸로 태어난 잔 다르크는 13세에 '프랑스를 구하라.'는 신의 계시를 받고, 백 년 전쟁에 나섰어요. 잔 다르크 덕분에 프랑스는 승리를 이뤘어요. 하지만 1430년 영국군에 사로잡혀 마녀의 누명을 쓰고 19살의 나이에 화형을 당했지요. 백 년 전쟁이 끝나고 나서야 마녀 혐의를 벗은 잔 다르크는 지금도 프랑스인들이 성녀로 기리고 있어요.

프랑스 파리의 잔 다르크 동상 ▶

1337년 ~1377년

흑사병 창궐
1347년

공민왕의 개혁 정치
1352년

1347년

흑사병 창궐 *의학*

페스트균으로 생긴 전염병이 퍼지다

흑사병은 14세기 유럽에서 인구의 약 40% 목숨을 빼앗아 간 인류 사상 최대의 전염병이었어요. 당시에는 병의 원인도 모른 채 많은 사람이 죽어 갔죠. 쥐에 기생하는 벼룩에 의해 페스트균이 옮겨져 생기는 흑사병은 피부가 검게 변하기 때문에 '검은 죽음을 몰고 오는 병'이라는 뜻으로 이름이 붙여졌어요.

잠깐 퀴즈 흑사병은 어떤 동물로 전염되나요?
정답) 쥐에 기생하는 벼룩

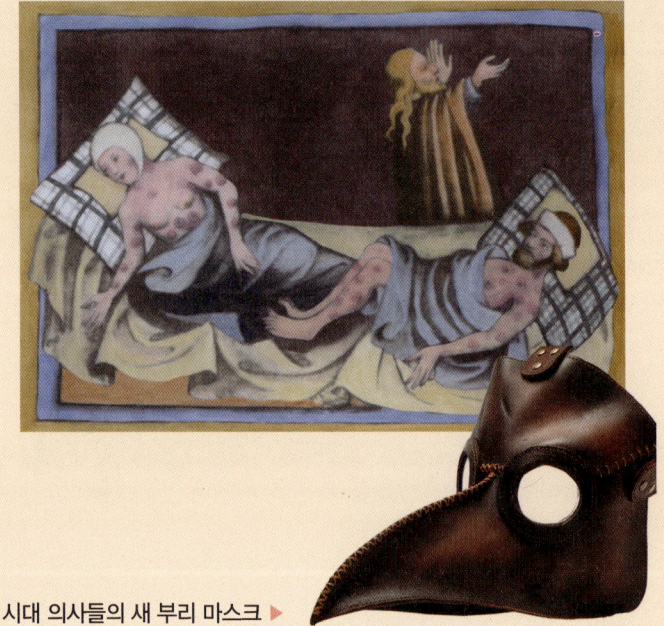

▶ 중세 시대 의사들의 새 부리 마스크

1352년

공민왕의 개혁 정치 *한국사*

원나라의 그늘에서 벗어나기 위해 공민왕이 개혁 정치를 펴다

고려 말기, 원나라는 고려의 정치에 사사건건 간섭했어요. 고려의 왕자는 원의 수도에 머물면서 원의 공주와 결혼을 해야 했고, 또 원나라에 충성한다는 의미로 왕의 칭호에 충성 충(忠) 자를 넣어야만 했죠. 원나라의 힘이 약해지자 공민왕은 옛 영토를 되찾고, 권문세족을 몰아냈어요. 또 원나라식 풍습을 금지하는 등 고려인의 자주성을 보여 주는 정치를 펼쳤어요.

| 명나라 건국 | 『직지심체요절』 제작 | 화통도감 설치 |
| 1368년 | 1377년 | 1377년 |

1368년
명나라 건국
한족의 통일 왕조가 세워지다

원나라 말에 '홍건적의 난'이 전국적으로 일어났어요. 우두머리 중 한 명이었던 주원장이 세운 나라가 명나라죠. 이로써 몽골족은 북쪽 초원 지대로 쫓겨나게 되었고 한족이 중국을 지배하게 되었어요.

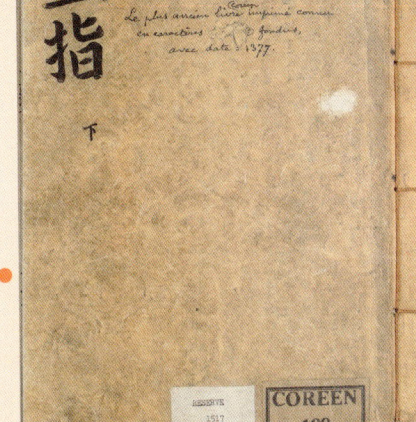

1377년
『직지심체요절』 제작
세계에서 가장 오래된 금속 활자본을 만들다

▲ 직지

『직지심체요절』은 서양의 금속 활자 책인 구텐베르크의 『성서』보다 78년 앞선 1377년에 인쇄되었어요. 지금은 아쉽게도 조선 시대 말 프랑스로 건너가 프랑스 국립 도서관에 보관되어 있답니다.

1377년
화통도감 설치
화약을 관리하던 관청을 세우다

화약은 중국의 발명품으로 우리나라에는 고려 말에 들어왔어요. 최무선의 건의에 따라 화약을 만들고 관리하는 관청이 생겼는데 그 관청이 바로 화통도감이에요.

> **잠깐 퀴즈** 고려 시대 화약을 만들고 관리하던 관청의 이름은?
> 정답) 화통도감

▲ 화포

1377년 ~1392년 · **최무선 1325년~1395년** · **위화도 회군 1388년**

1325년~1395년

최무선 인물
화약으로 무기를 만든 발명가이자 무인

최무선은 일찍부터 화약에 관심이 많았어요. 그래서 중국 상인에게 화약의 원료인 염초 만드는 기술을 배우고 화약을 이용한 무기를 개발하기 시작했어요. 최무선은 화통도감을 세우고, 자신이 직접 만든 무기를 이용해 왜적을 물리치기도 했어요.

1388년

위화도 회군
위화도에서 이성계가 군사를 돌리다

고려 말, 고려의 우왕과 최영은 중국 명나라가 다스리는 요동 지역을 공격하기로 했어요. 이때 이성계는 4가지 이유를 들어 요동 정벌을 반대했지만 결국 임금의 명령으로 군사를 이끌고 출전해야 했죠. 이성계는 압록강 위화도까지 진격하였으나 여러 가지 어려움을 만나자 군사를 돌렸고, 곧바로 개경으로 군사를 이끌고 와 우왕과 최영을 제거하고 정치적 권력을 장악했답니다. 이 사건을 위화도에서 군사를 돌렸다고 해서 '위화도 회군'이라고 해요.

조선 건국	이성계
1392년	1335년~1408년

1392년

조선 건국
이성계가 조선을 세우다

위화도 회군으로 권력을 장악한 이성계는 고려를 멸망시키고 새로운 나라를 세웠어요. 수도도 개경에서 한양으로 옮기고 나라 이름을 조선이라고 했어요. 이로써 500여 년 동안 이어진 조선 왕조가 시작되었어요.

▲ 종묘

1335년~1408년

이성계 인물
조선을 건국한 왕

이성계는 홍건적과 왜구를 물리치며 군사들과 백성들의 존경과 지지를 받았어요. 이후 자신을 따르는 신하들과 함께 어려워진 고려를 버리고 새로운 나라인 조선을 세웠지요. 나라를 처음 세웠기 때문에 왕이 죽은 후 붙이는 묘호는 '태조'였어요.

태조 어진 ▶

1392년 ~1431년 | 만리장성 건설 1400년경 | 르네상스 시대의 시작 1400년경

1400년경

만리장성 건설
만 리나 되는 긴 성벽을 공사하다

진나라 시황제는 북쪽에 있던 흉노족의 침입에 대비하여 거대한 산성을 쌓았어요. 이것이 만리장성의 시초죠. 만리장성의 축조는 그 후에도 계속되었고 명나라 시대에 이르러서야 완성이 되었어요. '만리'는 성의 길이를 의미하고, '장성'은 큰 규모의 성을 말해요. 만 리는 4,000km를 의미하지만, 만리장성은 이보다 더 긴 6,350km라고 해요. 세계에서 가장 큰 규모의 군사 시설물로 유네스코 세계 유산으로 지정되어 있어요.

▲ 만리장성

1400년경

르네상스 시대의 시작
다시 고대 문화 절정기로 돌아가자는 운동이 시작되다

르네상스는 '재생', '부활'이라는 뜻을 가지는 말로, '다시 고대로 돌아가자.'라는 뜻이에요. 14세기~16세기에 이탈리아를 중심으로 시작된 유럽의 문화 운동이지요. 신 중심의, 억압됐던 중세 문화에서 벗어나 문화의 절정기였던 고대 그리스, 로마 문화로 돌아가자는 운동이었어요. 이 시대를 대표하는 인물로 레오나르도 다 빈치, 미켈란젤로, 라파엘로가 있어요.

▲ 미켈란젤로의 「아담의 창조」

| 성 조르지오 은행 | 대마도 정벌 | 드라큘라의 탄생 |
| 1407년 | 1419년 | 1431년 |

1407년
성 조르지오 은행
처음 생긴 공공 은행

13세기, 영국에서는 금을 세공업자의 금고에 보관하는 일이 유행했어요. 왜냐하면 잃어버릴 위험도 없고 이자까지 주었거든요. 이것이 은행의 유래예요. 세계 최초의 공공 은행은 이탈리아의 귀족 집단이 만든 성 조르지오 은행이라고 해요.

1419년

대마도 정벌
이종무가 대마도에서 왜구를 물리치다

대마도는 우리나라(조선)와 일본 사이에 있는 섬이에요. 왜구(倭寇: 왜국 왜, 도둑 구)는 대마도에 흉년이 들자 먹을 것을 찾아 조선의 해안으로 쳐들어왔어요. 왜구로 골머리를 앓던 세종은 이종무를 대마도로 보내 왜구를 토벌했어요.

잠깐 퀴즈 세종 때 대마도를 정벌한 장군의 이름은?
정답) 이종무

▲ 대마도

1431년
드라큘라의 탄생
루마니아의 영웅, 드라큘라가 되다

드라큘라의 모델이 된 블라드 체페슈는 루마니아를 외적으로부터 지켜낸 용감한 영주였어요. '체페슈'는 가시나 꼬챙이를 뜻하는데 블라드가 전쟁 포로를 잔혹하게 죽인 데서 붙여진 별명이죠. 본명은 블라드 3세 드라큘레아예요. 브램 스토커의 소설 「드라큘라」의 모델이 되면서 유명해졌어요.

1431년 ~1443년

자격루 제작 1434년　　**칠정산 완성** 1442년

1434년

자격루 제작 〔과학〕
우리나라 최초의 자동 물시계

물시계는 물이 고이고 흐르는 양으로 시간을 측정해요. 우리나라는 삼국 시대부터 사용했다는 기록이 있지요. 조선 시대 세종 때, 장영실은 자동 시간 알림 장치와 물시계를 결합해 정교한 물시계를 완성했어요. 이것이 바로 자격루랍니다. 장영실은 노비 신분이었지만 세종 대왕의 지원을 받아 혼천의, 간의, 측우기 등 수많은 과학 기구들을 발명했어요.

> **잠깐 퀴즈** 조선 시대에 자격루를 만든 천재 과학자는?
> 정답) 장영실

▲ 보루각 자격루

1442년

칠정산 완성 〔수학〕
우리나라에 알맞은 달력을 완성하다

하늘의 달이나 해, 별들의 움직임을 보고 날짜와 시간을 계산하는 것을 '역법'이라고 해요. 지금의 달력과 같은 역할을 하죠. 조선 세종 때 우리나라에 맞게 만든 달력이 바로 칠정산이에요.

훈민정음 창제 1443년

세종 대왕 1397년~1450년

1443년

훈민정음 창제
세종 대왕이 우리나라의 글자를 만들다

한글의 옛 이름이 훈민정음이에요. '훈민정음'은 백성을 가르치는 바른 소리라는 뜻으로 그 이름에 만든 목적과 원리가 설명되어 있지요. 세종 대왕의 명으로 만들어진 훈민정음은 소리글자로, 사람의 발음 기관을 본떠 만들어 쉽게 익힐 수 있는 과학적인 글자랍니다.

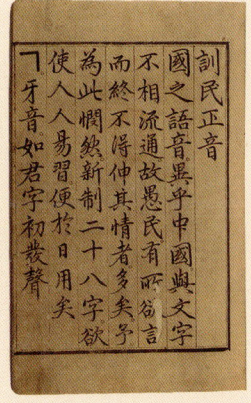
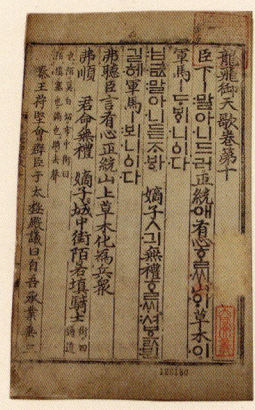

▲ 훈민정음의 세종 대왕 서문   ▲ 훈민정음으로 기록된 최초의 문헌

1397년~1450년

세종 대왕 〔인물〕
한국인이 가장 사랑하는 왕

조선 태종의 셋째 아들, 조선의 제4대 왕. 바로 세종이죠. 훈민정음, 그러니까 지금의 한글을 만든 왕으로 훌륭한 인재를 발굴해 다양한 학문을 연구하고 백성들에게 도움이 되는 책을 편찬하기도 했어요. 지금 우리나라의 국경선이 정해진 4군 6진을 개척하는 등 수많은 업적을 남긴 위대한 왕이죠.

1443년 ~1476년

레오나르도 다 빈치
1452년~1519년

1452년~1519년

레오나르도 다 빈치 인물
이탈리아 최고의 만능 천재 화가

화가, 조각가, 과학자, 건축가, 철학자, 물리학자, 의학자 등 레오나르도를 수식하는 말은 끝이 없어요. 다양한 분야에 재능을 가진 그는 르네상스 시대, 이탈리아를 대표하는 인물이에요. 「최후의 만찬」, 「모나리자」 등 그의 작품은 모르는 사람이 없죠. 인체를 해부한 인체 해부도는 의학의 발전에도 큰 영향을 주었어요.

▲ 「최후의 만찬」

인체 해부도 ▶

구텐베르크의 『성서』	『경국대전』 완성
1455년	1476년

1455년
구텐베르크의 『성서』
유럽 최초의 금속 활자 인쇄본

구텐베르크는 유럽에서 최초로 금속 활자를 만든 사람이에요. 와인 압착기를 개조해 만든 인쇄기로 42줄짜리 『성서』를 인쇄해 내놓았죠. 이 인쇄기는 1시간에 약 240장을 인쇄할 수 있었대요. 인쇄술의 발명으로 책을 싸게 대량으로 만들 수 있게 되자 많은 사람이 글을 배우기 시작하는 등 큰 변화가 시작되었답니다.

잠깐 퀴즈 유럽에서 최초로 금속 활자를 이용한 인쇄술을 개발한 사람은?
정답) 구텐베르크

▲ 구텐베르크의 『성서』
▲ 구텐베르크의 인쇄기

1476년
『경국대전』 완성
조선의 최고 법전

『경국대전(經國大典: 날 경, 나라 국, 큰 대, 법 전)』은 조선 시대에 나라를 다스리는 기준이 된 법전이에요. 조선의 제7대 임금인 세조 때 만들기 시작해 제9대 임금인 성종 때 완성했어요.

▲ 『경국대전』

1476년 ~1500년

수학 기호 +, − 사용 1489년

신대륙의 발견 1492년

1489년

수학 기호 +, − 사용 수학

세계 공통의 수학 기호가 생기다

수학에서 가장 먼저 배우게 되는 계산식인 덧셈과 뺄셈. 그 기호를 처음 만든 사람은 독일의 수학자 비트만이었어요. 비트만은 글로 쓰인 수학 계산에 지쳐 고민 끝에 간단하게 쓸 수 있는 덧셈 기호와 뺄셈 기호를 생각해 냈어요. 하지만 비트만이 처음 사용한 + 기호와 − 기호는 오늘날의 기호와 모양은 같지만, 의미는 조금 달라요. + 기호는 '넘치다', − 기호는 '부족하다'는 뜻으로 사용되었으니까요.

1492년

신대륙의 발견

콜럼버스가 아메리카 대륙에 도착하다

콜럼버스는 에스파냐 여왕의 후원을 받아 항해를 시작했어요. 인도를 찾아 떠난 그가 도착한 곳은 지금의 아메리카 대륙이랍니다. 이미 아메리카 대륙에는 원주민이 살고 있었으니 신대륙은 아니었어요. 이 항해 이후 유럽과 미국 등 세계 각지에 동물과 음식, 심지어 바이러스까지 퍼져 나갔답니다.

| 콜럼버스 | 지구의 제작 |
| 1451년~1506년 | 1492년 |

1451년~1506년

콜럼버스 〔인물〕
아메리카 대륙을 찾아낸 탐험가

콜럼버스는 동양에 대한 관심이 많았어요. 특히 진주와 향신료가 넘치며, 황금으로 된 도시가 있다는 인도를 찾아가고자 했어요. 하지만 그가 도착한 곳은 아메리카 대륙. 재미있는 사실은 콜럼버스가 죽기 전까지도 자신이 간 곳을 인도라고 생각했다는 거예요. 아메리카 원주민을 인디언(Indian: 인도 사람)이라고 부르는 것도 이곳을 인도라고 착각했던 탓이랍니다.

> **잠깐 퀴즈** 이탈리아의 탐험가 콜럼버스가 찾고자 했던 나라는?
> 정답) 인도

1492년

지구의 제작 〔과학〕
지구를 본뜬 모형을 제작하다

지구의(地球儀: 땅 지, 공 구, 법식 의)는 지구를 아주 작게 나타낸 모형이에요. 현재 가장 오래된 지구의는 독일의 마르틴 베하임이 만든 거예요. 이 지구의는 지금처럼 정확한 것은 아니지만 이미 많은 사람이 지구는 둥글다는 생각이 있었다는 것을 증명해 주고 있는 귀중한 자료랍니다.

▲ 마르틴 베하임이 만든 지구의

4

변화의 시대

이 시기에는 전 세계가 빠른 속도로 변했어요. 새로운 기술이 계속 발전하고, 농사를 짓기보다 도시로 나가 공장에서 일하기 시작했죠. 사람들은 미신보다 과학을 이용해 세상의 일들을 설명하려고 했어요. 전과는 다른 새로운 생각을 하게 된 거죠. 그래서 종교적으로 정치적으로 사람들을 억압하려고 하는 세력에 저항하며 새로운 문화를 만들어 나가게 되었답니다.

1500년 ~1700년

| 1500년 ~1519년 | 신사임당 1504년~1551년 | 최초의 휴대용 시계 발명 1510년 |

1504년~1551년

신사임당 〔인물〕
조선 시대를 대표하는 모범 여성이자 예술가

신사임당은 어려서부터 글공부를 좋아하고 그림과 글씨에 뛰어난 재능을 보였어요. 지금까지도 신사임당은 지혜로운 어머니, 현명한 아내 그리고 조선을 대표하는 여성 화가로 유명하답니다. 주로 주변에서 볼 수 있는 풀과 벌레를 잘 그렸는데 병풍에 그린 「초충도병」은 아주 유명하지요.

▲ 「초충도병」 중 「수박과 들쥐」

1510년

최초의 휴대용 시계 발명 〔과학〕
태엽을 이용한 휴대용 시계를 개발하다

독일의 자물쇠 수리공 페터 헨라인(Peter Henlein)은 자신이 개발한 태엽을 이용해 최초로 휴대용 시계를 만들었어요. 이 시기의 휴대용 시계는 손목에 차는 것이 아니라 주로 주머니에 넣고 다니는 형태였어요. 원통형 시계의 시곗바늘을 보호하기 위해 뚜껑을 덮는 방식의 계란형으로 만들어져 '뉘른베르크의 계란'이라는 별명을 갖게 되었답니다. 참! 뉘른베르크는 독일의 도시 이름이에요.

뉘른베르크의 계란 ▶

피터 헨라인 ▶

종교 개혁
1517년~1529년

최초의 세계 일주
1519년~1522년

1517년~1529년
종교 개혁
타락한 종교에 반대하다

종교 개혁은 로마 가톨릭교회에 대항해 일어난 개혁 운동이에요. 이때 로마의 교황청은 면죄부를 팔아 돈을 벌었어요. 면죄부란 죄를 지은 사람의 벌을 용서해 준다는 로마 교황청의 증서였답니다. 마틴 루터(Martin Luther)는 면죄부로 돈과 권력을 쥐고자 하는 성직자들의 잘못을 널리 알렸어요. 그리고, 라틴어로 쓰여 읽기 어려웠던 성경을 번역해 많은 사람이 쉽게 읽을 수 있도록 했답니다.

> **잠깐 퀴즈** 종교 개혁을 시작하게 한 인물은?
> 정답) 마틴 루터

1519년~1522년
최초의 세계 일주
배를 타고 세계를 한 바퀴 돌다

1519년, 탐험가 마젤란이 이끄는 다섯 척의 배가 스페인의 항구 도시를 출발했어요. 이 여행의 가장 큰 목적은 유럽에서 비싼 값에 팔리는 향신료를 구하는 것이었어요. 마젤란은 항해 도중 필리핀의 섬에서 죽음을 맞이했지만 남은 선원들이 3년 만에 다시 스페인의 항구로 향신료를 가득 싣고 돌아왔답니다. 유럽인들은 이 항해의 결과로 지구가 둥글다는 사실을 더 확실히 알았다고 해요.

> **잠깐 퀴즈** 마젤란은 무엇을 구하러 항해를 떠났나요?
> 정답) 향신료

| 1519년 ~1533년 | 마젤란 1480년~1521년 | 노예 무역 시작 1519년 | 기묘사화 1519년 |

1480년~1521년

마젤란 인물
포르투갈 출신의 항해가

마젤란은 향신료를 찾아 항해하면서 많은 것에 새 이름을 붙였어요. 남아메리카의 좁고 험한 해협의 이름은 지금도 '마젤란 해협'이라고 해요. 마젤란의 이름을 딴 '마젤란 펭귄'도 있고 드넓은 '태평양' 바다도 마젤란이 붙인 이름이라고 해요.

▲ 마젤란 펭귄

1519년

노예 무역 시작
사람을 사고팔다

인류의 역사 속에 노예는 늘 존재했었어요. 그런데 1519년경부터 노예 제도는 엄청난 이익을 내는 무역으로 바뀌었죠. 아프리카 사람들은 이유도 모르고 납치가 되어 팔렸고 배에 실려 아메리카 대륙으로 보내졌어요.

1519년

기묘사화
기묘년에 조광조와 그 무리가 화를 입는 사건

조선 중종 때 조광조는 여러 가지 정치적인 개혁을 시도했죠. 조광조를 반대하던 사람들은 조광조를 없애기 위해 중종과 조광조 사이를 이간질했어요. 결국 조광조와 그를 따르던 선비들이 죽임을 당하는 일이 발생했죠. 이것이 바로 기묘사화랍니다. 사화(士禍: 선비 사, 불행 화)는 선비들이 화를 입었다는 뜻이에요.

잠깐 퀴즈 기묘사화는 어느 왕 때 있었던 일인가요?
정답) 중종

무굴 제국의 등장	감자의 전파	엘리자베스 여왕
1526년	1530년경	1533년~1603년

1526년
무굴 제국의 등장
타지마할을 남긴 이슬람 왕조

무굴 제국은 16세기부터 19세기까지 인도 지역을 통치한 이슬람 왕조를 말해요. 악바르 왕은 활발한 정복 전쟁과 힌두-이슬람 통합 정책으로 무굴 제국을 인도를 대표하는 왕조로 만들었답니다. 이 제국의 유명한 건축물로 타지마할이 있어요.

◀ 악바르 왕의 무덤

1530년경
감자의 전파
유럽에 전파된 비타민이 풍부한 감자

왔다! 왔다! 페루에서 왔다~리!

감자의 원산지는 남미의 고원 지대예요. 페루 감자를 가져다 항해 중 식량으로 먹던 스페인 탐험가들이 유럽 곳곳으로 퍼뜨린 거랍니다. 지금은 없어서는 안 될 식량이 되었어요. 우리나라에는 1824년경, 중국의 청나라 사람들이 들여왔다고 알려져 있답니다.

1533년~1603년
엘리자베스 여왕 〔인물〕
국가와 결혼한 여왕

엘리자베스 여왕은 잉글랜드 왕국과 아일랜드 왕국을 45년간 통치했어요. 유럽의 작은 국가였던 잉글랜드를 세계 최대의 제국으로 발전시킨 왕이기도 하지요. 엘리자베스 여왕은 평생 결혼하지 않고 혼자 지내면서, 가난한 사람들과 일자리를 잃은 사람들을 돕기 위해 애썼다고 해요. 그래서 국민으로부터 많은 사랑을 받았답니다.

| 1533년 ~1569년 | 태양 중심설 주장 1543년 | 셰익스피어 1564년~1616년 |

1543년
태양 중심설 주장 _{과학}
태양이 도는 것이 아니고 지구가 돈다

기원전 280년경에도 태양을 중심으로 지구가 돈다는 지동설이 있었어요. 하지만 사람들에게 인정받지 못했어요. 종교적인 이유로 지구가 우주의 중심이라는 천동설을 굳게 믿었거든요. 이렇게 잘못된 우주관을 뒤집은 사람이 바로 코페르니쿠스예요. 그는 지구가 태양을 돌고 있는 하나의 행성일 뿐이라고 주장했어요.

> **잠깐 퀴즈** 태양 중심설을 주장한 사람은?
> 정답) 코페르니쿠스

▶ 폴란드 바르샤바에 있는 코페르니쿠스 동상

1564년~1616년
셰익스피어 _{인물}
영국의 극작가

셰익스피어의 대표작으로는 「햄릿」, 「오셀로」, 「리어왕」, 「맥베스」, 「로미오와 줄리엣」, 「한여름 밤의 꿈」 등이 있어요. 그의 작품들은 모두 당대에서부터 오늘날까지 많은 사랑을 받고 있죠.

| 갈릴레오 갈릴레이 | 최초의 한글 소설 |
| 1564년~1642년 | 「홍길동전」 1569년 |

1564년~1642년

갈릴레오 갈릴레이 〈인물〉

지동설을 증명한 이탈리아의 과학자

근대 물리학, 천문학의 아버지라고 불린답니다. 그는 '자유 낙하 운동'과 '관성의 법칙'을 발견했어요. 그중 가장 위대한 업적은 로마 가톨릭에 대항해서 펼친 그의 우주론이에요. 지구가 태양계의 중심이며 지구 주위를 태양과 행성들이 돌고 있다고 믿었던 천동설을 뒤엎었거든요. 갈릴레오는 망원경으로 태양을 중심으로 지구가 돌고 있다는 지동설을 증명했답니다.

누가 뭐래도 지구는 돈다!

1569년

최초의 한글 소설 「홍길동전」 〈예술〉

허균이 한글로 소설을 쓰다

동에 번쩍 서에 번쩍 다니는 '홍길동'이라는 이름은 많이 들어 봤지요? 「홍길동전」은 최초의 한글 소설로, 서민들에 대한 차별을 없애고 부패한 관리들을 혼내 주는 내용이 담겨 있어요. 그 전의 소설들은 양반 위주의 내용이 대부분이었고 주로 한자로 쓰였었답니다.

> **잠깐 퀴즈** 최초의 한글 소설인 「홍길동전」을 쓴 사람은?
> 정답) 허균

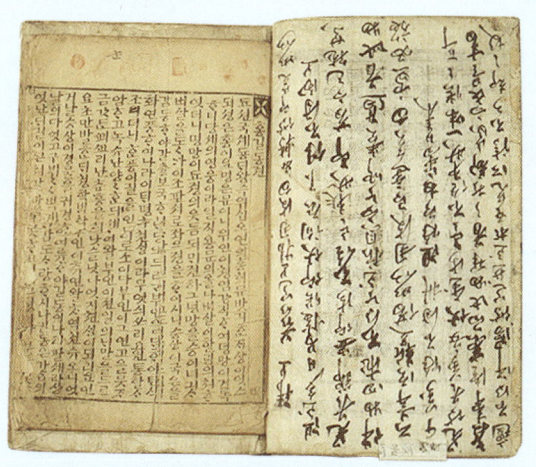

▲ 「홍길동전」

1569년 ~1585년

- 초신성 관측 1572년
- 붕당 정치의 시작 1575년경
- 그레고리력 확립 1582년

1572년
초신성 관측 과학
유럽과 조선에서 같은 날 같은 초신성을 관찰하다

초신성(超新星: 넘을 초, 새 신, 별 성)은 별이 폭발해서 밝은 빛을 내다 사라지는 현상이에요. 1572년에 튀코 브라헤(Tycho Brahe)라는 천문학자가 카시오페이아자리 옆에서 초신성을 관측했어요. 정확히 같은 날 조선의 학자들과 율곡 이이도 이 초신성을 관찰했답니다. 이 기록은 율곡 이이의 『석담일기』에 기록되어 있어요.

1575년경

붕당 정치의 시작
파벌을 이루어 정권을 다투기 시작하다

붕당(朋黨: 친구 붕, 무리 당)은 뜻이 같은 사람들의 무리를 뜻하는 말이에요. 붕당 정치는 당파를 만들어 정치하는 것을 뜻하죠. 처음에는 당파 간의 차이를 인정하고 서로 견제하며 백성들을 위한 정치를 펼쳤지만 갈수록 당파의 이익만 챙기는 정치를 펼쳐서 문제가 되었답니다.

> **잠깐 퀴즈** 우리나라를 비롯한 세계 여러 나라가 사용하고 있는 달력은?
> 정답) 그레고리력

1582년
그레고리력 확립 수학
로마 교황 그레고리가 만든 태양력

그레고리력(Gregorian calendar)은 지금 우리가 사용하고 있는 달력이에요. 교황 그레고리 13세의 이름에서 유래되었죠. 그레고리력 전에는 율리우스력을 사용했는데 두 역법은 1년을 계산하는데 차이가 있었어요. 그래서 율리우스력에서 그레고리력으로 넘어가는 1582년에는 10월 4일 다음 날이 10월 15일이었대요. 10일간의 오차가 난 날짜를 지워 버린 것이죠.

세계 최초 놀이공원	소수의 사용
1583년	1585년

1583년
세계 최초 놀이공원
물이 솟는 샘 때문에 생긴 놀이공원

뒤레하우스바켄((Dyrehavsbakken)은 세계에서 가장 오랜 역사를 지닌 덴마크의 놀이공원이에요. 이 놀이공원은 1583년 숲에서 샘을 발견하면서부터였어요. 이 샘에 치유 능력이 있다고 생각한 사람들이 모여들면서 유원지가 만들어졌죠. 지금도 퍼레이드와 서커스 등이 공연되고 있고 1932년에 설치된 롤러코스터도 남아 있어 많은 관광객이 찾고 있다고 해요.

▲ 코펜하겐의 뒤레하우스바켄

1585년
소수의 사용 수학
1보다 작은 수를 표현하다

사실 1보다 작은 수를 표현하는 분수는 3천 년도 전부터 발달했어요. 하지만 소수가 사용되기 시작한 것은 4백 년이 좀 넘었지요. 소수는 스테빈이 이자율을 계산하면서 좀 더 쉽게 계산할 수 있는 방법을 찾다가 만들었어요. 참! 소수점 기호는 세계 공통 기호가 아니랍니다. 우리나라는 숫자 아래에 점을 찍어 표현하지만, 숫자의 가운데 찍거나 콤마(,)로 나타내는 나라도 있다고 해요.

1585년 ~1592년

| 무적함대 침공 1588년 | 일본 통일 1590년 | 임진왜란 1592년 |

1588년
무적함대 침공
스페인이 무적함대로 영국을 침공하다

1588년 강국이었던 스페인의 펠리페 2세는 해상 무역에서 두각을 나타내는 영국을 공격하기 위해 무적함대를 보냈어요. 그러나 영국군의 빠른 기동력 때문에 그의 계획은 완전히 수포가 되었죠. 패배한 스페인은 명성이 땅에 떨어졌어요.

▶ 부산진 전투를 그린 「부산진순절도」

1590년
일본 통일
도요토미 히데요시가 일본 전국을 통일하다

오다 노부나가가 일본 통일을 앞두고 갑자기 사망하자 도요토미 히데요시가 일본 전국을 통일했죠. 일본을 통일한 후, 대륙을 정복하겠다는 야망으로 조선을 침략하여 임진왜란을 일으켰답니다.

1592년
임진왜란
한국사
임진년에 왜가 조선을 침략하여 일으킨 전쟁

1592년, 도요토미 히데요시가 중국으로 가는 길을 내달라며 15만 대군을 이끌고 조선을 침략했어요. 이때가 임진년이고, 일본을 '왜'라고 불렀기 때문에 임진왜란이라고 해요. 임진왜란은 7년에 걸친 긴 전쟁이었어요.

◀ 도요토미 히데요시

잠깐퀴즈 임진왜란은 몇 년 동안 진행되었나요?
정답) 7년

한산도 대첩	진주 대첩
1592년	1592년

1592년

한산도 대첩

이순신 장군이 한산도에서 왜군을 크게 무찌른 해전

1592년 4월 14일, 이순신 장군이 한산도 앞바다에서 왜군을 크게 무찌른 해전이에요. 한산도 대첩이 큰 승리를 거둔 이유는 바로 '학익진 전법' 때문이었어요. 학이 날개를 편 모양으로 포위망을 형성하여 공격하는 방법이었죠.

> **잠깐 퀴즈** 한산도 대첩에서 큰 승리를 거둔 원인은?
> 정답) 학익진 전법

1592년

진주 대첩

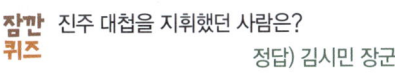

김시민 장군이 진주성에서 왜군을 두 차례나 막은 전투

이순신 장군이 이끄는 수군의 활약으로 일본군은 바닷길이 막혔어요. 도요토미 히데요시는 이 상황을 극복하기 위해 식량을 구할 수 있는 남부 지방을 공격하라고 명령했죠. 이때 진주성을 지켰던 김시민 장군은 왜군을 끝까지 막아내 호남 지방을 지켜 냈답니다.

> **잠깐 퀴즈** 진주 대첩을 지휘했던 사람은?
> 정답) 김시민 장군

| 1592년 ~1598년 | 행주 대첩 1593년 | 정유재란 1597년 | 명량 해전 1597년 |

1593년

행주 대첩
권율 장군이 행주산성에서 왜군을 크게 무찌른 전투

임진왜란 3대 대첩은 한산도 대첩, 진주 대첩, 그리고 행주 대첩이에요. 1593년 행주산성의 전투는 하루 동안 총 일곱 번의 공격을 막아낸 전투로 유명하답니다. 이 전투는 대형총통, 비격진천뢰, 화차 등 최첨단 무기들이 맹활약했던 전투였어요.

▲ 비격진천뢰를 담아 쏘는 대완구

▲ 비격진천뢰

▲ 현자총통

1597년

정유재란
정유년에 다시 왜군이 조선을 침략하다

임진왜란은 1592년에 시작했어요. 그 후 1년 정도 치열한 전투가 벌어졌으나 패배할 기미가 보이자 왜는 조선에 화해의 손길을 내밀었어요. 그러나 그 협상이 깨지면서 왜는 다시 조선을 침공했지요.

1597년

명량 해전
명량 해협에서 13척의 배로 왜군을 이긴 전투

정유재란 때 이순신 장군이 이끈 조선 수군은 명량 해협에서 일본군을 크게 이겼어요. 육지와 진도 사이에 있는 명량 해협은 매우 좁고 물살이 빠르며 불규칙하게 회오리가 일어나는 지역이에요. 조선 수군은 왜군을 이곳으로 유인하여 크게 승리했답니다. 이 전투는 조선의 배 13척으로 왜군을 격파한 것으로 유명해요.

◀ 복원된 거북선

이순신	낭트 칙령
1545년~1598년	1598년

1545년~1598년

이순신  인물
임진왜란에서 왜군을 격파한 무패의 장군

23전 23승의 기록을 남긴 이순신은 전쟁 내내 놀라운 전략으로 왜군을 두려움에 떨게 했어요. 그가 쓴 『난중일기』는 임진왜란의 상황을 알 수 있는 소중한 자료랍니다. 이순신 장군은 노량 해전에서 왼쪽 가슴에 적의 총탄을 맞았어요. "전쟁이 한창이니, 나의 죽음을 알리지 말라."는 유명한 말을 남기고 전사하셨지요.

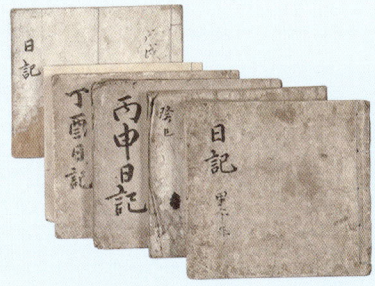

▲ 이순신 장군의 『난중일기』 및 서간첩 『임진장초』

1598년

낭트 칙령
프랑스의 왕이 낭트에서 신앙의 자유를 인정한 일

▼ 낭트의 브르타뉴 공작성

앙리 4세가 왕이 될 무렵 프랑스에서는 전통적 가톨릭(구교)과 그에 반대하는 위그노(신교)가 격렬하게 싸우고 있었죠. 앙리 4세는 구교와 신교의 갈등을 해결하고자 낭트 칙령을 공포했어요. 신교도인 위그노에게 조건부로 신앙의 자유를 허용한다는 내용이었어요. 낭트 칙령으로 인해 약 30년간 끌어오던 종교 전쟁도 끝났답니다.

1598년 ~1609년

마테오 리치의 선교 1598년

에도 시대의 시작 1603년

1598년
마테오 리치의 선교
중국에 최초로 천주교를 전파하다

마테오 리치는 이탈리아에서 온 선교사로 서양의 발명품들을 소개하며 중국인들의 마음을 사로잡았어요. 천주교 교리를 중국어로 번역한 『천주실의』는 우리나라의 천주교 성립에도 큰 영향을 미쳤답니다.

1603년
에도 시대의 시작
일본 최후의 막부 시대가 시작되다

에도 시대란 도쿠가와 이에야스가 일본을 통일하고 지금의 도쿄인 '에도'에서 다스리던 시기를 말해요. 일본의 가장 평화로웠던 시대였고 번영했던 시대였죠. 조선과 일본과의 관계도 평화를 유지하면서 좋은 관계를 맺었던 시기이기도 해요.

▲ 도쿠가와 이에야스

▲ 에도 시대를 재현한 모습

유럽 최초의 신문 발간	대동법 실시	케플러의 법칙
1605년	1608년	1609년

1605년
유럽 최초의 신문 발간
소식지가 신문으로 발전하다

15세기 초 유럽인들은 무역업자들 사이에 오가는 소식지를 통해 정보를 입수하곤 했어요. 이런 소식지들이 17세기 초 최초의 신문으로 발전했어요. 오늘날의 벨기에 지역에서 1605년에 발간된 「니웨 타이딩헨(Niewe Tjdingen)」이 최초의 신문으로 알려져 있죠.

1608년
대동법 실시
한국사
특산물 대신 쌀로 세금을 내는 제도

대동법은 그동안 각 지방의 특산물로 내던 세금을 토지를 기준으로 모두 쌀로 내도록 하는 제도예요. 기존에는 전쟁이 나거나 흉년이 들면 배당받은 물건을 낼 수 없어서 고생하는 경우가 많았거든요. 대동법은 경기도부터 시작하여 점차 전국으로 확대되었어요.

> **잠깐 퀴즈** 조선 시대에 세금을 쌀로 내는 제도는?
> 정답) 대동법

1609년
케플러의 법칙 과학
행성은 타원형으로 움직인다

독일의 천문학자 요하네스 케플러가 1609년에 행성 운동의 법칙을 발표해요. 그는 행성들이 원형이 아니라 타원형으로 운동한다는 사실을 증명했답니다.

케플러: "행성은 타원형으로 돌지요!"

1609년 ~1616년

- 유럽으로 간 차 문화 1610년경
- 태양 흑점 발견 1610년
- 허준의 『동의보감』 1610년

1610년경
유럽으로 간 차 문화
술 대신 차를 마시다

유럽에 차가 보급된 것은 활발한 무역업을 하고 있던 네덜란드인들 덕분이었어요. 당시 유럽은 술을 많이 마셨는데 중국의 차가 보급되면서 유럽 상류 사회에서는 술 대신 차를 마시는 차 문화가 자리 잡게 되었답니다.

1610년
태양 흑점 발견 [과학]
태양의 검은 점을 발견하다

태양 표면에 있는 검은 점을 흑점이라고 해요. 1610년 갈릴레오 갈릴레이는 망원경을 통해 처음으로 태양의 흑점 활동을 관찰했어요. 흑점은 태양의 다른 표면보다 낮은 온도로 인해 어둡게 보이는 것이랍니다. 그 흑점의 움직임으로 태양이 자전하고 있으며, 기체 덩어리로 되어 있다는 사실도 알게 되었죠.

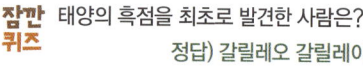

잠깐 퀴즈 태양의 흑점을 최초로 발견한 사람은?
정답) 갈릴레오 갈릴레이

1610년
 허준의 『동의보감』
허준이 편찬한 대중을 위한 의학 서적

『동의보감』은 허준과 당대 최고의 의사들이 모여 함께 집필했죠. 그러다가 정유재란이 일어나며 중단되었어요. 시간이 지나 의주에 귀양을 가 있던 허준이 2년 동안 『동의보감』을 완성했어요. 『동의보감』에는 병을 치료하는 방법뿐 아니라 예방하는 법도 자세히 다루었답니다.

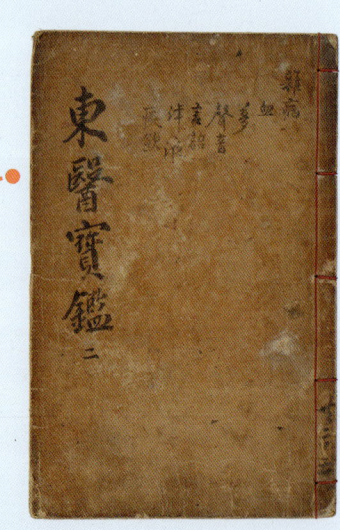

청나라 건국
1616년

블루 모스크 완공
1616년

1616년
청나라 건국
주변에서 맴돌던 여진족이 청나라를 세우다

1616년 여진족의 추장 누르하치가 여진족들을 통일하고 후금을 세웠어요. 위치는 지금 중국의 북동부, 만주에 해당하는 지역이었어요. 1636년에 나라 이름을 청으로 바꾸고, 아시아의 새로운 강국으로 떠올랐답니다.

▶ 청나라 국기

▲ 자금성

◀ 블루 모스크 내부

1616년
블루 모스크 완공
터키를 대표하는 돔 모양의 사원

터키 이스탄불에 있는 이 사원은 터키에서 가장 아름다운 건축물 중 하나로 손꼽히죠. 사원 내부를 장식한 도자기 타일들이 푸르스름한 빛을 내기 때문에 블루 모스크라고 불러요.

1616년 ~1632년

삼십 년 전쟁 1618년

청교도 아메리카 도착 1620년

1618년
삼십 년 전쟁
30년 동안 치러진 최대의 종교 전쟁이자 최후의 종교 전쟁

1618년에서 1648년까지 독일에서 일어나 유럽으로 번진 종교 전쟁이었어요. 처음에는 가톨릭 국가와 개신교 국가 간의 전쟁이었으나, 점차 정치적인 국제 전쟁으로 번져 갔죠. 이 전쟁은 베스트팔렌 조약을 맺으며 개신교의 승리로 끝났어요.

▲ 베스트팔렌 조약

1620년
청교도 아메리카 도착
청교도들이 신앙의 자유를 찾아 떠나다

1620년 메이플라워호는 네덜란드에 살던 청교도 35명을 포함한 102명을 태워 영국에서 출발했어요. 그들은 미국의 매사추세츠주에 도착하여 보스턴 근방에서 식민지를 건설하였어요. 하지만 북아메리카의 혹독한 추위와 괴혈병으로 절반 이상이 그해 겨울에 죽었답니다.

잠깐 퀴즈 청교도들을 아메리카로 실어 갔던 배의 이름은?
정답) 메이플라워호

| 인조반정 | 정묘호란 | 타지마할 착공 |
| 1623년 | 1627년 | 1632년 |

1623년
인조반정
광해군을 몰아내고 인조를 왕으로 세운 반란

광해군은 쇠퇴하는 명나라와 강해지는 후금 사이에서 중립을 지키는 외교 정책을 펼쳤어요. 또 자신의 왕권을 지키기 위해 형과 동생을 살해하고 인목 대비를 폐위시켰어요. 이에 불만을 품은 세력이 인조를 앞세워 반란을 일으킨 사건이 바로 인조반정이랍니다. 이후 명나라와 다시 친하게 지내는 정책을 폈어요.

1627년
정묘호란
정묘년에 여진족이 쳐들어온 전쟁

호란(胡亂: 오랑캐 호, 어지러울 란)은 오랑캐와의 전쟁을 말해요. 정묘호란은 정묘년에 일어난 오랑캐(여진족, 후금)와의 전쟁이죠. 당시에 여진족은 명나라와 전쟁 중이었어요. 명나라와 친하게 지내는 조선에 경고하기 위해 침입했었답니다.

1632년
타지마할 착공
죽은 왕비를 기리는 아름다운 무덤

무굴 제국에 샤 자한 왕과 뭄타즈 마할이라는 왕비가 살고 있었어요. 샤 자한 왕은 임신한 아내와 함께 전쟁터로 나갔어요. 결국 왕비는 전쟁터 근처에서 열네 번째 아이를 낳다가 죽고 말았어요. 샤 자한 왕은 죽은 아내를 위해 세상에서 가장 아름다운 무덤을 만들어 주기로 다짐했죠.
그 무덤이 바로 인도를 대표하는 타지마할이랍니다.

1632년 ~1656년

- 병자호란 1636년
- 계산기 발명 1642년
- 명나라 멸망 1644년

1636년

병자호란
병자년에 일어난 청나라와의 굴욕적인 전쟁

후금(여진족)과 명나라의 치열한 전쟁 끝에 명나라는 쇠퇴의 길을 걸었어요. 여진족은 나라의 이름을 후금에서 청나라로 바꾸고 중국의 주인이 되었어요. 청나라는 조선에 자신들을 임금으로 섬길 것을 요구했죠. 자존심이 상한 인조가 거절하자 청나라의 태종이 군대를 이끌고 침략하였어요.

> **잠깐 퀴즈** 청나라의 태종이 군대를 이끌고 조선을 침략한 전쟁은?
> 정답) 병자호란

1642년

계산기 발명 _과학_
효자 아들의 계산기 발명

최초의 계산기를 발명한 사람은 수학자 파스칼이에요. 파스칼의 아버지는 세금 공무원이었어요. 날마다 큰돈을 다루며 정확한 계산을 하려고 애쓰는 아버지를 위해서 기계식 수동 계산기를 발명했답니다.

1644년

명나라 멸망
300년 역사의 명나라가 망하다

여진족의 침공으로 점점 쇠퇴하던 명나라가 결국 망하고 말았어요. 명나라는 나라가 망해 가는 와중에 내부 분열 문제도 발생했어요. 결국 명나라 황제 숭정제는 가족들을 모두 죽인 후 스스로 목숨을 끊었어요. 이렇게 300년 역사의 명나라는 역사에서 사라지게 되었답니다.

▲ 파스칼의 계산기

> **잠깐 퀴즈** 최초로 계산기를 발명한 사람은?
> 정답) 파스칼

북벌 정책 추진
1652년

추시계 발명
1656년

1652년

 북벌 정책 추진
청나라에 당한 수모를 갚아 주려는 정책

인조의 아들인 효종이 왕이 되었어요. 효종은 왕이 되기 전부터 청나라를 공격할 생각을 하고 있었어요. 아버지 인조 때부터 청나라에 받은 수모를 갚고자 북벌 정책을 철저히 준비한 것이죠. 그러나 그 뜻을 이루지 못하고 세상을 떠나고 말았어요.

1656년

추시계 발명 과학
정밀한 시계의 시작

1656년 크리스티안 하위헌스가 추시계를 발명했어요. 이전까지 시간을 재는 것은 주로 해시계를 이용했는데 하위헌스는 갈릴레오가 발견한 규칙적인 진자 운동을 응용해서 추시계를 만들었답니다. 1659년에는 추와 톱니바퀴를 이용해 초 단위까지 정확한 시계를 개발했어요.

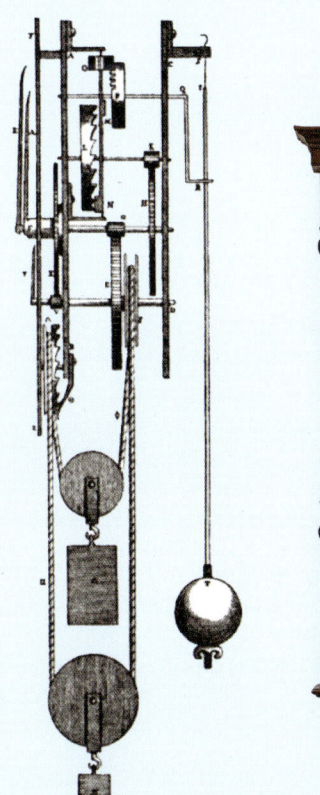

▲ 크리스티안 하위헌스가 발명한 진자시계

1656년 ~ 1666년

- **레이우엔훅 현미경 발명** 1660년
- **유럽 최초의 지폐 출현** 1661년

1660년

레이우엔훅 현미경 발명 과학
현미경으로 미생물을 발견하다

레이우엔훅(Leeuwenhoek)은 네덜란드에서 포목점을 운영하는 상인이었죠. 그는 현미경으로 관찰하는 것이 재미있어서 렌즈를 갈아 직접 현미경을 제작하기도 했대요. 현미경으로 물속에 사는 수많은 생명체를 발견하고 극미 동물이라는 이름을 붙인 사람도 레이우엔훅이었답니다. 정자의 모습을 관찰하기도 했어요.

▲ 레이우엔훅이 발명한 현미경

1661년

유럽 최초의 지폐 출현
스웨덴에 처음으로 지폐가 생기다

지폐는 중국에서 처음 사용하기 시작했어요. 유럽에서는 스웨덴 스톡홀름 은행이 1661년에 최초로 지폐를 발행했지요. 그동안 사용되던 구리 동전은 크고 무거워서 불편했기 때문에 가벼운 지폐는 사람들에게 인기를 끌었답니다.

▲ 세계 최초 지폐인 중국의 교자

▲ 스톡홀름 은행권

잠깐 퀴즈 유럽 최초의 지폐가 발행된 나라는?
정답) 스웨덴

훅의 세포 발견
1665년

런던 대화재
1666년

1665년
훅의 세포 발견 과학
벌집 모양의 세포벽을 발견하다

영국 과학자 로버트 훅은 현미경으로 여러 가지 물체의 조각을 관찰했어요. 얇게 자른 코르크를 관찰하던 그는 코르크가 벌집처럼 생긴 많은 방으로 이루어져 있는 것을 발견했지요. 이 벌집 모양의 작은 방을 세포(cell)라고 이름 지었는데 사실 훅이 본 것은 세포를 둘러싸고 있는 세포벽이었다고 해요.

▲ 훅의 현미경

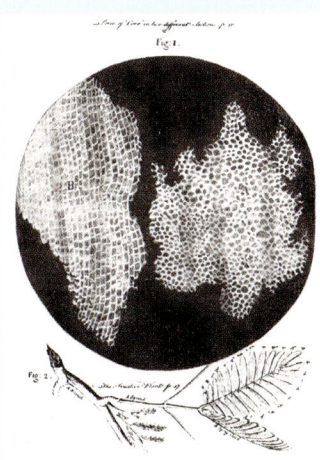
▲ 로버트 훅이 그린 코르크 세포

1666년
런던 대화재
역사상 최악의 화재

1666년 영국의 빵 가게에서 우연히 발생한 화재가 런던의 60% 이상을 재로 만들었어요. 5일 동안이나 불길을 잡지 못해 공공건물과 유서 깊은 대성당 대부분이 파괴되었죠. 대화재 후 런던은 도시를 재설계해서 지금의 모습으로 재건했답니다.

◀ 런던 대화재 350주년 기념주화

런던 국회의사당과 빅벤 ▶

1666년 ~1687년

- 최초의 수혈 1667년
- 빛의 속도 계산 1676년

1667년

최초의 수혈 〔의학〕

사람에게 최초로 양의 피를 수혈하다

혈관 안으로 피를 넣는 수혈은 1665년 개를 대상으로 한 실험에 성공한 것이 최초였어요. 사람에게 한 최초의 수혈은 1667년, 프랑스 루이 14세의 주치의였던 진 데니스(Jean Denis)가 원인을 알 수 없는 병을 앓고 있는 소년에게 양의 피를 수혈한 것이었어요. 사람에게 사람의 피를 수혈한 것은 1818년이었는데, 이때는 아직 혈액형에 대한 개념이 없었기 때문에 매우 위험한 일이었을 것으로 추측하고 있어요.

> **잠깐 퀴즈** 최초의 수혈 실험 대상이 되었던 동물은?
> 정답) 개

1676년

빛의 속도 계산 〔과학〕

빛의 속도를 계산하다

오랜 옛날, 사람들은 빛이 무한히 빠른 속도라고 생각했어요. 그러다 과학이 발달하면서 빛의 속도를 측정하려는 노력이 이어졌죠. 덴마크의 천문학자 뢰머는 빛의 속도는 유한하다고 주장하며 목성을 돌고 있는 위성의 공전 주기와 태양과 목성과의 거리를 이용해 빛의 속도를 계산해 세상에 발표했어요. 당시에는 인정받지 못했지만 약 50년 후인 1729년, 브래들리가 좀 더 정확한 빛의 속도를 계산해 내면서 뢰머의 업적도 인정받기 시작했다고 해요.

난 1초에 지구를 7바퀴 반을 돌지.

| 만유인력의 법칙 | 아이작 뉴턴 |
| 1687년 | 1642년~1727년 |

1687년
만유인력의 법칙 〔과학〕
물체 사이의 잡아당기는 힘

1687년 발표된 아이작 뉴턴의 논문 「자연 철학의 수학적 원리」를 통해 만유인력의 법칙이 처음 소개되었어요. 뉴턴은 사과나무에서 떨어지는 사과를 보고 중력이 사과를 끌어당기는 힘이라는 것을 알게 되었다고 해요. '만유인력의 법칙'이란 모든 물체 사이에는 서로 끌어당기는 힘이 작용한다는 법칙이에요.

1642년~1727년
아이작 뉴턴 〔인물〕
근대 과학의 선구자

'뉴턴' 하면 떨어지는 사과를 보고 '만유인력의 법칙'을 발견했다는 일화가 떠오르죠? 사과가 아래로 떨어지는 것을 보고 중력의 작용을 설명한 뉴턴은 그 외에도 수학에서의 미적분을 만들어 내고 빛이 여러 색으로 이루어져 있다는 것도 증명했어요.

1687년 ~1700년

**청러 조약 체결
1689년**

1689년

청러 조약 체결
청나라와 러시아가 맺은 중국의 첫 근대적 국제 조약

1652년부터 1689년 사이에 러시아와 청나라 간의 영토 전쟁이 일어났어요. 러시아 차르국과 청나라는 각 나라의 대표단을 보내어 합의를 시도했죠. 1689년 러시아 네르친스크 지역에서 맺어진 조약으로 전쟁은 막을 내렸어요. 네르친스크 조약은 중국 최초의 국제 조약으로 평가받고 있답니다.

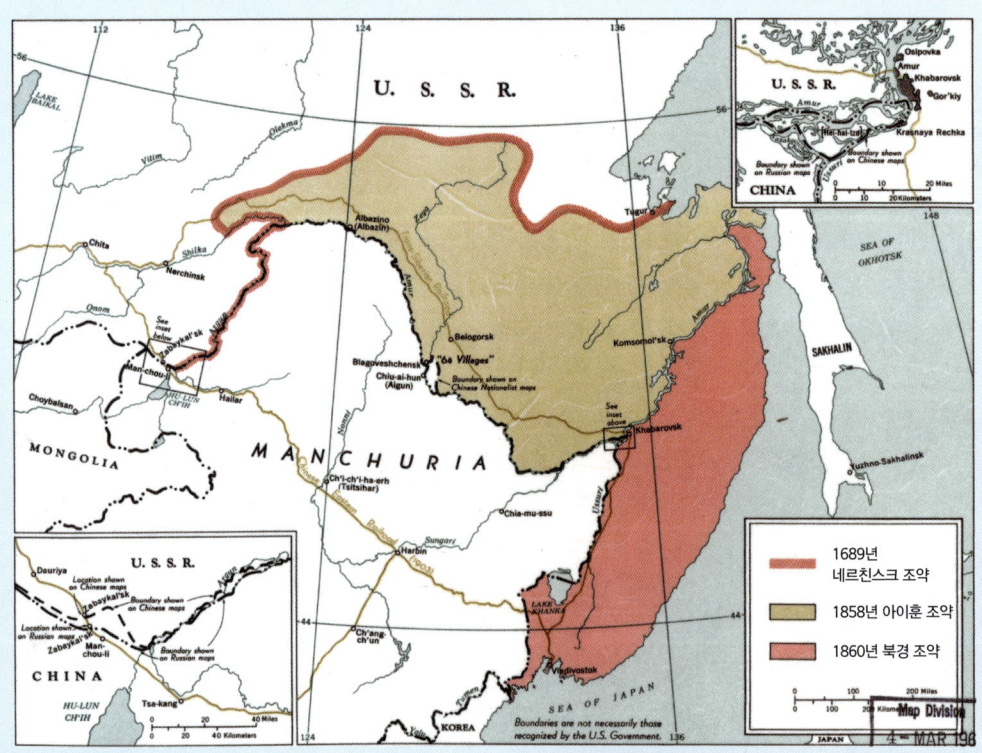

1700년

도도새 멸종
인간에 의해 멸종된 도도새

도도새는 인도양의 모리셔스 섬에 살았던 새예요. 칠면조보다 큰 이 새는 날개가 퇴화해 날지 못하는 새였어요. 1505년 포르투갈의 무역업을 하는 사람들이 모리셔스에 발을 들여놓게 되면서 도도새는 이들에게 아주 좋은 사냥감이 되었어요. 결국 사람들의 무절제한 사냥으로 인해 약 100년 만에 도도새는 희귀종이 되었고, 1681년 이후 이 새를 본 사람은 없었다고 해요.

> **잠깐 퀴즈** 도도새가 멸종하게 된 가장 큰 원인은?
> 정답) 사람들의 사냥

5

혁명의 시대

이 시기에는 정치적 혁명과 함께 산업 주의의 발달로 왕국이 무너지고 시민이 정치에 나서기 시작했어요. 특히 18세기 영국에서 시작된 산업 혁명은 기술의 혁신뿐 아니라 사회, 경제에서도 큰 변화를 가져왔지요. 과학이 발달하고 미국의 독립 선언문이 발표되던 이 시대에 우리나라에서는 영조, 정조 임금의 탕평책이 실시되었답니다.

1700년 ~1850년

1700년 ~1712년

- 핼리 혜성 1705년
- 석탄 연료 산업의 발달 1709년

1705년

핼리 혜성 과학
76년마다 돌아오는 혜성

혜성은 일명 '꼬리별'이라고 해요. 빛나는 긴 꼬리를 끌고 태양 주위를 타원 모양으로 도는 천체예요. 영국의 천문학자 핼리는 혜성이 일정한 궤도를 가지고 있고 주기적으로 돌아온다는 것을 알아냈어요. 그리고 1682년에 관측된 혜성이 1758년에 다시 돌아올 것을 예측했죠. 그의 예측은 정확히 맞았고 사람들은 이 혜성을 핼리 혜성이라고 부르게 되었답니다.

> **잠깐 퀴즈** 핼리 혜성은 몇 년마다 다시 돌아오나요?
> 정답) 76년

1709년

석탄 연료 산업의 발달
비싼 목탄 대신 코크스를 사용하다

인류는 아주 오랫동안 목탄을 이용했어요. 점점 목재가 부족해지자 목탄 값이 비싸졌어요. 영국의 제철업자 에이브러햄 다비(Abraham Darby)는 비싼 목탄 대신 석탄에서 얻은 코크스를 연료로 철을 생산하기 시작했어요. 코크스 덕분에 철을 더 많이 생산할 수 있게 되었고 이후 석탄 연료 산업은 더욱 발전하게 되었어요.

피아노 발명
1709년

증기 기관 발명
1712년

1709년
피아노 발명 예술
하프시코드에서 나온 피아노

피아노를 발명한 사람은 이탈리아 출신의 크리스토포리예요. 크리스토포리는 하프시코드라는 피아노와 아주 비슷한 악기를 개량해 최초의 피아노를 발명했어요. 피아노라는 이름도 '부드럽고 큰 소리를 연주할 수 있는 하프시코드'라는 뜻의 클라비쳄발로 콜 피아노 에 포르테(clavicembalo col piano e forte)에서 유래했대요.

◢ 하프시코드

◣ 최초의 피아노

1712년
증기 기관 발명 과학
증기를 이용해 힘을 얻어 움직이게 만드는 기계

증기 기관은 물이 끓으면 발생하는 '증기'를 이용해 사람이 손을 대지 않고도 움직이게 만드는 기계예요. 영국의 대장장이 토머스 뉴커먼은 상업적으로 성공한 최초의 증기 기관을 만들었어요. 이 증기 기관은 탄광 안에 고이는 물을 퍼 올리기 위해서 만들어졌다고 해요.

127

1712년 ~1725년

- 수은 온도계 발명 **1714년**
- 화씨온도 사용 **1724년**
- 탕평책 실시 **1725년**

1714년
수은 온도계 발명 〈과학〉
정확한 측정이 가능한 온도계를 발명하다

1600년경 갈릴레오가 물을 이용해 온도 측정기를 발명했지요. 그 후 약 100년이 지나고 드디어 과학적으로 신뢰할 수 있는 눈금이 있는 온도계가 나타났어요. 독일의 물리학자인 파렌하이트(Fahrenheit)가 수은 온도계를 발명한 것이죠. 이로 인해 정확한 온도 측정이 가능해졌어요.

▶ 수은 온도계

1724년
화씨온도 사용 〈과학〉
파렌하이트가 제안한 온도 단위

수은 온도계를 만든 파렌하이트가 물의 어는점을 '32°F', 끓는점을 '212°F'로 하는 화씨온도를 제안했어요. 단위는 '°F'이고, 지금은 미국을 포함한 몇몇 국가에서만 사용되고 있지요. 파렌하이트의 중국식 표기가 화륜해(華倫海)라서 '화씨온도'라고 해요.

1725년

탕평책 실시
고른 인재 등용을 위한 새로운 정책

조선의 임금 영조는 붕당의 대립을 줄이고 왕권을 강화하기 위해 탕평책을 실시했어요. 탕평책은 어느 붕당에 속해 있는지 상관없이 골고루 벼슬할 수 있도록 등용하는 정책이었죠. 이 정책으로 여러 당파 중 능력 있는 인물들이 고루 뽑혀서 정치 개혁을 이룰 수 있었답니다.

탕평채처럼 골고루 섞어 인재 등용하겠노라!

영조

영조
1694년~1776년

정조
1752년~1800년

1694년~1776년

영조 인물
52년간 왕위를 지켰던 왕

역대 왕 중 가장 오랫동안 왕위에 있었죠. 탕평책을 비롯해 다양한 정책을 실시한 영조의 시대는 정치적으로 가장 안정되었던 시기였답니다. 하지만 아들인 사도 세자를 뒤주에 가둬 굶어 죽게 만든 무정한 아버지이기도 했어요.

1752년~1800년

정조 인물
조선의 학문을 발전시킨 왕

정조는 사도세자의 아들이에요. 영조 임금의 손자이죠. 정조는 왕이 된 후 할아버지의 탕평 정책을 계승했어요. 또 규장각을 두어 인재를 양성하고 직접 백성의 억울한 이야기를 듣기도 했답니다.

> **잠깐 퀴즈** 정조 시대 왕실 도서관이자 인재를 양성하던 기관은?
> 정답) 규장각

▲ 정조 대왕 초상화

1725년 ~1760년경

- 걸리버 여행기 출간 1726년
- 섭씨온도 사용 1742년
- 이산화탄소 발견 1756년

그럼 내가 300살?

1726년
걸리버 여행기 출간 〔예술〕
영국 사회를 비판한 소설이 나오다

커다란 사람이 손가락만 한 작은 사람들에게 꽁꽁 묶여 있는 그림을 본 적이 있나요? 바로 걸리버 여행기에 나오는 그림이죠. 걸리버 여행기의 원작은 지금으로부터 약 300년 전에 처음 출간되었어요. 당시 영국의 현실을 풍자한 이 책은 지금까지도 인기가 많은 소설이랍니다.

1742년
섭씨온도 사용 〔과학〕
셀시우스가 만든 새로운 온도 단위

섭씨온도는 물이 어는점을 '0℃', 물이 끓는점을 '100℃'로 하여 100 등분한 것이에요. 단위 기호로는 '℃'로 나타내죠. 스웨덴의 천문학자 셀시우스가 창안했는데, 중국으로 건너갈 때 중국인들이 셀시우스의 이름을 섭이사(攝爾思)라고 표기했대요. 이후 섭씨 성을 가진 사람이 만든 온도라는 뜻으로 '섭씨온도'라고 부르게 된 것이죠.

◀ 셀시우스

1756년
이산화탄소 발견 〔과학〕
고정된 공기를 밝혀내다

이산화탄소는 탄산음료를 만들 때, 광합성을 할 때 꼭 필요하지만 지구 온난화를 일으키기도 하죠. 이산화탄소는 조제프 블랙이 '고정 공기'라는 이름으로 개념을 정립하면서 세상에 알려졌어요. 조제프 블랙은 고정 공기가 대기 중에도 있고 사람의 호흡 속에도 함유되어 있다는 것과 석회수를 만나면 뿌옇게 흐려진다는 것도 밝혀냈어요.

모차르트	산업 혁명의 시작
1756년~1791년	1760년경

1756년~1791년

모차르트 인물
불꽃처럼 살다 간 천재 작곡가

모차르트는 어린 시절부터 신동으로 이름을 날린 최고의 천재 작곡가예요. 11살에 오페라를 작곡했다고 하죠. 실내악, 오페라 등 600여 곡의 작품을 만들었는데 「피가로의 결혼」, 「돈 조반니」, 「마술피리」는 지금까지도 연주되고 있는 훌륭한 작품이에요.

1760년경

산업 혁명의 시작
영국에서 세계로 퍼져 나간 산업 혁명

요즘 4차 산업 혁명 시대라는 말을 많이 사용해요. 그러면 1차 산업 혁명은 언제였을까요? 1차 산업 혁명은 1760년경 영국에서 시작되었어요. 기계의 발명과 기술 혁신으로 인해 산업에 큰 변화가 일어났죠. 예전에는 손으로 하던 것을 공장에 모여 기계로 만들기 시작하면서 대량 생산이 가능해졌어요. 경제생활뿐 아니라 정치, 사회적으로도 큰 변화를 가져왔기 때문에 '혁명'이라고 부르는 거예요.

1760년경 ~1773년

| 천연두, 아메리카 강타 1761년 | 파리 조약 1763년 | 제니 방적기 발명 1764년 |

1761년
천연두, 아메리카 강타
천연두가 아메리카 인디언에게 유행하다

천연두는 인류 최초의 전염병으로 알려져 있어요. 유럽에서 전파된 천연두로 인해 잉카 및 마야 문명, 아메리카 인디언까지 거의 전멸하다시피 했다고 해요. 18세기 유럽에서만 해마다 40만 명이 천연두로 목숨을 잃었죠. 조선 시대에도 가장 사망률이 높은 전염병은 '마마'라고 불리는 천연두였어요.

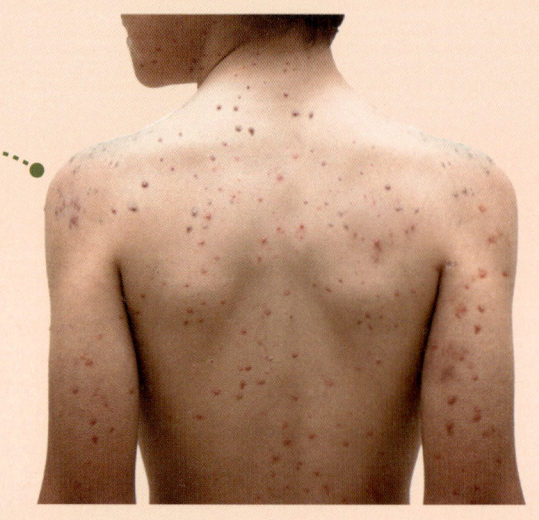

1763년
파리 조약
7년 전쟁의 끝

역사상 파리 조약은 여러 번 있었어요. 1763년에 이루어진 파리 조약은 대영 제국, 프랑스 그리고 스페인이 7년 전쟁을 끝내기 위해 서명한 조약이었죠. 이 조약에 따라 영국과 프랑스의 전쟁은 일단 끝을 맺었어요. 그리고 영국은 인도와 북미 식민지를 지배하게 되었어요.

1764년
제니 방적기 발명 `과학`
산업 혁명을 이끈 기계

영국에서 산업 혁명이 시작되면서 면직물 수요가 폭발적으로 증가했어요. 사람의 힘으로는 그 공급량을 감당할 수 없었죠. 면직 공장을 운영하던 하그리브스는 그 한계를 극복하기 위해 방적기를 발명하게 되었어요. 방적기는 실이나 섬유로부터 천을 짜는 기계에요. 하그리브스가 만든 제니 방적기의 발명으로 직물의 생산량이 8배나 증가하였다고 해요.

▶ 독일 박물관에 있는 제니 방적기

| 수소 발견 | 인공 탄산수 개발 | 보스턴 차 사건 |
| 1766년 | 1767년 | 1773년 |

1766년

수소 발견 〔과학〕

불에 잘 타는 수소를 발견하다

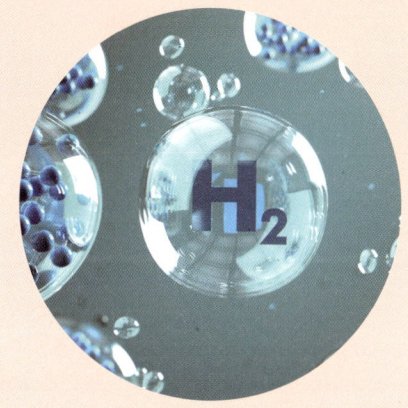

영국의 과학자 헨리 캐번디시는 산성 물질에 닿은 금속에서 발생하는 거품을 탐구했어요. 그리고 여러 실험을 거쳐 가장 가볍고 불에 잘 타는 성질을 지닌 가연성 공기(Inflammable Air)를 발견했죠. 그 후 라부아지에가 이 가연성 공기에 '수소'라는 이름을 붙여 주었답니다.

1767년

인공 탄산수 개발

최초로 탄산수를 개발하다

1767년 영국의 조제프 프리스틀리는 맥주 발효 과정에서 발생한 이산화탄소를 물에 녹여 상큼한 맛을 내는 거품을 만들어 냈어요. 이것이 바로 최초의 인공 탄산수였죠. 당시에는 이렇게 거품이 생긴 물을 '바람의 물'이라고 불렀는데 괴혈병을 치료할 수 있다고 믿었어요. 물론 그 생각은 틀렸지만, 덕분에 우리는 탄산음료를 먹을 수 있게 된 것이죠.

1773년

보스턴 차 사건

미국이 영국에게 차 수입을 금지하라며 벌인 습격 사건

영국의 식민지였던 미국에 차(茶)를 팔 수 있는 권한은 동인도 회사에만 있었어요. 차를 몰래 팔 수밖에 없던 미국 상인들은 불만이 쌓여 갔죠. 결국, 보스턴 사람들이 동인도 회사의 배를 습격해 차를 모두 바다에 던져 버리는 사건이 일어났어요. 이 사건으로 영국과 미국 간에 불화가 생기고 결국 미국이 영국으로부터 독립을 선언하며 전쟁을 벌이는 계기가 되었답니다.

1773년 ~1776년

- 산소 발견 1774년
- 미국 독립 전쟁 1775년
- 최초의 잠수함 제작 1775년

1774년
산소 발견 〔과학〕
사람에게 꼭 필요한 기체를 발견하다

탄산수를 발견한 조제프 프리스틀리(Joseph Priestley)가 산화 수은을 렌즈로 가열하다가 알 수 없는 기체를 얻어 냈어요. 그 기체는 촛불을 더 잘 타게 하는 성질을 갖고 있었어요. 바로 산소였어요. 사실 '산소'라는 이름도 수소처럼 라부아지에가 이름 붙인 것이랍니다.

1775년
미국 독립 전쟁
미국이 영국의 지배를 거부하며 독립을 외친 전쟁

미국은 유럽인들이 원주민을 몰아내고 아메리카 대륙을 차지하며 세운 나라예요. 처음엔 영국의 식민지였죠. 그러다 지나친 세금 징수와 억압에 불만을 품은 사람들이 보스턴 차 사건을 계기로 독립을 주장하기 시작했고, 영국의 지배를 거부하며 전쟁을 일으켰어요.

1775년
최초의 잠수함 제작 〔과학〕
영국 군함에 맞선 최초의 1인 잠수함

미국의 독립 전쟁이 한창이던 때, 데이비드 부시넬은 영국의 무적 군함에 맞서기 위해 잠수함을 만들었어요. 이 잠수함은 계란처럼 생긴 1인용 잠수함으로 '터틀호'라고 불렀답니다.

◀ 터틀호

독립 선언문 채택
1776년

규장각 설치
1776년

1776년
독립 선언문 채택
독립국 미국이 탄생하다

미국의 독립 전쟁이 시작되고 1년 후, 식민지 대표들이 필라델피아에 모여 독립 선언서를 만장일치로 채택하고 미국의 독립을 선포했어요. 영국으로부터의 완전한 독립을 선언한 이 독립 선언문으로 공식적인 독립국 미국이 탄생한 것이죠.

> **잠깐 퀴즈** 영국으로부터의 완전한 독립을 선언한 발표문은?
> 정답) 독립 선언문

▲ 필라델피아에서의 독립 선언

1776년

규장각 설치
정조가 세운 학술 기관

규장각은 임금의 글이나 글씨를 보관하고, 많은 책을 편찬하는 일을 했던 기관이죠. 처음엔 창덕궁 주합루 1층에 자리를 잡았어요. 지금은 서울대학교 관악 캠퍼스 안으로 옮겼답니다. 정조는 왕이 된 후 인재들을 모아 학문을 연구하게 하여 국정을 뒷받침할 수 있도록 했어요. 규장각은 정조 시대의 부흥과 발전의 중심이 되었답니다.

▲ 창덕궁 주합루

1776년 ~1789년

천왕성 발견
1781년

최초의 열기구 비행
1783년

1781년

천왕성 발견 과학
태양계를 이루는 7번째 행성을 발견하다

천문학자 윌리엄 허셜은 1781년 3월 13일 다른 날과 마찬가지로 망원경을 통해 하늘을 관측 중이었어요. 그날 망원경을 통해 다른 별보다 크게 보이는 낯선 별을 발견했죠. 초록을 띠며 약간 퍼진 듯 둥글게 빛나고 있던 별이었어요. 이 별이 바로 천왕성이에요. 그동안은 토성까지라고 생각했던 태양계가 더 크게 확장되는 순간이었지요.

▲ 천왕성

1783년

최초의 열기구 비행 과학
하늘을 날고 싶은 인류의 꿈 실현

프랑스에 조제프 몽골피에(Joseph Montgolfier) 형제가 살고 있었어요. 이 형제는 거대한 천의 내부를 가열된 공기로 채우면 공기보다 가벼운 독특한 기체가 생긴다는 것을 발견했어요. 이것으로 기구를 띄울 수 있다고 생각했죠. 1783년, 이들이 설계한 열기구가 최초로 비행에 성공했답니다.

> **잠깐 퀴즈** 열기구로 처음 하늘을 날아오른 사람들은?
> 정답) 몽골피에 형제

▲ 몽골피에 형제의 열기구

| 바스티유 습격 | 프랑스 대혁명 |
| 1789년 | 1789년 |

1789년

바스티유 습격
분노한 시민들이 바스티유 감옥을 습격하다

바스티유는 프랑스 절대 왕권의 상징과도 같았던 감옥이었어요. 지배 계층의 횡포에 화가 난 파리의 사람들이 민병대를 조직해서 바스티유 감옥을 습격했죠. 바스티유 감옥 함락 이후 혁명의 열기가 전국적으로 확대되었어요. 이 사건은 프랑스 혁명으로 연결되는 아주 중요한 사건이랍니다.

1789년

프랑스 대혁명
자유와 평등을 외친 세계 3대 시민 혁명

프랑스에서는 왕과 귀족이 절대적인 권력을 누렸어요. 왕과 귀족의 사치스러운 생활과 계속된 전쟁으로 재정이 어려워진 프랑스는 더욱더 세금을 거두었고 그 과정에서 화가 난 파리의 시민들이 바스티유 감옥을 습격하면서 프랑스 혁명이 시작되었어요. 이 혁명으로 왕이었던 루이 16세가 처형되고 프랑스는 투표로 대표를 뽑아 나라를 이끄는 공화국이 되었답니다.

▲ 민중을 이끄는 자유의 여신

빵을 달라! 빵이 아니면 죽음을 달라!

잠깐 퀴즈 프랑스 왕조를 무너트린 시민 혁명은?
정답) 프랑스 대혁명

1789년 ~1796년

루브르 박물관 개장 1793년

천연두 예방 접종 1796년

1793년

루브르 박물관 개장 예술
프랑스의 궁궐이 박물관이 되다

루브르 박물관은 세계 최대 박물관 중 하나로 프랑스 파리에 있어요. 모나리자, 밀로의 비너스 등 유명한 예술 작품들을 전시하고 있지요. 루브르 박물관은 루브르 궁전을 개조해서 만들었어요. 약 38만 점 이상의 작품들이 있는데 그중에는 기원전 4,000년경의 작품도 있다고 해요.

1796년

천연두 예방 접종 과학
천연두 예방법을 알아내다

천연두를 예방하기 위해 천연두에 걸린 사람의 고름을 말렸다가 그것을 피부에 넣어 면역력이 생기게 하는 인두법이 있었어요. 하지만 인두법은 안전한 예방법은 아니었어요. 영국의 의사 에드워드 제너는 좀 더 안전하고 부작용이 적은 천연두 예방법을 고민했어요. 그러다가 우두에 걸린 사람은 천연두에 걸리지 않는다는 것을 알게 되었죠. 우두는 소가 걸리는 천연두와 비슷한 병으로 사람에게는 큰 해가 없었어요. 제너는 우두를 이용한 천연두 예방에 성공했고 결국 1980년, 천연두는 지구상에서 완전히 사라지게 되었답니다.

▲ 당시 소가 될지도 모른다고 논란이 됐던 제너의 종두법

| 수원 화성 완공 | 정약용 |
| 1796년 | 1762년~1839년 |

1796년

수원 화성 완공
정조가 세운 수원의 아름다운 성곽

정조 시대에 정약용이 설계한 수원 화성은 2년 반 만에 완공되었어요. 거중기, 도르래 등 최신 도구를 사용해 만든 근대적인 성곽이었죠. 화성은 조선 후기 문화의 가장 중요한 건축물이랍니다.

『목민심서』 ▶

1762년~1839년

정약용 인물
거중기, 『목민심서』 등을 남긴 조선 후기 실학자

정약용은 수원 화성을 건설할 때 거중기 등을 고안하고 최신 기술을 접목하여 화성의 건축 기간을 크게 단축했어요. 이후 그를 신임하던 정조가 세상을 떠나자 천주교 탄압을 빌미로 정약용은 강진으로 유배를 갔어요. 17년 동안 유배 생활을 하면서도 학문 연구를 게을리하지 않고 많은 저서를 남겼어요.

이렇게 하면 바위를 쉽게 들 수가 있지요.

수원 화성
거중기

1796년~1804년

- 실용적 잠수함 등장 1800년
- 볼타 전지 시연 1800년
- 신유박해 1801년

1800년
실용적 잠수함 등장 과학
세계 최초의 실용적 잠수함을 개발하다

미국의 발명가인 로버트 풀턴은 증기선을 개발한 사람이에요. 그는 최초의 실용적인 잠수함을 만들기도 했죠. 잠수함의 이름은 노틸러스호였어요. 계란 모양의 1인승 잠수함인 터틀호와는 달리 길쭉한 원통형 모양의 3인승 잠수함으로 물 밑에 장시간 가라앉아 있는 실험에도 성공했답니다.

1800년
볼타 전지 시연 과학
볼타가 최초로 전지를 발명하다

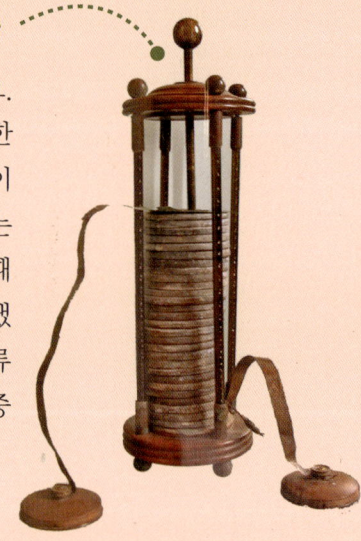

전지는 에너지를 발생시키는 장치예요. 우리가 사용하는 건전지는 전지의 한 종류죠. 전지를 최초로 만든 사람은 이탈리아의 물리학자 볼타예요. 볼타는 서로 다른 두 개의 금속이 접촉했을 때 소량의 전기가 발생한다는 것을 알아냈어요. 이것은 미래의 과학자들이 전류에 관해 연구할 수 있는 장을 열어준 중요한 사건이랍니다.

1801년
 신유박해 한국사
신유년에 천주교를 탄압하다

신유박해는 조선의 대대적 천주교 박해 사건이에요. 천주교의 확산은 가부장적 권위를 무너뜨리고 유교 사회에 대한 도전으로 여겨졌어요. 또 정치적인 목적으로 자신들의 세력에 방해가 되는 천주교를 탄압하기 시작했죠. 이 박해로 수많은 천주교도가 순교하거나 유배되었답니다.

140

| 돌턴의 원자설 | 증기 기관차 시운전 성공 |
| 1803년 | 1804년 |

1803년

돌턴의 원자설 과학

물질은 더는 쪼개지지 않는 원자로 되어 있다

세상을 이루는 물질의 근원이 원자라는 주장이 바로 원자설이에요. 영국의 화학자이자 물리학자인 존 돌턴이 제안했죠. 돌턴의 원자설은 몇 가지 오류가 있었어요. 하지만 원자에 관한 연구가 활발히 이루어지는 데 큰 역할을 했다고 평가된답니다.

돌턴, 1803년
더 이상 쪼개지지 않는 단단한 공 모형

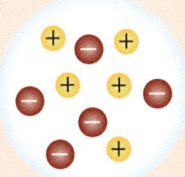
톰슨, 1904년
(+) 전하를 띈 원자에 (-) 전하를 띈 전자가 박힌 모형

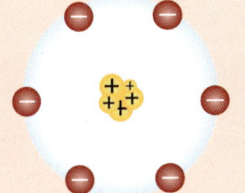
러더퍼드, 1911년
(+) 전하의 원자핵이 중심에 있고 그 주위를 전자가 도는 모형

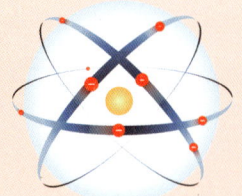
보어, 1913년
전자가 원자핵 주위의 일정한 궤도를 따라 운동하는 모형

보른, 1926년
전자가 원자핵 주위에 구름처럼 퍼져 있는 모형

▲ 점점 발전하는 원자 이론

1804년

증기 기관차 시운전 성공

처음으로 증기 기관차를 운전하다

영국의 발명가 리처드 트레비식은 많은 물건의 수송이 가능한 증기 기관차를 만들어 첫 시험 운전에 성공했어요. 이때 영국의 탄광촌 사람들은 말이 아닌 기계가 사람과 물건을 나르는 광경을 처음 구경했다고 해요. 이후 스티븐슨에 의해 기관차 성능과 레일 시스템이 개량되고 근대 철도의 기틀이 완성되었답니다.

1804년 ~1810년

- 모르핀의 등장 1805년
- 노예 무역 금지 1807년
- 운명 교향곡 완성 1808년

1805년
모르핀의 등장 〔의학〕
아편의 주성분으로 만든 마약성 진통제

아편은 양귀비라는 식물에서 추출한 진통제예요. 환각 작용을 일으키기도 하고 강한 중독성을 지닌 마약의 일종이죠. 독일의 약사 제르튀르너는 아편에서 약이 되는 성분만 분리해 모르핀을 만들었어요. 모르핀은 지금도 암 환자들을 위한 진통제를 만드는 데 쓰이고 있어요.

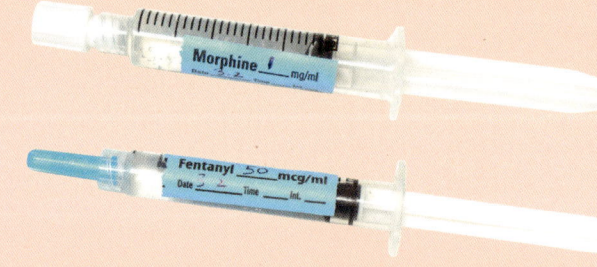

1807년
노예 무역 금지
가장 참혹한 무역을 금지하다

노예 무역은 사람을 물건처럼 사고파는 무역이에요. 대부분 아프리카의 흑인을 잡아서 아메리카 대륙으로 끌고 갔지요. 인간 이하의 취급을 받던 비참한 노예의 참상이 알려지면서 18세기 말부터 노예 무역에 대한 반발과 비판이 일기 시작했어요. 그러면서 덴마크가 가장 먼저 노예 무역을 금지하고 미국, 프랑스도 뒤를 이어 노예 무역을 금지했어요.

> **잠깐 퀴즈** 노예 무역을 가장 먼저 금지하기 시작한 나라는?
> 정답) 덴마크

1808년
「운명 교향곡」 완성 〔예술〕
베토벤 교향곡 제5번

클래식을 대표하는 「운명 교향곡」의 정식 이름은 「베토벤의 교향곡 제5번 C단조」예요. 1804년부터 작곡을 시작해 4년 만에 완성한 곡이죠. 이 곡의 이름은 베토벤이 1악장 서두의 주제를 "운명은 이처럼 문을 두드린다."라고 설명한 데서 생겨났다고 해요.

베토벤 1770년~1827년

통조림 발명 1810년

1770년~1827년

베토벤 인물
고전주의와 낭만주의의 다리를 놓은 독일 작곡가

피아노를 배우는 사람이라면 누구나 베토벤의 곡을 연주해 봤을 거예요. 베토벤이 작곡한 「운명 교향곡」은 아주 유명하죠. 그는 귀가 잘 들리지 않는 상태에서도 창작을 멈추지 않았어요. 오늘날 베토벤은 '음악의 성인(聖人)', '음악의 악성(樂聖)'으로 불려요.

1810년

통조림 발명 과학
양철판을 이용한 원기둥 모양의 캔

피터 듀란드가 발명한 통조림은 사람들의 식생활에 큰 변화를 불러왔어요. 통조림 발명으로 인해 식품을 오랜 기간 안전하게 저장할 수 있고, 멀리 가져다 팔기도 쉬워졌거든요. 그 후 통조림의 진화는 계속되어 1935년에는 캔 맥주가, 1959년에는 원터치 캔이 발명되었어요.

1810년 ~1815년

| 멕시코 독립 혁명 1810년 | 홍경래의 난 1811년 |

1810년
멕시코 독립 혁명
스페인으로부터 멕시코가 독립하다

1521년, 스페인은 아즈테카 제국을 멸망시키고 멕시코를 차지했어요. 그리고 약 300년 후, 스페인의 식민지였던 멕시코에서 독립 혁명의 바람이 불었어요. 이때 투쟁에 앞장선 사람은 멕시코 독립의 아버지로 불리는 미겔 이달고 신부였어요. 여러 우여곡절 끝에 1821년, 멕시코는 독립국이 되었어요.

▲ 멕시코 돈에 그려진 미겔 이달고 신부

잠깐 퀴즈 멕시코는 독립하기 전 어느 나라의 식민지였나?
정답) 스페인

1811년
홍경래의 난
홍경래를 중심으로 차별을 반대하며 일어난 농민 항쟁

홍경래는 평안도 출신의 평민이었어요. 당시 평안도를 비롯한 서북 출신들은 관직에도 나가지 못하고 심한 차별을 받았어요. 거기에 지나친 세금과 탐관오리의 횡포까지 있었죠. 홍경래는 사람들을 모아 이에 맞서 난을 일으켰어요. 홍경래의 난은 100일 만에 실패로 끝났지만 이후 일어난 농민 봉기에 큰 영향을 끼쳤답니다.

그림 형제 동화 출간	워털루 전투 패배
1812년	1815년

1812년

그림 형제 동화 출간 예술
독일의 그림 형제가 낸 전래 동화집

'그림 형제'로 알려진 야코프 그림과 빌헬름 그림은 전래 동화 수집에 관심이 있었어요. 이들은 1812년에 13년 동안 수집한 전래 동화 86편이 수록된 동화집인 『그림 동화』를 출간했어요. 「백설 공주」, 「헨젤과 그레텔」, 「라푼젤」 등이 이 책에 수록되어 있답니다.

잠깐 퀴즈 「백설공주」, 「헨젤과 그레텔」 등이 수록된 동화집의 이름은?
정답) 『그림 동화』

1815년

워털루 전투 패배
나폴레옹이 황제의 자리에서 쫓겨나게 된 전투

나폴레옹은 직접 군대를 이끌고 워털루로 갔어요. 그곳에서 웰링턴이 이끄는 영국군과 싸워 이기고 있었어요. 그런데 갑자기 나타난 프로이센군이 프랑스군을 기습 공격하기 시작했고 이때부터 프랑스군이 밀리기 시작했어요. 이 전투의 실패로 나폴레옹은 황제 자리에서 쫓겨나게 되었답니다. 그리고 세인트 헬레나 섬에 유배되어 그곳에서 눈을 감았다고 해요.

1815년~1826년

- 나폴레옹 1769년~1821년
- 미국 식민 협회 창립 1816년

1769년~1821년
나폴레옹 인물
프랑스의 군인이 황제가 되다

나폴레옹은 프랑스의 육군 사관 학교를 졸업하고 정부의 이탈리아 원정군 사령관으로 임명되었어요. 나중에는 프랑스의 황제가 되어 나폴레옹 법전을 제정하기도 하고 교육 제도를 개혁하기도 했죠. 그는 전 유럽을 제패하고 싶어 했으나 스페인 원정과 러시아 원정에 실패하여 유배를 당하게 됩니다. 평생 40번의 전쟁 승리를 하며 '내 사전에 불가능이란 없다.'는 명언을 남기기도 했어요.

◀ 황제 시절 나폴레옹

1816년
미국 식민 협회 창립
자유인이 된 흑인들을 아프리카로 돌려보내기 위해 만든 단체

미국 식민 협회는 해방된 노예들을 아프리카로 되돌려 보내기 위해 노력했던 사회단체였어요. 또 아프리카에 노예들을 위해 아프리카 서쪽에 정착촌을 만들기도 했지요. 이 땅의 이름은 '자유를 얻었다.'라는 뜻의 '라이베리아'인데, 후에 아프리카의 첫 공화국이 되었어요.

◀ 흑인만 국민이 될 수 있는 라이베리아

| 전자기 발견 | 최초의 사진 |
| 1820년 | 1826년 |

1820년
전자기 발견 _{과학}
전류와 자기장의 발견

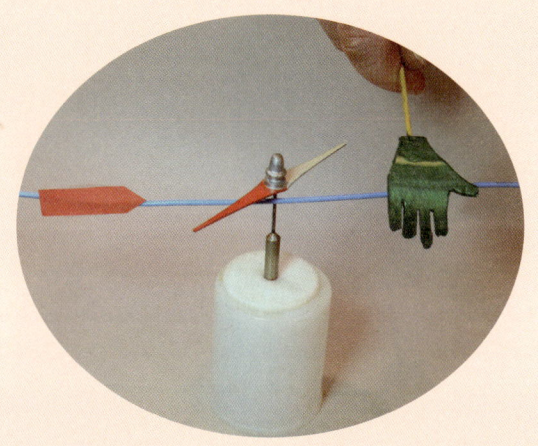

전류가 흐르는 전선 옆에 나침반을 놓아 보세요. 나침반 바늘이 일정한 방향으로 움직이는 것을 볼 수 있을 거예요. 이런 전자기 현상을 처음 발견한 사람은 외르스테드예요. 그는 실험 중 철사에 강한 전류를 흘려보냈어요. 그때 철사 옆에 나란히 놓인 나침반의 바늘이 철사의 방향과 수직이 되게 가리키는 것을 보고 매우 놀랐죠. 이 실험을 통해 외르스테드는 전류가 자기를 발생시킨다는 것을 알아냈어요.

1826년
최초의 사진 _{예술}
인류 최초의 사진이 탄생하다

프랑스의 과학자인 조제프 니세포어 니엡스가 인류 최초로 사진을 촬영했어요. 카메라 옵스큐라에 상을 8시간 노출하여 얻은 풍경 사진이었죠. 역청을 칠한 감광판에서 빛을 받은 부분은 그대로 굳어서 남고 빛을 받지 않은 부분은 기름에 녹는 성질을 이용한 사진술이었어요. 이때는 사진이라고 부르지 않고 '태양으로 그린 그림'이라는 뜻으로 헬리오그래피(Heliography)라고 불렀대요.

▼ 말을 이끄는 소년이 담긴 헬리오그래피

카메라 옵스큐라로 상을 스케치하는 모습 ▶

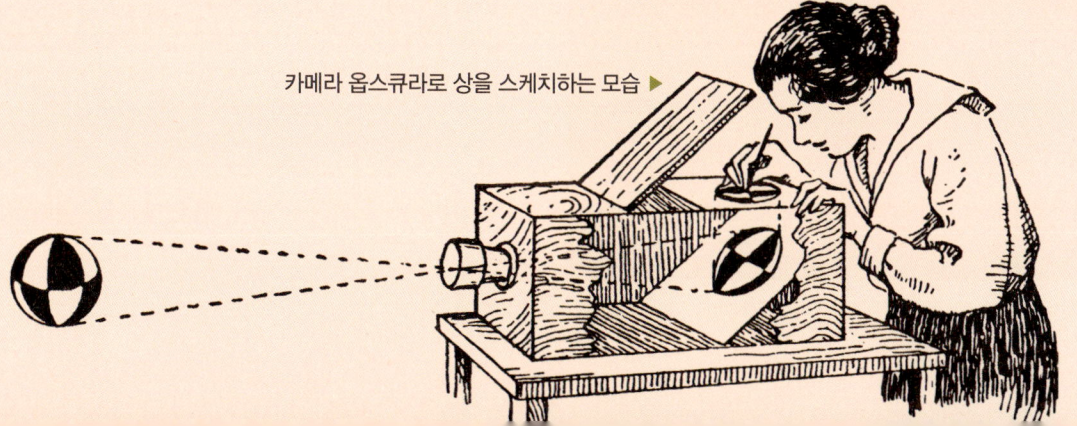

1826년 ~1839년

점자 창안 1834년

빅토리아 여왕 즉위 1837년

1834년
점자 창안
시각 장애인을 위한 문자

점자가 처음 만들어진 것은 시각 장애인들을 위한 것이 아니었대요. 군대 야간 작전 수행 시 어둠 속에서 손으로 더듬어 알 수 있는 암호로 만들어졌었다고 해요. 점자는 프랑스 파리 맹인 학교에 전해지면서 시각 장애인 루이 브라유에 의해 6개의 점으로 새롭게 개발되었어요. 그리고 1834년 정식으로 시각 장애인의 문자로 인정을 받았답니다. 우리나라의 한글로 된 점자는 1926년에 만들어졌어요.

◀ 즉위 당시 빅토리아 여왕

1837년
빅토리아 여왕 즉위
영국을 64년 동안 통치한 여왕

빅토리아는 '해가 지지 않는 나라'로 불렸던 전성기 시절의 영국을 통치한 여왕이었어요. 여왕은 18세에 즉위하여 64년 동안 통치하였는데, 엘리자베스 2세 이후로 가장 오랜 기간 재위하였어요. 이전의 왕들과는 달리 의회의 의견을 존중하여 국민으로부터 많은 사랑을 받았답니다.

모스 부호 발명	이륜 자전거 발명
1838년	1839년

1838년

모스 부호 발명 과학

모스가 점과 선으로 전달하는 전신 부호를 발명하다

모스 부호란 말을 하기 어려운 상황이나 긴급 상황에서 전달하는 메시지 중 점과 선으로 된 부호예요. 이 부호는 길이를 변화시켜 전류를 보내거나 번쩍이는 불빛 같은 시각적 신호로 전달했어요. 모스 부호는 화가 겸 발명가인 새뮤얼 모스가 처음 생각해 내었어요. 그의 이름을 따서 모스 부호(Morse Code)라고 불리게 되었답니다.

1839년

이륜 자전거 발명 과학

발의 힘을 이용한 페달 달린 자전거가 발명되다

그전에도 자전거의 형태로 된 것은 있었으나 페달 달린 자전거는 1839년에 처음 발명되었어요. 스코틀랜드의 대장장이였던 커크패트릭 맥밀런이 증기 기관차에서 영감을 받아 만들었죠. 맥밀런의 자전거는 나무로 된 바퀴를 사용했어요. 아직 고무로 된 바퀴는 개발되지 않았었거든요. 1842년에는 자전거로 아이를 친 최초의 자전거 사고도 기록되어 있어요.

▲ 맥밀런의 자전거

1839년~1842년

- 차이콥스키 1840년~1893년
- 우표 등장 1840년

1840년~1893년

차이콥스키 인물

「호두까기 인형」을 작곡한 러시아 대표 작곡가

차이콥스키는 러시아를 대표하는 작곡가예요. 크리스마스에 가장 많이 공연되는 발레 「호두까기 인형」이 바로 그의 작품이랍니다. 어려서부터 음악을 좋아하고 뛰어난 재능을 보였지만 아버지의 권유로 법률 학교에 진학했다가 다시 음악을 전공하게 되었다고 해요. 무용곡, 교향곡, 독주곡 등 다양한 장르에 많은 작품을 남겼어요.

1840년

우표 등장

보내는 사람이 돈을 냈다는 증표

우표가 등장하기 전에도 우편 왕래는 있었어요. 당시에는 편지를 받은 사람이 현금으로 우편 요금을 직접 주었죠. 우편 요금이 비싸서 돈이 없는 사람들은 우편물을 바로 받지 못하는 일도 있었대요. 이런 불편을 해결하기 위해 보내는 사람이 돈을 냈다는 증표로 우표가 생겼어요. 영국의 로렌드 힐이 처음 발명한 우표에는 빅토리아 여왕의 얼굴이 인쇄되어 있답니다.

▲ 1840년에 발행한 최초의 우표

아편 전쟁 발발	난징 조약
1840년	1842년

1840년
아편 전쟁 발발
중국에 마약을 팔기 위해 영국이 일으킨 전쟁

아편은 한번 중독되면 쉽게 끊을 수 없는 마약이에요. 영국의 상인들은 몰래 중국에 아편을 팔았어요. 중국은 여러 차례 아편 금지령을 내렸지만, 아편의 수요는 점점 늘어만 갔어요. 결국, 아편을 수출하려는 영국과 수입을 금지하려는 중국 사이에 전쟁이 벌어졌죠. 이것이 바로 아편 전쟁이에요.

1842년
난징 조약
아편 전쟁의 결과로 맺은 조약

아편 전쟁에서 진 중국 청나라는 1842년 영국과 난징 조약을 체결했어요. 이 조약에는 홍콩을 영국에 넘기고, 아편 배상금을 영국에 지급하라는 등의 내용이 담겨 있대요. 청나라로서는 매우 불평등한 조약이었어요.

> **잠깐 퀴즈** 아편 전쟁에서 진 후 청나라가 영국과 맺은 조약은?
> 정답) 난징 조약

1842년 ~1850년

재봉틀 개발 1846년

마취제를 사용한 최초의 수술 1846년

1846년
재봉틀 개발 _{과학}
두 실을 이용해 자동으로 바느질을 하는 기계를 만들다

재봉틀을 발명한 사람은 미국의 일라이어스 하우였어요. 바느질로 돈을 버는 아내의 고생을 덜어 주기 위해 고민하던 중, 꿈속에서 아이디어를 얻어 만들었다고 해요. 1846년 일라이어스는 친구에게 돈을 빌려 재봉틀에 대한 특허를 출원하게 되었고, 이 일로 인해 엄청난 부를 얻게 되었답니다.

1846년
마취제를 사용한 최초의 수술 _{의학}
에테르 마취제를 수술에 처음 사용하다

마취제가 없던 시절에는 마약이나 술을 먹고 아픔을 참아야 했어요. 그러다가 웃음가스로 불리는 아산화질소를 마취제로 사용하기도 했죠. 하지만 완전한 마취제는 아니었어요. 마취제를 사용한 최초의 수술로 기록된 것은 1846년의 일이에요. 윌리엄 모튼이 환각 물질인 에테르를 이용해 목의 종양을 제거하는 수술에 성공했어요. 이후 에테르는 수술용 마취제로 널리 쓰이기 시작했다고 해요.

▲ 에테르를 이용한 종양 수술 모습

> 미국·멕시코 전쟁
> 1846년

1846년

미국·멕시코 전쟁
미국이 멕시코 땅의 절반을 빼앗은 전쟁

스페인에서 막 독립한 멕시코는 내부적으로 매우 힘든 시기를 보내고 있었어요. 그 와중에 멕시코와 미국은 각각 텍사스에 대한 종주권을 주장했죠. 결국, 1846년부터 멕시코와 미국 사이에 군사 분쟁이 발생합니다. 이 전쟁의 결과 멕시코는 캘리포니아와 뉴멕시코를 미국에 싼값으로 팔아넘기게 되었어요.

6

제국주의 시대

제국주의는 강력한 군사력과 경제, 기술의 발전을 기초로 생겨났어요. 다이너마이트와 같은 현대식 무기, 자동차, 전보, 전화 등의 발명은 제국주의를 더욱 부추겼죠. 영국, 프랑스 등 영토를 넓혀간 국가들은 아프리카 대부분과 아시아의 여러 나라를 점령하고 다스리고자 했어요. 이에 영향을 받아 근대화를 먼저 이룬 일본도 제국주의를 외치며 조선을 침략했답니다.

1850년 ~1914년

1850년 ~1852년 | 호주의 골드러시 1851년 | 태평천국의 난 1851년

1851년
호주의 골드러시
호주에 금을 찾아 몰려들다

골드(Gold)는 '금', 러시(Rush)는 '돌격하다'라는 뜻이에요. 일찍이 미국에서도 금이 발견된 캘리포니아로 사람들이 몰리는 골드러시 현상이 있었어요. 1849년에는 세계 각국의 사람들이 몰려들어 5억 5천만 달러에 이르는 금을 채굴했다고 해요. 그 후 호주에서도 금이 발견되면서 골드러시가 이어졌지요.

잠깐 퀴즈 금을 캐기 위해 몰려드는 현상을 일컫는 말은?
정답) 골드러시

1851년
태평천국의 난
태평천국과 청나라가 14년 동안 내전을 벌이다

아편 전쟁에서 진 청나라가 점점 힘을 잃어갈 무렵, 홍수전이라는 사람이 크리스트교를 바탕으로 태평천국(太平天國: 클 태, 공평 평, 하늘 천, 나라 국)이라는 나라를 세우고 난을 일으켰어요. 홍수전은 남자와 여자를 차별하지 않고, 재산은 모두 공평하게 나누어 가져야 한다고 주장했지요. 이렇게 세력이 커진 태평천국과 청나라 간의 전쟁은 14년이나 계속되었어요. 중국 역사상 대규모의 내전이었지요.

▲ 태평천국의 동전

| 지구의 자전 증명 | 에베레스트 높이 측정 |
| 1851년 | 1852년 |

1851년

지구의 자전 증명 (과학)
지구가 스스로 돌고 있음을 증명하다

지구의 자전은 지구가 24시간을 주기로 한 바퀴 도는 것을 말해요. 사람들은 오래전부터 해가 뜨고 지는 것을 통해 지구가 자전하고 있다는 것을 알고 있었지만, 이것을 증명하기는 어려웠어요. 그러다 프랑스의 과학자 푸코(Foucault)가 판테온 사원 천장에 황동 코팅이 된 28kg의 추를 달아 진동면을 관찰하면서 지구가 시계 반대 방향으로 돌고 있다는 것을 최초로 증명했답니다.

▲ 파리 판테온 사원에 있는 푸코의 진자

1852년

에베레스트 높이 측정
지구에서 가장 높은 산을 측량하다

에베레스트는 인도 북동쪽, 네팔과 티베트 사이에 있는 세계에서 가장 높은 산봉우리예요. 인도가 식민지이던 시절, 영국 정부가 히말라야산맥의 지도를 만들면서 '피크 15'라고 불리던 봉우리의 높이를 측량한 결과, 이 산이 세계 최고의 높이라는 것을 확인하게 됐지요. 그 이후, 측량국장을 지낸 에베레스트라는 사람의 이름을 따서 지금까지 '에베레스트'라고 불리고 있는 거예요.

잠깐 퀴즈 에베레스트가 속해 있는 산맥의 이름은?
정답) 히말라야

1852년~1855년

일본 개항 1853년

콜레라 원인 규명 1854년

1853년
일본 개항
미국에 의한 일본의 근대화

미국의 페리(Perry) 제독은 네 척의 배를 앞세우고 일본으로 들어가 개항을 강요했어요. 일본은 미국의 압력에 못 이겨 개항을 했고 영국, 러시아, 네덜란드와 조약을 체결하며 근대 문물을 받아들였어요. 이로써 일본의 근대화가 빠르게 진행되었지요.

좋은 말로 할 때 개항해!

1854년
콜레라 원인 규명 의학
콜레라가 오염된 물로 감염된다는 사실을 밝혀내다

그동안 사람들은 콜레라가 공기로 전염된다고 생각했었어요. 하지만 존 스노우는 먹는 물로 감염된다고 믿었어요. 스노우는 콜레라가 발생하는 위치를 지도상에 표시하며 통계를 내는 접근 방식으로 자신의 주장을 증명했어요. 그리고 오염된 수도관과 콜레라가 관계가 있음을 밝혀냈죠. 스노우의 이런 증명 방법은 지금도 공중 보건의 모델이 되고 있다고 해요.

최초의 전화기 발명
1854년

멘델의 유전 법칙
1855년

1854년

최초의 전화기 발명 과학
최초로 전화기를 발명했지만 인정받지 못하다

최초로 전화기를 발명한 사람은 이탈리아 사람인 안토니오 메우치랍니다. 하지만 가난했던 메우치는 특허 등록을 할 돈이 없어 기회를 놓쳤어요. 그런데다 설계도까지 도둑맞았죠. 결국 특허권은 그레이엄 벨이 받았고 진짜 발명가인 메우치는 오랫동안 전화기 발명가로 인정받지 못했어요. 그러다가 2002년 미국 의회가 '최초의 전화기 발명가는 메우치다.'라고 공식 선언하면서 명예를 회복했답니다.

1855년

멘델의 유전 법칙 과학
완두콩에서 찾은 유전의 원리

엄마는 쌍꺼풀이 있는데 왜 나는 없지? 이 질문에 대한 답은 멘델의 유전 법칙을 알면 설명할 수 있어요. 멘델은 부모의 형질이 자손에게 전해지는 유전의 법칙을 통계학적으로 증명해 낸 사람이에요. 10년 동안 완두콩을 관찰하며 찾아낸 이 유전의 원리는 현대 유전학의 가장 기본이 되는 법칙이지요.

1855년 ~1859년

- 세포이 항쟁 1857년
- 파스퇴르 발효 연구 1857년
- 석유 유정 굴착 성공 1859년

1857년
세포이 항쟁
종교 문제로 인도의 세포이가 영국에 저항한 민족 항쟁

1850년대까지 영국은 동인도 회사를 통해 인도를 간접적으로 통치하고 있었어요. 이때 동인도 회사가 고용한 인도 군인을 '세포이'라고 불렀지요. 세포이가 영국군과 대립하게 된 것은 종교적 이유 때문이었어요. 하지만 무력을 앞세운 영국군에 지고 말았답니다. 이 세포이 항쟁을 계기로 영국은 인도를 직접 통치하기 시작했어요. 세포이 항쟁은 인도 최초의 민족 항쟁이랍니다.

1857년
파스퇴르 발효 연구 〈의학〉
발효 연구로 질병의 원인을 밝히다

마트에서 파스퇴르 음료를 본 적이 있나요? 파스퇴르는 프랑스의 과학자 루이 파스퇴르의 이름에서 따온 것이랍니다. 파스퇴르는 발효에 대한 연구를 통해 전염성 질병의 원인이 미생물인 '세균'과 연관이 있다는 것을 밝혀냈어요. 그리고 더 나아가 이 유해한 미생물을 저온으로 가열 살균하는 '파스퇴르법'을 만들기도 했지요.

이렇게 가열하면 멸균 성공! 세균과 먼지가 들어갈 수 없지요.

백조 목 플라스크 / 수증기 물 안 썩음 / 고기 스프

1859년
석유 유정 굴착 성공
석유 채굴 방법을 알아내다

석유는 우리가 사용하는 대부분의 에너지를 만들어 내는 중요한 자원이에요. 석유를 땅속에서 퍼 올리는 시설을 '유정'이라고 해요. 세계 제1호 유정은 미국 펜실베이니아주의 작은 마을에 있던 드레이크 유정이에요. 석유 회사 공장장이었던 드레이크가 첫 굴착에 성공한 것을 기념하여 그 이름을 붙였어요.

▶ 세계 최초 유정인 드레이크 유정

1859년
다윈의 진화론 등장 `과학`
생물이 환경에 적응하며 진화한다는 이론

진화론은 생물이 생활 환경에 적응하면서 단순한 것에서부터 복잡한 것으로 진화한다는 학설이에요. 다윈은 갈라파고스군도라는 고립된 섬의 생태를 관찰한 것을 토대로 『종의 기원』이라는 책을 썼어요. 이 책은 현대 생명 과학 연구에 큰 영향을 끼친 걸작으로 평가되고 있어요.

▲ 진화하는 인간

1809년~1882년
찰스 로버트 다윈 `인물`
진화론의 창시자이며 『종의 기원』을 쓴 저자

찰스 로버트 다윈은 영국의 박물학자였어요. 에든버러 대학에서 의학을 전공하다 중퇴하고 신학을 공부하기도 했다고 해요. 그 후, 해군 측량선 비글호를 타고 남태평양의 여러 섬을 탐사한 경험을 토대로 진화론을 발표했지요.

1859년 ~1861년

동학 창시 1860년

포니 익스프레스 출현 1860년

1860년

동학 창시
최제우가 창시한 종교

서양에서 들어온 천주교를 서학이라고 해요. 이에 맞서 민족의 고유한 정신을 살리려는 동학이 등장했어요. 동학은 최제우가 창시했어요. '사람이 곧 하늘'이라는 인내천(人乃天: 사람 인, 이에 내, 하늘 천) 사상을 내세우며 평등을 강조했어요. 농민을 중심으로 퍼진 동학은 후에 동학 농민 운동에 큰 영향을 끼치게 된답니다. 지금은 천도교로 이름을 바꿔 전해지고 있어요.

> **잠깐 퀴즈** 조선 후기, '사람이 곧 하늘'이라는 사상을 담은 종교는?
> 정답) 동학

▲ 최제우

1860년

포니 익스프레스 출현
조랑말을 탄 우편배달부가 등장하다

포니(Pony)는 몸집이 작은 조랑말을 뜻해요. 포니 익스프레스는 이 조랑말을 타고 미국 대륙을 횡단하며 우편물을 배달하던 회사예요. 발 빠른 서비스로 대중들의 인기를 얻자마자 전보가 등장하면서 1년 만에 문을 닫았지요. 하지만 포니 익스프레스는 아직도 서부 개척 시대의 신화로 남아 있답니다.

뇌 해부	전보의 상용화	남북 전쟁 발발
1861년	1861년	1861년

제국주의 시대

◀ 폴 브로카

브로카 영역

1861년
뇌 해부 _{의학}
뇌를 해부하여 언어 능력 부위를 밝혀내다

프랑스 의사 브로카가 30년간 언어 능력이 없었던 사람의 뇌를 해부했어요. 브로카는 해부를 통해 대뇌 전두엽이 손상된 것을 알아냈고 뇌의 특정 부위가 언어 능력과 관련이 있음을 밝혀냈죠. 지금도 뇌에서 언어 영역을 담당하는 부분을 '브로카 영역'이라고 부른답니다.

1861년
전보의 상용화
전류를 이용해 긴급한 소식을 전하다

'전보'는 전류나 전파를 사용해 약속된 기호나 문자로 긴급한 소식을 보내는 통신 체계를 말해요. 1844년, 미국에서 최초로 전보가 이용된 이후 1861년에는 미국의 동쪽과 서쪽을 잇는 전신이 완성되면서 상용화되기 시작했어요.

▲ 오래된 전보

1861년
남북 전쟁 발발
미국의 남부와 북부가 세금과 노예 제도 문제로 벌인 전쟁

이 당시 미국 남부는 노예를 부려 면화를 재배했고 북부는 공장에서 물건을 만드는 제조업이 발달했어요. 두 지역이 관세와 노예 제도를 두고 대립하면서 미국은 남부와 북부로 나뉘어 전쟁을 벌이게 되었어요. 그것이 바로 남북 전쟁이죠. 남북 전쟁은 노예 해방을 주장하던 북부의 승리로 끝났어요. 이때 북부를 이끌던 인물이 링컨 대통령이랍니다.

1861년 ~1863년

『대동여지도』 제작	노예 해방 선언
1861년	1863년

1861년

『대동여지도』 제작
김정호가 만든 조선 전국 지도

『대동여지도』는 조선 후기 실학자인 김정호가 만든 우리나라 지도예요. 이전까지 있었던 지도를 모아 연구해서 만든 것이지요. 병풍처럼 접힌 22첩의 책을 이어 붙이면 세로 약 6.6m, 가로 4.0m에 이르는 『대동여지도』가 완성되는데, 인공위성도 비행기도 없던 시절에 지금과 비슷한 모양의 한반도 지형을 그려낸 매우 수준 높고 뛰어난 전국 지도랍니다.

> **잠깐 퀴즈** 『대동여지도』를 제작한 조선 후기 실학자의 이름은?
> 정답) 김정호

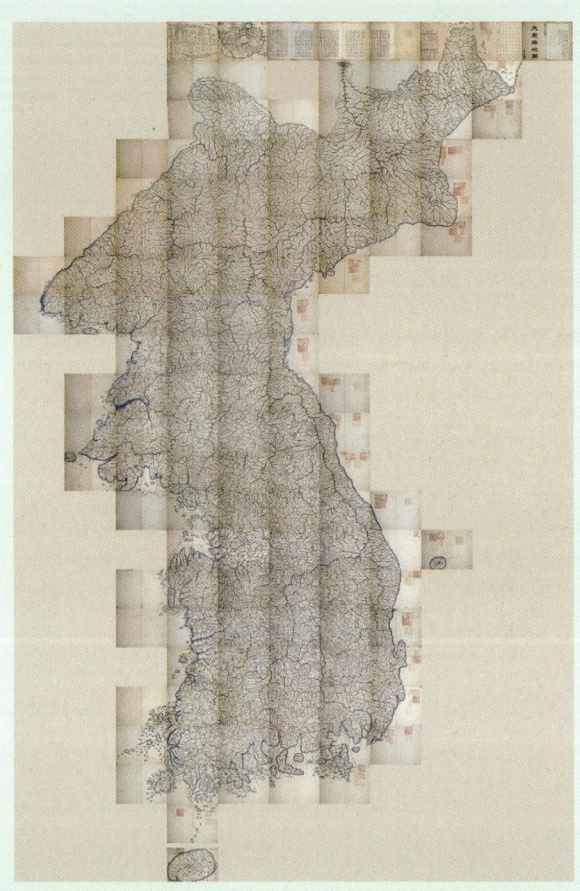

▶ 링컨의 노예 해방 선언문

1863년

노예 해방 선언
노예 제도 폐지의 시작

1863년, 링컨 대통령이 노예들에 대해 해방을 선포했어요. 하지만 이것은 노예를 위해서가 아니라 전쟁에서 유리한 위치를 차지하기 위해, 남부 반란 지역의 노예를 해방한다는 것이었지요. 이런 제약에도 불구하고 이 선언은 흑인 노예 제도 폐지에 중요한 출발점이 되었답니다.

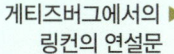

▶ 게티즈버그에서의 링컨의 연설문

▼ 게티즈버그 연설 당시 링컨

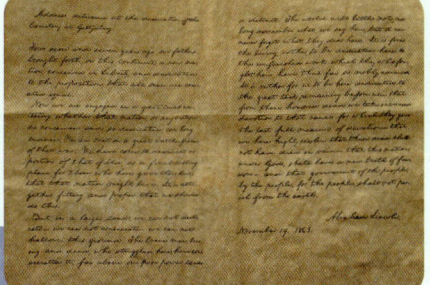

1863년
게티즈버그 전투
게티즈버그에서 남북 전쟁의 승패가 뒤바뀌다

게티즈버그 전투는 남북 전쟁 때 가장 격렬한 전투였어요. 이 전투의 결과로 남북 전쟁의 승패가 뒤바뀌었죠. 승리를 확신하던 남군이 북군에 패배하면서 북군이 남북 전쟁의 최종 승리자가 되었어요. 사실 이 전투를 더 유명하게 만든 것은 전투 후, 희생자를 추모하기 위해 링컨이 했던 '게티즈버그 연설'이에요. '국민의, 국민에 의한, 국민을 위한 정부'라는 링컨의 연설은 모르는 사람이 없을 정도니까요.

1809년~1865년
에이브러햄 링컨 인물
남북 전쟁을 이끈 지도자

에이브러햄 링컨(Abraham Lincoln)은 가난한 환경 때문에 학교 교육을 거의 받지 못했어요. 하지만 독학으로 변호사가 되고 미국의 16대 대통령까지 되었어요. 이런 그의 일생은 위인전에 자주 소개되고 있어요. 링컨은 남북 전쟁이 끝난 후, 워싱턴의 포드 극장에서 연극 관람 중 피격을 당해 사망했어요.

▶ 노예 해방을 주장했던 링컨

1863년 ~1867년

최초의 공상 과학 소설 등장 1864년

제너럴셔먼호 사건 1866년

1864년
최초의 공상 과학 소설 등장 `예술`
쥘 베른이 미래 과학 소설을 출간하다

SF 영화를 좋아하나요? 프랑스의 소설가 쥘 베른은 공상 과학(SF) 소설의 선구자로 불려요. 쥘 베른의 소설 『지구 속 여행』은 출판 사상 첫 번째 공상 과학 소설로 기록되어 있지요. 지금은 과학적으로 실현된 잠수함, 우주여행, 해상 도시 같은 것들이 150년 전 그의 소설 속에 다 들어 있었답니다.

1866년
제너럴셔먼호 사건 `한국사`
통상을 요구한 미국 상선에 불을 지른 사건

제너럴셔먼호는 미국의 무역선 이름이에요. 제너럴셔먼호는 통상을 요구하며 대동강을 타고 평양까지 들어왔어요. 하지만 이땐 흥선 대원군이 다른 나라와의 통상을 법으로 금지하고 있었던 때죠. 평안도 관찰사는 제너럴셔먼호에 떠날 것을 경고했지만 이들은 오히려 총과 대포로 위협하며 조선의 관리들을 잡아 가두기까지 했어요. 이에 화가 난 평양 주민들이 제너럴셔먼호를 공격하고 불태운 사건이 바로 제너럴셔먼호 사건이랍니다. 이 사건을 계기로 신미양요가 일어나기도 했어요.

| 병인양요 | 미국, 알래스카를 사다 | 제국주의 시대 |
| 1866년 | 1867년 | |

1866년

병인양요
병인년에 프랑스가 조선을 침략하여 벌인 전쟁

프랑스군은 천주교를 박해하고 선교사를 처형한 것에 대한 책임을 묻겠다며 강화도로 쳐들어왔어요. 프랑스군은 양헌수가 이끄는 조선군에 패해 프랑스로 돌아가면서 강화도 외규장각에 보관하고 있던 책들을 훔쳐 가기도 했답니다.

잠깐 퀴즈 병인양요는 조선과 어느 나라와의 전쟁인가요?
정답) 프랑스

1867년

미국, 알래스카를 사다
러시아 땅을 헐값에 사다

에스키모, 이글루, 오로라, 연어가 떠오르는 알래스카. 알래스카는 원래 러시아의 땅이었는데 미국이 720만 달러를 주고 샀어요. 미국의 국무장관이 이 땅을 살 때만 해도 얼음으로 뒤덮인 땅을 샀다고 조롱을 받았대요. 하지만 지금은 천연가스와 미국 전체 생산량의 25%나 되는 원유가 나오는 귀한 땅이 되었어요.

▲ 러시아와 캐나다 사이에 있는 알래스카주

1867년~1868년

다이너마이트 발명
1867년

1867년
다이너마이트 발명 _{과학}
노벨이 만든 폭발물

다이너마이트는 세계적인 노벨상을 만든 알프레드 노벨이 발명했어요. 처음에는 건설이나 광산 개발에 쓰기 위해 만들어졌죠. 노벨은 안전한 폭발물을 만들기 위해 화약과 도화선으로 폭약을 점화시키는 뇌관을 개발하기도 했어요. 다이너마이트로 큰 돈을 번 노벨은 자신의 재산 대부분을 노벨상 기금으로 남겼다고 해요.

▼ 노르웨이에 있는 노벨 평화 센터

| 무균 수술 성공 | 메이지 유신 |
| 1867년 | 1868년 |

1867년

무균 수술 성공 _{의학}

손과 수술 도구를 소독하여 무균 수술을 실시하다

예전에는 수술 후 패혈증에 걸려 죽는 사람들이 많았어요. 외과 의사 리스터는 파스퇴르의 세균 감염설을 토대로 수술 시 손과 도구를 철저히 소독했어요. 그러자 환자 사망률이 15%까지 줄어들었죠. 이렇게 시작된 무균 수술은 전 세계에 빠르게 퍼져 나가 많은 생명을 살렸어요.

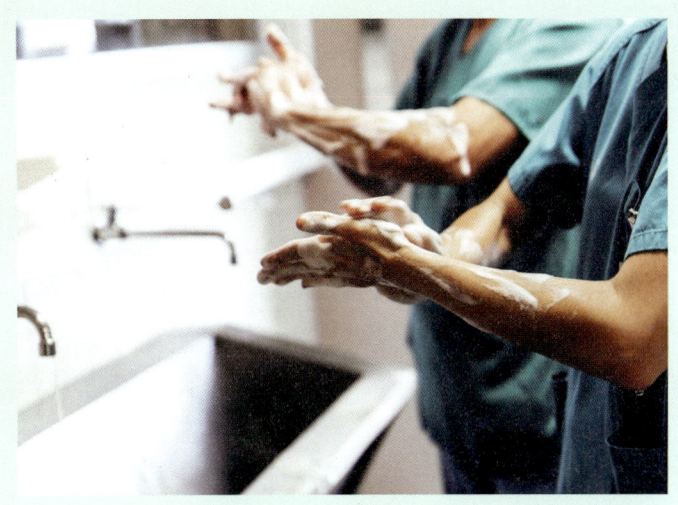

1868년

메이지 유신

일본의 막부를 무너뜨리고 중앙 집권 통일 국가를 세우다

유신(維新: 오직 유, 새로울 신)은 낡은 제도를 새롭게 고치는 것을 뜻해요. 일본이 미국에 의해 개항을 한 후, 메이지 천황이 에도 막부를 무너뜨리고 중앙 집권 통일 국가를 이룬 변혁을 메이지 유신이라고 하지요. 이 유신으로 일본에서는 자본주의와 입헌 정치가 시작되고 근대화가 빠르게 진행되었어요.

◀ 메이지 천황

1868년

남연군 묘 도굴 사건
1868년

흥선 대원군
1820년~1898년

1868년

 **남연군 묘 도굴 사건**
독일인이 남연군의 묘 도굴을 시도하다

'남연군'은 흥선 대원군의 아버지예요. 독일인 오페르트는 충청남도 예산에 있던 남연군의 묘를 몰래 도굴하려고 했어요. 남연군의 유골을 이용해 흥선 대원군에게 통상을 요구하려고 한 것이죠. 무덤을 파헤치는 것은 실패로 끝났어요. 하지만 화가 난 흥선 대원군은 나라의 문을 더욱 굳게 걸어 잠그고 천주교 박해를 강화하였어요.

▲ 예산군에 있는 남연군 묘

1820년~1898년

 **흥선 대원군** 〔인물〕
고종 임금을 대신한 아버지

'대원군'은 임금의 아버지를 높여 부르는 말이에요. 임금의 아버지가 왜 임금이 아니라 대원군이냐고요? 그건 철종 임금이 아들 없이 죽자, 먼 친척이었던 고종이 왕이 되었기 때문이에요. 이 고종의 아버지가 바로 흥선 대원군이죠. 흥선 대원군은 어린 고종을 대신해 오랫동안 조선을 다스렸어요. 나라를 개혁하기 위해 여러 가지 노력을 기울이기도 했지만, 외국과 교류하지 않겠다는 쇄국 정책을 펼친 인물로도 유명하답니다.

| 고종 | 명성 황후 |
| 1852년~1919년 | 1851년~1895년 |

1852년~1919년

고종 `인물`
조선의 마지막 왕이자 대한 제국의 황제

고종은 조선의 마지막 임금이에요. 아버지는 흥선 대원군이고 아내는 명성 황후죠. 고종은 일본을 비롯해 미국, 영국, 프랑스 등 힘센 나라들이 침략하는 어지러운 시기를 보냈어요. 그러한 가운데 조선이 자주독립국임을 알리기 위해 나라 이름을 '대한 제국'으로 바꾸고 제1대 황제가 되기도 했지요. 일본의 협박으로 강제로 물러나 아들인 순종에게 자리를 물려줬지만, 조선은 곧 일본에 의해 주권을 빼앗기고 말았어요.

1851년~1895년

명성 황후 `인물`
조선의 마지막 왕비

명성 황후는 조선의 마지막 임금인 고종의 왕비예요. 고종과 뜻을 합쳐, 시아버지인 흥선 대원군과 반대되는 개화 정책을 펼쳤지요. 또 명성 황후는 청나라와 러시아를 이용해 일본의 간섭을 피하려고 했어요. 이에 불만을 품은 일본이 궁으로 침입해 명성 황후를 죽이고 시체까지 불태우는 야만스러운 행동을 했지요. 이 사건을 '을미사변'이라고 해요.

> **잠깐 퀴즈** 일본이 조선의 왕비였던 명성 황후를 시해한 사건은?
> 정답) 을미사변

1868년 ~1870년

- 대륙 횡단 철도 개통 1869년
- 플라스틱 발명 1869년

1869년
대륙 횡단 철도 개통
미국의 서부와 동부를 잇는 철도를 개통하다

미국 땅은 아주 넓어요. 같은 미국 내에서도 동부와 서부 간에는 3시간의 시차가 있을 정도지요. 캘리포니아주의 세크라멘토에서 네브래스카주의 오마하를 잇는 길이 2,826km의 철도가 1869년 개통되었어요. 산과 평원, 사막을 지나 연결된 이 철도로 인해 서부로의 이주가 많아졌지요.

▲ 대륙 횡단 철도 완공 기념식에서 마지막 망치를 두들기는 찰나

1869년
플라스틱 발명 _{과학}
빨대, 페트병 등을 만드는 새로운 소재를 발명하다

플라스틱은 현재 인류 생활의 대부분을 차지하고 있는 물질이에요. 플라스틱은 더 나은 당구공 재료를 찾다가 만들어졌어요. 원래 당구공은 코끼리의 상아로 만들어졌는데 존 웨슬리 하이엇이 '셀룰로이드'를 발명하여 새로운 당구공을 만들었어요. 이것이 플라스틱의 첫 모습이지요. 후에 플라스틱은 영화 필름을 만드는 데도 쓰였답니다.

원소 주기율표 완성
1869년

트로이 유적지 발견
1870년

1869년
원소 주기율표 완성 과학
원소들을 화학적 성질에 따라 배열한 표

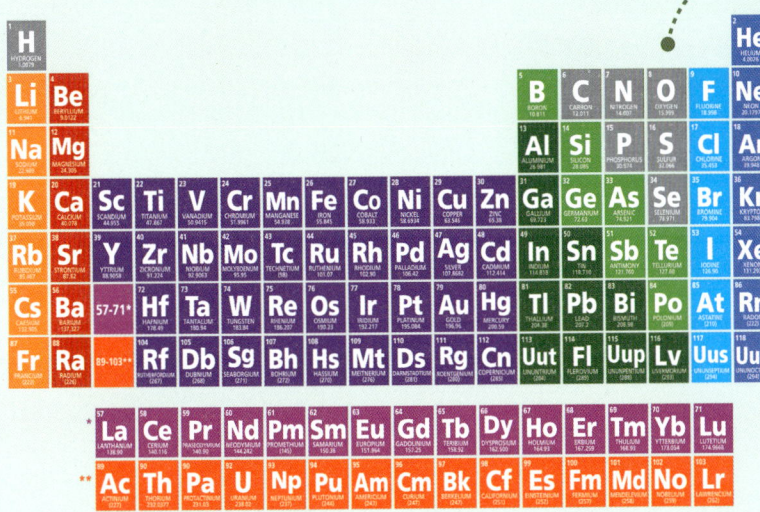

중학교 과학 시간에 꼭 외워야 하는 원소 주기율표. 주기율표는 원소를 원자 번호의 차례대로 배열한 것으로 러시아의 멘델레예프가 처음 만들어 발표했어요. 원소는 세상 만물을 이루는 기본 순물질을 의미하는데 이 원소들은 일정하고 반복되는 성질을 가지고 있지요. 멘델레예프는 그 성질을 바탕으로 주기율표를 만들었어요.

1870년
트로이 유적지 발견
신화로 존재하던 트로이 유적지를 발견하다

나무로 만든 커다란 목마에 군사들이 숨어 있다가, 트로이를 공격해 멸망시켰다는 이야기는 「일리아스」라는 서사시에 전해 내려오는 신화인 줄만 알았어요. 그런데 1870년, 하인리히 슐리만이 이 유적지를 찾아 발굴하기 시작하면서 고대 도시 트로이가 세상 밖으로 나오게 되었죠. 기원전부터 시작해 4,000년이 넘는 역사를 간직한 트로이는 세계에서 가장 유명하고 복잡한 유적지 가운데 하나예요.

◀ 트로이 목마

1870년 ~1876년

- 신미양요 1871년
- 척화비 건립 1871년
- 인상주의 탄생 1874년

1871년

신미양요
신미년에 미국이 조선을 침략하다

프랑스에 이어 미국도 조선의 강화도를 침략했어요. 제너럴셔먼호를 불태운 사건을 빌미로 조선에 통상을 요구하려고 한 것이었죠. 조선군의 강력한 저항으로 20여 일 만에 스스로 물러갔지만, 이 싸움으로 인해 어재연 장군을 비롯한 많은 사람이 희생되었답니다.

1871년

척화비 건립
서양과 교류하지 않겠다는 의지를 알린 비석

척화(斥和: 물리칠 척, 화목할 화)는 사이 좋게 지내지 않겠다는 뜻이에요. 흥선대원군은 병인양요와 신미양요를 겪으면서 다른 나라와 통상 수교를 거부하겠다는 정책을 강화했어요. 그것을 상징하는 것이 바로 척화비죠. 이 비석에는 '외세가 침범했는데 싸우지 않는 것은 곧 화친하는 것이고 화친을 주장하는 것은 나라를 파는 것이다.'라는 글이 새겨져 있어요.

1874년

인상주의 탄생 `예술`
빛과 색채의 순간적인 현상을 표현하다

인상주의는 19세기 후반 프랑스를 중심으로 시작된 근대 예술 운동의 한 갈래로 현대 미술의 시작으로 인정받고 있어요. 색채, 질감 등을 강조하며 그때의 분위기를 표현하는 기법이에요. '인상주의'라는 말은 1874년, 모네가 그린 「인상: 해돋이」라는 작품에서 이름을 따왔다고 해요.

▲ 모네가 그린 「인상: 해돋이」

모네 ▶

운요호 사건
1875년

강화도 조약
1876년

1875년

운요호 사건
운요호, 강화도에 불법 침입하다

'운요호'는 일본 군함의 이름이에요. 일본은 조선의 해안을 측량한다는 핑계로 운요호를 끌고 강화도까지 올라왔어요. 이에 강화도를 지키던 조선군이 대포를 쏘자 운요호도 대포를 쏘며 대응했지요. 일본은 이 사건에 대한 책임을 묻겠다며 조선에 군대를 보내 무력으로 압박하여 일본에 유리한 강화도 조약을 맺게 하였어요.

> **잠깐 퀴즈** 일본이 운요호를 몰고 와 전쟁을 벌인 곳은?
> 정답) 강화도

1876년

강화도 조약
일본과 강제로 맺은 최초의 근대적 조약이자 불평등 조약

일본은 운요호 사건을 구실로 조선에 군함을 파견해 억지로 통상 조약을 맺었어요. 이 조약의 이름은 '조일 수호 조규'인데 강화도에서 이루어져서 강화도 조약이라고 하지요. 강화도 조약은 조선이 외국과 맺은 최초의 근대적 조약이지만 내용은 일본에게만 유리한 불평등 조약이었어요.

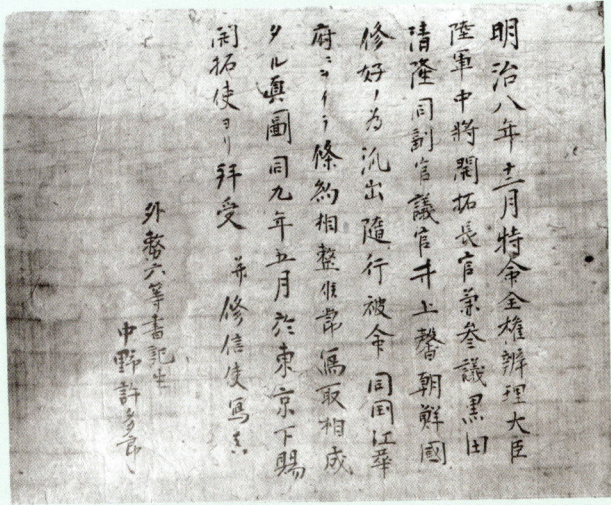
▲ 강화도 조약 관련 보고서

1876년 ~1878년

최초의 전화기 특허
1876년

1876년

최초의 전화기 특허
벨이 전화기 발명을 최초로 공식화하다

멀리 있는 소식을 전해 주는 전화기는 생활필수품 중 하나죠. 전화기의 원리를 발견하고 최초의 전화기를 발명한 사람은 안토니오 메우치예요. 우리가 전화기 발명가로 알고 있는 그레이엄 벨은 엄밀히 말하자면 전화기를 최초로 특허 낸 사람이에요. 그동안 벨이 특허권을 가지고 있었기 때문에 많은 사람이 그의 발명품이라고 생각했던 것이죠.

▲ 벨의 전화기 사용 모습

▼ 전화기의 발전 과정

촛대 전화기 → 벽걸이 전화기 → 다이얼 전화기 → 현재 전화기

잠깐 퀴즈 최초로 전화기를 발명한 사람은?
정답) 안토니오 메우치

축음기 발명
1877년

전구 등장
1878년

1877년
축음기 발명 과학
원반에 녹음한 소리를 바늘로 듣는 기계를 발명하다

축음기는 녹음한 음성이나 노래를 재생하는 장치예요. 녹음기나 MP3처럼요. 축음기를 처음 발명한 사람은 발명왕 에디슨이에요. 처음 축음기의 모습은 지금과는 조금 다르지만 원반에 홈을 파서 소리를 녹음하고 바늘을 사용해 소리로 재생시키는 장치였죠.

▲ 그의 두 번째 축음기와 함께 한 에디슨

초창기 형태 ▶

1878년
전구 등장 과학
에디슨이 탄소 필라멘트 전구를 개발하다

전구를 에디슨이 처음 발명한 것은 아니에요. 영국의 스완이라는 사람이 유리구 안에 필라멘트를 넣은 전구를 먼저 발명했었죠. 에디슨은 스완이 만든 전구의 문제점을 보완하기 위해 6,000가지의 다른 소재로 실험을 했대요. 그 결과 40시간 동안 빛나는 전구를 개발했고, 다음 해에는 1,500시간을 견디는 전구를 만들었지요.

▲ 에디슨이 발명한 탄소 필라멘트 전구

1878년 ~1883년

에디슨 1847년~1931년

임오군란 1882년

1847년~1931년

에디슨 〔인물〕
세계에서 가장 많은 발명을 남긴 발명왕

발명왕으로 불리는 에디슨은 천 개 이상의 특허를 가지고 있어요. 자동 발신기, 축음기, 전화 송신기, 축전지 등 우리 생활에 필요한 것들을 발명했죠. 에디슨은 학교 교육을 거의 받지 못했지만 과학 실험에 관심이 많았어요. 끊임없이 연구하고 도전하여 이룬 업적들입니다.

1882년

임오군란
구식 군대가 차별에 반대하며 일으킨 반란

조선 고종 때 구식 군대의 군인들이 신식 군대인 별기군과의 차별 대우에 항의하며 일으킨 반란이 임오군란이에요. 임오년에 일어난 난이라서 임오군란이죠. 구식 군대는 신식 군대의 힘이 되어준 일본 공사관을 공격하며 세력을 떨쳤지만, 곧 진압되고 말았어요.

▲ 임오군란 때 일본 공사관에서 기념 촬영

잠깐 퀴즈 우리나라 최초의 근대적 신식 군대의 이름은?

정답) 별기군

태극기 최초 사용	원산 학사 설립
1882년	1883년

▲ 현재까지 발견된 가장 오래된 태극기

1882년

태극기 최초 사용
박영효가 만든 조선을 대표하는 국기

조선은 서양 여러 나라와 외교 관계를 맺으면서 국기의 필요성을 느끼기 시작했어요. 그러던 중 수신사로 일본의 문물을 시찰하러 가던 박영효가 배 안에서 태극기를 처음 만들었지요. 그 이후 태극기가 정식 국기가 되었지만, 모양도 크기도 다른 경우가 많았어요. 1948년에야 지금의 모습으로 통일된 것이랍니다.

1883년

원산 학사 설립
최초의 근대적 교육 기관

원산 학사는 원산에 최초로 세워진 중등학교예요. 원산은 조선에서 가장 먼저 문을 연 항구 중 하나였어요. 이곳의 세력가들은 근대 지식을 갖춘 인재를 길러야 한다는 생각에 원산 학사를 세웠어요. 서당을 고쳐 근대 학문을 가르치는 학교로 만든 것이죠.

> **잠깐 퀴즈** 우리나라 최초의 근대 학교 이름은?
> 정답) 원산 학사

1883년 ~1884년

본초 자오선 결정
1884년

1884년
본초 자오선 결정 [과학]
세계 시간의 기준을 세우다

본초 자오선은 지구의 경도를 결정하는 데 기준이 되는 자오선이에요. 이 자오선이 전 세계 시각의 기준이 되지요. 1884년 전에는 나라마다 다른 자오선을 사용하고 있었어요. 그러다가 통일된 자오선의 필요성을 느끼게 되었고 국제 자오선 회의를 통해 영국의 그리니치 천문대를 기준으로 삼게 되었어요.

▲ 본초 자오선

잠깐 퀴즈 본초 자오선의 기준이 되는 천문대는?
정답) 영국의 그리니치 천문대

◀ 그리니치 천문대

| 청프 전쟁 | 우정국 설치 |
| 1884년 | 1884년 |

1884년
청프 전쟁
베트남을 식민지로 삼으려 일으킨 전쟁

베트남은 청나라에 조공을 바치며 청나라와 관계를 맺고 있었어요. 그런데 프랑스가 베트남을 공격하며 식민지로 삼고자 했죠. 이렇게 베트남에 대한 종주권을 두고 청나라와 프랑스 사이에 벌어진 전쟁이 청프 전쟁이에요. 이 전쟁은 베트남에 대한 프랑스의 보호권을 인정하는 것으로 끝이 났어요.

▲ 청프 전쟁 모습

1884년
우정국 설치
최초의 근대적 우편 업무 관청

조선 후기에 우편 업무를 맡았던 관청의 이름이 우정국이에요. 지금의 우체국과 같은 기관이라고 생각하면 돼요. 조선은 원래 역원 제도를 통해 소식을 주고받았는데 우정국이 생기면서 근대적 통신 우편 체제를 갖췄어요. 그리고 외국과의 우편물 교환 협정도 맺었죠. 하지만 우정국은 문을 열고 5일 만에 갑신정변이 일어나면서 폐지되었어요.

▲ 서울에 있는 우정총국

1884년~1885년   갑신정변 1884년   김옥균 1851년~1894년

1884년
갑신정변
자주독립과 근대화를 위해 일으킨 정변

'개화사상'은 낡은 사상과 풍속을 버리고 새로운 문화를 일으키고자 하는 사상이에요. 조선 후기에 이런 개화사상을 가지고 있던 사람들이 조선의 자주독립과 근대화를 목표로 정변을 일으켰어요. 이들은 우정국의 개설을 축하하는 날, 반대파를 제거하고 권력을 잡았지만, 청나라 군대에 의해 3일 만에 실패로 끝나고 말았지요.

1851년~1894년
김옥균
갑신정변을 주도한 개혁가

귀족 집안에서 태어나 젊은 나이에 벼슬길에 올랐던 김옥균은 일본을 다녀온 뒤, 조선도 일본처럼 개화를 해야 한다는 생각을 가지게 되었어요. 그런 뜻을 이루기 위해 우정국 개설을 축하하는 날을 맞아 정변을 일으켰죠. 갑신정변이 3일 만에 실패로 돌아가자 일본으로 건너갔다가 자객에게 암살당해 생을 마감했어요.

서재필	체인 자전거 등장
1864년~1951년	1885년

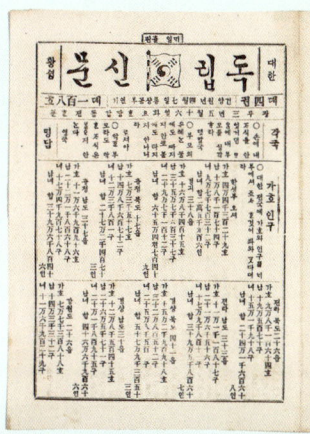
▲ 독립신문

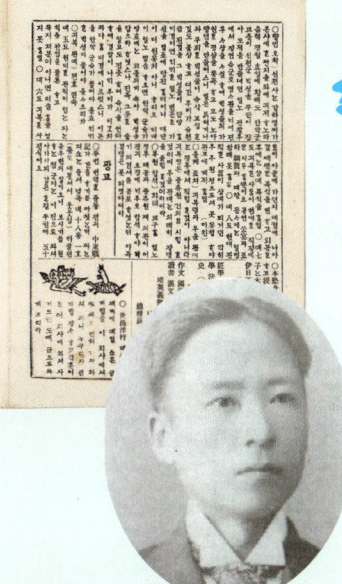

1864년~1951년

서재필 인물
「독립신문」을 창간한 독립운동가

서재필은 김옥균과 함께 갑신정변을 주도했던 인물 중 하나예요. 갑신정변의 실패와 함께 서재필은 미국으로 건너갔어요. 미국에서 의학을 공부하고 10년 만에 다시 조선으로 돌아와 최초의 민간 신문인 「독립신문」을 창간했답니다. 이후 독립 협회를 만드는 등 조선의 독립과 자주 근대화에 크게 기여했지요.

> **잠깐 퀴즈** 순 한글로 발간된 우리나라 최초의 민간 신문은?
> 정답) 「독립신문」

1885년

체인 자전거 등장
현대 자전거의 원형

1839년 맥밀런의 자전거 이전의 자전거는 땅을 차며 움직여야 했어요. 그러다 맥밀런이 발판을 밟아서 움직이는 자전거를 만들었죠. 그리고 40여 년 후, 영국에서 체인으로 움직이는 자전거가 등장했어요. 이 자전거는 페달을 밟는 힘으로 자전거가 움직이고 앞바퀴의 방향 조정 장치로 구성된 현대 자전거의 원형이랍니다.

▲ 체인으로 뒷바퀴가 움직이는 로버 세이프 자전거

1885년

최초의 자동차 등장
1885년

1885년

최초의 자동차 등장
칼 벤츠가 만든 자동으로 움직이는 마차

최초의 자동차는 독일 공학자 칼 벤츠가 만들었어요. 엔진과 기어가 있는 이 자동차는 한 명만 탈 수 있었고 마차처럼 생긴 삼륜차 구조였죠. 같은 해에 다임러도 사륜 자동차를 만들었어요. 그가 만든 자동차 회사가 메르세데스예요. 후에 벤츠와 다임러의 회사가 합병하면서 메르세데스-벤츠(Mercedes-Benz) 회사가 탄생한 것이죠.

▲ 칼 벤츠가 만든 삼륜 자동차   ▲ 다임러가 만든 사륜 자동차

| 최초의 오토바이 제작 | 자유의 여신상, 뉴욕 도착 |
| 1885년 | 1885년 |

1885년
최초의 오토바이 제작
다임러가 만든 자동으로 가는 이륜차

최초의 오토바이는 자전거와 자동차의 중간 즈음에 있는 것이었어요. 자전거처럼 2개의 바퀴를 가진 몸체에 자동차처럼 내연 기관을 장치한 것이었죠. 최초의 오토바이는 사륜 자동차를 만든 다임러가 개발했어요. 그의 발명품은 세계 1차 대전 중에 연락병용으로 사용되면서 인기가 치솟았다고 해요.

▲ 다임러의 이륜차

잠깐 퀴즈 자동 이륜차인 최초의 오토바이를 만든 사람은?
정답) 다임러

▲ 현대의 오토바이

1885년
자유의 여신상, 뉴욕 도착
미국 리버티섬에 자유를 상징하는 여신상을 세우다

미국을 상징하는 자유의 여신상은 미국 독립 100주년을 축하하는 프랑스의 선물이었어요. 정식 명칭은 '세계를 비치는 자유'이죠. 이 여신상은 9년의 제작 기간을 거쳐 완성되었고, 프랑스 에펠탑을 만든 구스타브 에펠이 분해와 조립을 지휘해 미국으로 옮겼다고 해요. 자유의 여신은 총 93.5m에 달하고 오른손에는 자유를 상징하는 횃불을, 왼손에는 독립 선언서를 들고 있어요.

1885년~1888년

파스퇴르 백신 개발 1885년 · 순수 알루미늄 채취 1886년

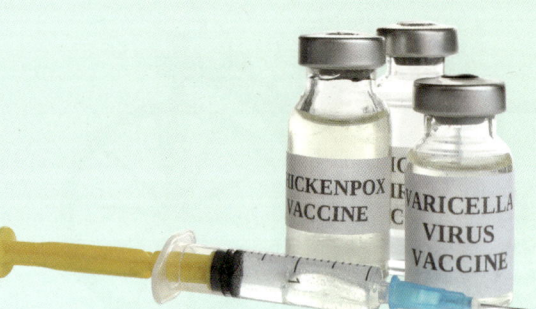

1885년
파스퇴르 백신 개발 _{의학}
파스퇴르가 만든 백신으로 예방 접종 개념이 생기다

백신(Vaccine)은 전염병에 대한 면역을 만들어 내는 의약품을 일컬어요. 이 백신을 몸속에 투여하는 것이 예방 접종이죠. 최초의 백신은 천연두를 치료하는 종두법이었어요. 이후 프랑스의 미생물학자 파스퇴르가 광견병 백신을 개발하면서 예방을 위한 접종에까지 의미를 확장했죠. 백신이라는 이름도 파스퇴르가 처음 사용하기 시작했답니다.

1886년
순수 알루미늄 채취 _{과학}
전기 분해로 알루미늄을 채취하다

알루미늄은 가볍고 전기가 잘 통하고 합금이 쉬워서 배, 비행기, 전기 발전 산업 등에 사용되는 물질이에요. 알루미늄 캔이나 부엌의 알루미늄 포일을 생각하면 쉬울 거예요. 알루미늄은 원석에서 분리하는 것이 어려워 아주 비싼 금속이었어요. 그러다가 1886년 미국의 화학자 홀이 전기 분해를 통해 순수한 알루미늄을 분리하는 방법을 개발하면서 생활 속에 사용되기 시작했어요.

▲ 순수 알루미늄

▲ 알루미늄 포일 접시

콜라 등장	전파의 발견
1887년	1888년

1887년
콜라 등장
세계인을 사로잡은 탄산음료

세계인을 사로잡은 탄산음료 콜라! 하루 약 10억 병이 팔리는 콜라를 처음 개발한 사람은 펨버튼이라는 약제사였어요. 펨버튼은 코카 나뭇잎과 콜라 열매를 이용해 두통약으로 사용할 음료수를 만들었어요. 그것을 아사 캔들러가 인수해 세계적인 브랜드로 만들었죠. 우리나라에 콜라가 처음 들어온 것은 1950년대 6·25 전쟁에 참여했던 미군을 통해서였다고 해요.

1888년
전파의 발견 _{과학}
무선 신호가 가능한 전자기파를 발견하다

독일의 물리학자 헤르츠(Hertz)는 눈에 보이지 않는 파동을 측정하는 연구를 했어요. 헤르츠는 빛의 속도로 움직이며, 전자기 형태를 가진 전파를 발견했어요. 전파는 라디오파라고도 하는데 그 이름처럼 라디오나 TV, 내비게이션, 휴대 전화 등의 신호 전달 방법으로 주로 많이 쓰인답니다.

> **잠깐 퀴즈** 전파를 발견한 독일의 물리학자 이름은?
> 정답) 헤르츠

1888년 ~1890년

상자형 카메라 등장 1888년

공기 타이어 발명 1888년

1888년
상자형 카메라 등장 〔과학〕
최초의 휴대용 카메라

1826년 빛을 이용한 사진술이 생긴 이후, 사진의 기술은 조금씩 발전하고 있었어요. 그러다가 1888년 미국의 필름 회사 사장인 이스트먼이 상자형 카메라를 개발했어요. 이때부터 사람들은 사진기를 가지고 다니며 직접 사진을 찍을 수 있게 되었어요. 이 카메라의 이름이 코닥(Kodak)인데 이스트먼은 회사 이름도 코닥으로 바꿨어요.

▲ 사진기 판매를 위한 코닥 광고

1888년
공기 타이어 발명 〔과학〕
공기가 든 고무 타이어를 발명하다

최초의 공기 타이어는 스코틀랜드의 수의사가 아들을 위해 만든 것이었어요. 수의사 던롭은 아들이 자전거를 좀 더 편하게 탈 수 있도록 정원용 호스를 자전거 바퀴에 맞게 개량해 특허를 냈어요. 공기 타이어는 엄청난 인기를 끌었고 곧 자동차에도 쓰이기 시작했지요.

| 에펠탑 | 운디드 니 학살 |
| 1889년 | 1890년 |

제국주의 시대

1889년

에펠탑
프랑스 혁명 100주년을 기념하여 만든 철탑

에펠탑은 프랑스 혁명 100주년을 기념해 구스타브 에펠의 설계로 세워진 320m의 철탑이에요. 이 에펠탑이 처음 세워졌을 때 사람들은 파리와 어울리지 않는 '철골 덩어리'라며 비웃었다고 해요. 당시 세계에서 가장 높은 건물이자 엘리베이터가 설치된 최초의 건물이었던 에펠탑은 1909년 철거될 예정이었지만 무선 안테나로 이용할 수 있게 되면서 해체가 중단되어 지금까지 남아 있게 되었답니다.

1890년

운디드 니 학살
아메리카 인디언의 마지막 저항

아메리카 대륙을 점령한 유럽의 백인들은 원주민인 인디언을 보호 구역에 몰아넣었어요. 그리고 인디언의 땅을 강제로 빼앗고 생활 방식을 바꾸려고 했어요. 이에 저항하던 인디언 200여 명을 미군이 학살한 사건이 바로 운디드 니 학살이에요. 이 사건은 미군과 인디언 사이의 마지막 전투로 기록되고 있답니다.

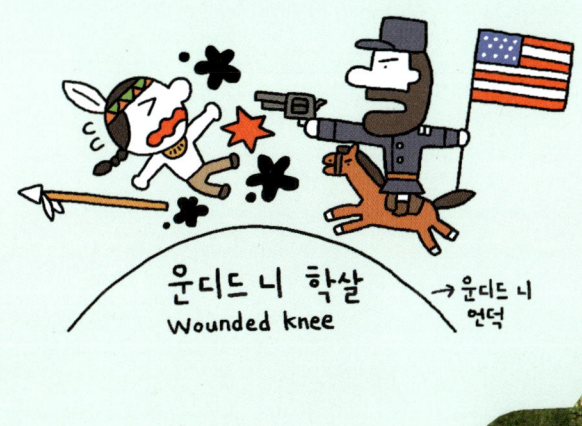

1890년 ~1893년

| 활동사진 영사기 개발 1891년 | 디젤 엔진 특허 1892년 |

1891년
활동사진 영사기 개발 과학
에디슨이 발명한 30초짜리 영화 상영 기계

영화 상영의 시초가 된 발명품을 개발한 사람은 에디슨이에요. 에디슨은 기계를 만들기 전에 활동사진 영사기라는 개념만 가지고 특허를 먼저 받았어요. 그리고 1891년 그의 조수 딕슨과 함께 움직이는 이미지를 보여 주는 '키네토스코프'를 개발했죠. 이 키네토스코프는 한 번에 한 사람이 작은 창을 통해 들여다보는 형태로 30초짜리 영화를 보여 주었다고 해요.

◀ 키네토스코프 내부 모습

1892년
디젤 엔진 특허 과학
공기를 압축하여 연료를 태워 그 힘으로 움직이는 엔진

디젤 엔진으로 처음 특허를 받은 사람은 누구일까요? 바로 디젤이에요. 루돌프 디젤은 처음으로 공기를 압축한 열에 의해 불이 붙어서 움직이는 엔진으로 특허를 냈어요. 이후 디젤 엔진은 자동차, 기차, 배 등 다양한 분야에 이용되기 시작했어요.

▲ 디젤이 발명한 엔진

여성 참정권 운동
1893년

표현주의 탄생
1893년

1893년

여성 참정권 운동
여성의 투표권을 세계 최초로 인정하다

18세기 시민 혁명을 계기로 민주주의가 대두되면서 모든 국민에게 참정권이 주어졌어요. 하지만 남성 위주였고 여성에게는 참정권이 없었죠. 이때, 뉴질랜드의 여성들이 여성의 투표권을 요구하는 청원서를 냈어요. 처음에는 많은 반대가 있었지만 끊임없는 노력으로 1893년 선거법이 개정되었답니다. 이로써 뉴질랜드는 여성에게 참정권을 부여한 최초의 자치 국가가 되었어요. 우리나라는 1948년에 여성에게 선거권이 주어졌어요.

1893년

표현주의 탄생 예술
내면의 감정을 강렬한 색채로 표현하다

인상주의 이후, 프랑스와 독일에서 표현주의가 시작되었어요. 인상주의가 눈에 보이는 세계를 그렸다면 표현주의는 눈에 보이지 않는 불안, 공포, 기쁨, 슬픔 등의 감정이 강하게 드러나는 그림을 그렸어요. 사진이나 그림으로 패러디되고 있는 뭉크의 「절규」라는 작품이 표현주의를 대표하지요.

> **잠깐 퀴즈** 표현주의를 대표하는 작가 중 「절규」를 그린 화가는?
> 정답) 뭉크

▲ 뭉크의 「절규」

▲ 이중섭의 「흰 소」

1893년~1894년

대관람차 등장 1893년 · **동학 농민 운동** 1894년

1893년
대관람차 등장
거대한 바퀴가 돌아가는 건축물을 만들다

대관람차의 미국식 명칭은 페리스 휠(Ferris Wheel)이에요. 이 기구를 처음 만든 발명가의 이름을 딴 것이죠. 거대한 바퀴 둘레에 작은 방 여러 개가 매달려 돌아가는 대관람차는 미국 시카고에서 열린 세계 박람회를 상징하는 건축물이었어요. 프랑스 파리 박람회를 상징하는 에펠탑처럼요. 이후 100여 년이 흐르면서 각 나라에 퍼져 놀이 기구처럼 사용되고 있죠.

1894년
동학 농민 운동
탐관오리의 횡포에 맞선 농민 운동

동학교도와 농민들이 힘을 합쳐 일으킨 사회 개혁 운동이 동학 농민 운동이에요. 전라도 군수의 횡포와 동학 탄압을 참다못한 농민들이 고부 관아를 습격하면서 일어났죠. 천민 차별을 없애고 땅을 골고루 나누어 농사짓는 개혁을 주장한 농민군은 한때 전라도를 점령하며 힘을 키웠어요. 하지만 일본군과 관군에게 패해 실패로 끝났어요.

| 전봉준 | 갑오개혁 |
| 1855년~1895년 | 1894년 |

1855년~1895년

전봉준 인물
동학 농민 운동을 이끈 녹두 장군

전봉준은 동학 농민 운동을 이끈 지도자예요. 동학에 입교한 전봉준은 고부에서 일어난 농민 봉기를 주도하며 동학 농민 운동에 앞장섰어요. 사람들은 전봉준을 '녹두 장군'이라고 불렀대요. 장군의 몸이 왜소해서 작은 녹두에 비유해 붙인 별명이었죠. 농민군이 공주 우금치 전투에서 크게 패한 후, 전봉준은 관군에 체포되어 처형되었어요.

> **잠깐 퀴즈** 동학 농민 운동을 이끈 사람으로 녹두 장군이라고도 불린 사람은?
> 정답) 전봉준

1894년

갑오개혁
조선 정부가 추진한 개혁 정치

동학 농민 운동으로 깜짝 놀란 조선 정부는 개혁이 필요함을 느끼게 되었어요. 정부는 청나라에 의존하지 않겠다는 뜻을 밝히고 양반과 평민을 구분하는 신분 제도를 바꾸겠다며 홍범 14조를 선포하고 개혁에 나섰어요. 하지만 일본의 간섭으로 제대로 시행되지 못해 아쉬움을 남겼지요.

1894년 ~1895년

청일 전쟁 1894년

X선 발견 1895년

1894년

청일 전쟁
청나라와 일본이 조선의 지배권을 놓고 다툰 전쟁

조선이 동학 농민 운동 진압을 위해 청나라에 도움을 청하자 일본군도 돕겠다며 군사를 보냈어요. 청나라와 일본은 동학 농민 운동이 실패로 돌아간 후에도 조선을 떠나지 않고 조선에 대한 지배권을 놓고 다투기 시작했어요. 조선 땅에서 벌어진 청일 전쟁은 결국 일본의 승리로 끝이 났어요. 일본은 승전 대가로 중국으로부터 거액의 돈과 함께 랴오둥반도와 타이완섬을 넘겨받았대요.

▲ 평양 전투를 그린 한 일본 만화

> **잠깐 퀴즈** 청일 전쟁에서 승리한 나라는?
> 정답) 일본

1895년

X선 발견 〔과학〕
알 수 없는 광선을 발견하다

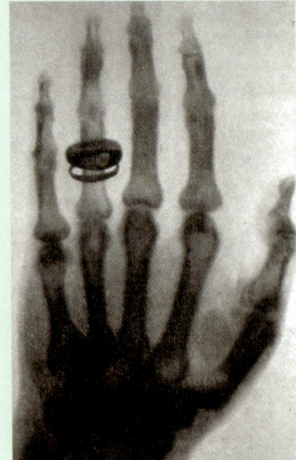
▲ 뢴트겐이 X-ray로 찍은 방사선 사진

▲ 뢴트겐 박물관

병원에서 엑스레이(X-ray)를 찍어 본 적이 있나요? 엑스레이를 X선이라고도 해요. 독일의 물리학자 뢴트겐은 음극선 실험을 하다가 우연히 X선을 발견했어요. 그때까지 알려지지 않은, 알 수 없는 새로운 광선이라서 X선이라고 불렀죠. 이 발견으로 뢴트겐은 노벨 물리학상을 받았어요.

을미사변 신돌석
1895년 1878년~1908년

1895년

을미사변
을미년에 일어난 명성 황후 시해 사건

청일 전쟁에서 이긴 일본은 조선을 자기 마음대로 움직이려 했어요. 하지만 고종의 부인인 명성 황후가 러시아와 손을 잡고 일본과 맞섰죠. 이에 불만을 품은 일본은 총칼로 무장한 무사를 경복궁으로 보내 명성 황후를 죽이고 시신을 불태웠어요. 이 사건이 바로 을미사변이랍니다.

▲ 명성 황후가 시해된 장소로 추측되는 경복궁 건청궁 곤녕합 옥호루

▲ 건청궁 현판

잠깐 퀴즈 고종의 부인은 누구인가요?
정답) 명성 황후

1878년~1908년

신돌석 인물
평민 출신의 항일 의병장

청일 전쟁에서 이긴 일본은 조선에 대한 간섭을 본격적으로 하기 시작했어요. 그러다 자신들에게 걸림돌이 되는 명성 황후까지 죽였죠. 이에 분노한 조선의 백성들은 일본에 대항하는 의병을 일으켰어요. 의병 중 신돌석은 평민 출신 의병장으로 일본군에 큰 타격을 주었어요. 백성들은 신돌석을 믿고 따르며 그를 '태백산 호랑이'라고도 불렀다고 해요.

◀ 신돌석 장군 흉상

1895년 ~1896년

스크린을 통한 영화 상영 1895년

최초의 수력 발전소 1895년

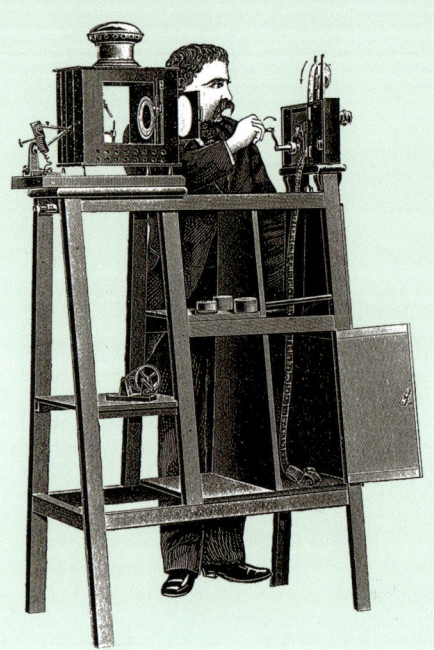

▲ 뤼미에르 형제의 시네마토그래프의 모습

1895년

스크린을 통한 영화 상영
최초의 필름 영사기를 개발하다

에디슨이 활동사진 영사기 키네토스코프를 발명하고 약 4년 후, 뤼미에르 형제가 시네마토그래프를 개발했어요. 이 장치는 1초에 16프레임을 넘기며 움직이는 영상을 보여 주었죠. 시네마토그래프는 지금의 영화처럼 큰 스크린을 통해 여러 사람이 볼 수 있는 최초의 필름 영사기였어요.

▲ 시네마토그래프

1895년

최초의 수력 발전소
폭포에서 전기를 얻다

인류는 오래전부터 폭포를 이용해 동력을 얻었어요. 그러다 1895년 거대한 나이아가라 폭포에 최초의 수력 발전소를 세우고 주변 지역에 전기를 공급하기 시작했죠. 우리나라 최초의 수력 발전소는 일제 강점기인 1905년, 북한 지역에 세워진 운산 수력 발전소였어요.

▼ 나이아가라 폭포

▼ 나이아가라 폭포에 있는 수력 발전소

| 지구 온난화 예측 | 근대 올림픽 개최 |
| 1896년 | 1896년 |

◀ 빙하가 녹아 살 곳이 없는 북극곰

1896년
지구 온난화 예측 〔과학〕
뜨거워질 지구를 예측하다

빙하 시대를 연구하던 스웨덴의 화학자가 '온실 효과'에 대한 이야기를 펼쳤어요. 이산화탄소가 증가하면 지구의 기온이 상승하면서 온실과 같은 환경이 된다는 이론이었죠. 그 당시는 이산화탄소 배출량이 많지 않아서 그저 예측에 불과했어요. 120여 년이 지나 지구 온난화가 현실이 될 줄, 그때는 몰랐을 거예요.

잠깐 퀴즈 지구 온난화의 주원인이 되는 기체는?
정답) 이산화탄소

1896년
근대 올림픽 개최
제1회 근대 올림픽을 개최하다

그리스 올림피아 경기가 기원인 고대 올림픽은 393년에 중단되었어요. 그러다 1,500년 만에 근대식 올림픽 경기가 다시 시작되었어요. 고대 올림픽의 발상지인 그리스 아테네에서요. 이후 4년마다 올림픽 경기가 열리게 되었고 점차 세계 여러 나라가 참여하게 되었답니다. 제2회 올림픽은 프랑스 파리에서 열렸어요.

아테네의 파나티네코 경기장 ▶

1896년

방사능 발견
1896년

아관파천
1896년

1896년

방사능 발견 과학
우라늄 광석에서 방사능을 발견하다

방사능은 병원에서 이용되는 방사선 치료뿐 아니라 원자력 발전이나 핵무기까지 연결되는 중요한 발견이에요. 우리는 방사능 하면 퀴리 부인이 떠오르지만, 우라늄 광석에서 나오는 방사능을 최초로 발견한 것은 프랑스의 물리학자 베크렐이었어요. 사진 감광판이 검어지는 것을 보고 우라늄 광석에서 방사능이 나온다는 것을 알아냈어요.

▶ 우라늄 광석

1896년

아관파천 한국사
고종이 러시아 공사관으로 피신하다

'아관'은 러시아 공사관을, '파천'은 임금이 피난 가는 것을 의미해요. 명성 황후가 일본인들의 손에 잔인하게 살해당하자 위협을 느낀 고종이 러시아 공사관으로 거처를 옮긴 사건이 아관파천이에요.

잠깐 퀴즈 아관의 뜻은 무엇인가요?
정답) 러시아 공사관

◀ 6·25 때 대부분 파괴되고 탑옥만 남은 구러시아 공사관

독립 협회 설립	독립신문 창간
1896년	1896년

1896년

독립 협회 설립
최초의 근대적 사회단체

독립 협회는 서재필이 중심이 되어 세운 사회단체예요. 정치 개혁으로 나라의 힘을 길러 자주독립 국가를 만드는 것이 목표였지요. 독립 협회는 청나라 사신을 맞이하던 자리에 독립문을 세우고, 만민 공동회를 열어 국민의 의견을 모았어요. 하지만 반대 세력에 의해 강제 해산당하면서 그 뜻을 이루지 못했어요.

1896년

독립신문 창간
최초의 민간 신문이 창간되다

갑신정변 후 미국으로 건너갔던 서재필이 조선으로 돌아와 만든 신문이에요. 정부의 도움을 받기는 했지만, 우리 역사상 최초의 민간 신문이었죠. 독립신문은 국민의 독립 정신을 높이고 근대화 사상을 일깨우는 애국 계몽 운동을 위해 만들었어요. 그래서 많은 사람이 읽을 수 있도록 한글을 사용했답니다.

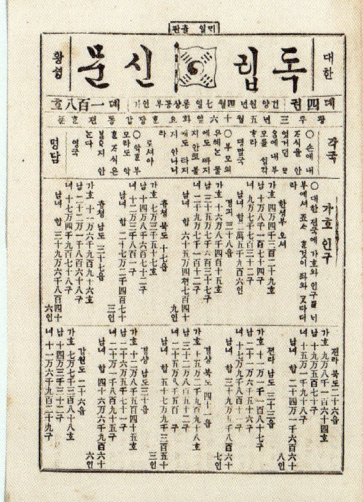

1896년 ~1898년

조선, 전화기 설치 1896년

대한 제국 선포 1897년

▲ 고종이 사용한 에릭손 전화기 모델

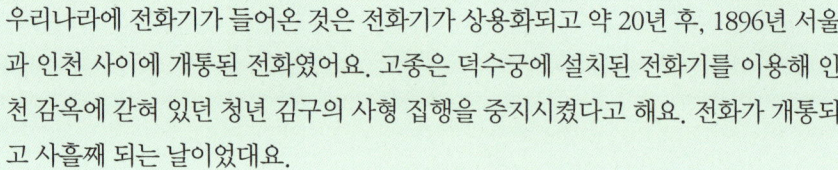

1896년
조선, 전화기 설치
조선에 전화기가 들어오다

우리나라에 전화기가 들어온 것은 전화기가 상용화되고 약 20년 후, 1896년 서울과 인천 사이에 개통된 전화였어요. 고종은 덕수궁에 설치된 전화기를 이용해 인천 감옥에 갇혀 있던 청년 김구의 사형 집행을 중지시켰다고 해요. 전화가 개통되고 사흘째 되는 날이었대요.

▲ 환구단

1897년
대한 제국 선포
환구단에서 고종 임금이 황제에 오르다

을미사변 후, 러시아 공사관으로 피신을 했던 고종이 1년 만에 경운궁으로 돌아왔어요. 이후 고종은 환구단에서 황제로 즉위하며 대한 제국을 선포했죠. '환구단'은 하늘에 제사를 지내기 위해 둥글게 쌓은 단이에요. 고종은 대한 제국이 자주독립국임을 보여 주기 위해 환구단에서 즉위식을 올린 거예요.

> **잠깐 퀴즈** 하늘에 제사를 지내던 곳으로 고종이 황제 즉위식을 올린 곳은?
> 정답) 환구단

퀴리, 방사능 측정
1898년

바이러스 발견
1898년

1898년
퀴리, 방사능 측정 _{과학}
퀴리 부인이 방사능을 측정하다

퀴리 부인은 두 번이나 노벨상을 받은 여성 과학자예요. 베크렐의 우라늄 연구에 관심을 가졌던 마리 퀴리는 남편인 피에르 퀴리와 우라늄의 성질을 연구하기 시작했어요. 그녀는 우라늄의 양에 따라 방사선 정도가 달라지는 것을 밝혀내고 측정하기도 했죠. 후에는 우라늄보다 더 강한 방사능을 내는 '폴로늄'과 '라듐'을 발견하기도 했어요. 퀴리는 노벨 물리학상에 이어 노벨 화학상까지 받았답니다.

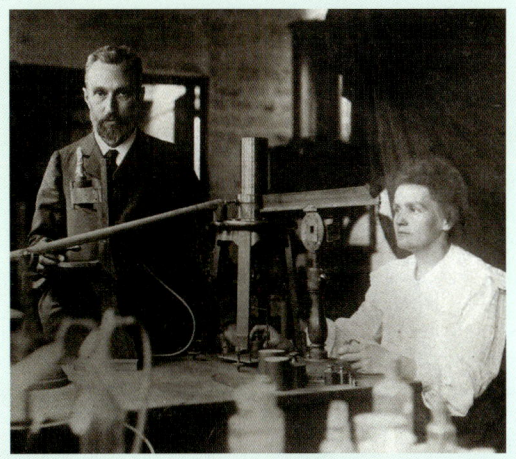
▲ 연구실에서 퀴리 부인과 그의 남편

1898년
바이러스 발견 _{의학}
전염병을 일으키는 독을 발견하다

바이러스(virus)는 라틴어로 독이라는 뜻이에요. 바이러스의 존재가 알려지기 전, 사람들은 이미 세균에 대해 알고 있었어요. 하지만 담뱃잎에 생기는 담배모자이크 질병은 세균으로도 설명되지 않았어요. 베이제린크는 세균이 아닌 다른 감염 물질이 존재한다고 주장하며 그것을 '바이러스'라고 불렀답니다. 하지만 그 당시에는 너무 작아서 존재를 확인할 수는 없었어요. 40여 년 후, 전자 현미경이 개발된 뒤에야 바이러스를 직접 볼 수 있게 되었지요.

▲ 연구실에서 베이제린크
▲ 담뱃잎에 생긴 담배모자이크 질병

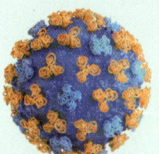
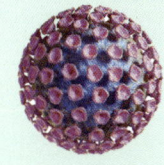

인플루엔자   코로나 바이러스   에볼라 바이러스   에이즈 바이러스

◀ 다양한 바이러스

1898년~1901년

　　미국의 하와이 합병　　　　경인선 개통
　　　　1898년　　　　　　　　1899년

1898년

미국의 하와이 합병
독립 국가였던 하와이 왕국이 미국 땅이 되다

'대마도는 일본 땅, 하와이는 미국 땅'이라는 노래 가사를 알지요? 하지만 하와이가 처음부터 미국 땅이었던 것은 아니에요. 1898년, 미국이 하와이를 합병하기 전까지는 원주민이 사는 하와이 왕국이었죠. 사탕수수와 파인애플 재배를 위해 하와이로 이주하는 미국인들이 점점 많아지고 세력이 커지면서 미국의 강요로 하와이가 미국에 합병된 거예요.

1899년

경인선 개통
서울과 인천을 잇는 우리나라 최초의 철도

인천의 제물포와 서울의 노량진을 잇는 철도 노선의 이름이 경인선이에요. 우리나라에서 처음 개통한 철도 노선으로, 주로 화물을 운송하는 수단이었죠. 미국인 모스가 공사를 시작했으나 일본인 회사가 인수해서 완성했어요. 1974년에 전철화되어 지금까지도 운행되고 있답니다.

▲ 경인선 개통식

◀ 경인선의 레일

노벨상 재정	혈액형 개념 등장
1901년	1901년

1901년

노벨상 재정
노벨의 유언에 따라 인류를 위한 상을 만들다

노벨상은 다이너마이트를 발명한 노벨의 유언에 따라 만들어진 상이에요. 노벨은 폭탄을 개발해 막대한 재산을 모았는데, 그 돈을 기부해 인류에 공헌한 사람에게 상을 주라는 유언을 남겼대요. 원래는 5개 부문(문학, 화학, 물리학, 의학, 평화)이었는데 지금은 경제학상이 추가되어 6개 부문이 되었고 시상은 매년 12월 10일, 노벨이 사망한 날에 이루어지고 있어요.

▲ 스웨덴 스톡홀름에 있는 노벨 박물관

잠깐 퀴즈 현재 노벨상은 몇 개 부문에 상을 주나요?
정답) 6개

1901년

혈액형 개념 등장 *의학*
4가지 혈액형이 밝혀지다

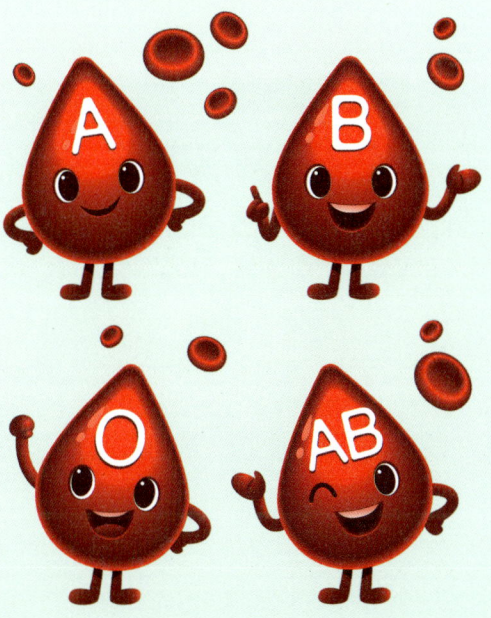

혈액형이 밝혀지기 이 전에도 수술 중 수혈이 이루어지고 있었어요. 하지만 사망하는 경우가 다반사였죠. 그러다가 오스트리아 의사 란트슈타이너가 서로 다른 혈청이 사람의 혈액을 공격한다는 것을 밝혀내며 그 원인을 알게 되었어요. 그러면서 혈액형을 A, B, AB, O형의 4가지로 구분했죠. 이런 혈액형의 구분법으로 좀 더 안전한 수술이 이루어지게 되었답니다.

1901년 ~1905년

| 에어컨 등장 1902년 | 라이트 형제 첫 비행 1903년 | 러일 전쟁 발발 1904년 |

1902년
에어컨 등장
제습을 위한 에어컨을 발명하다

최초의 에어컨은 시원한 바람이 아니라 공기 중 습기를 제거하기 위해 만들어졌어요. 습기로 고생하는 인쇄소를 위해 윌리스 캐리어(Willis Carrier)가 만든 기술이었죠. 캐리어는 공기 중의 수분을 물방울로 만드는 원리를 이용해 제습과 냉방을 모두 성공시켰어요. 이후 에어컨 사업이 발전하기 시작했지요.

▲ 윌리스 캐리어

1903년
라이트 형제 첫 비행
동력 비행기를 만들어 12초의 비행을 하다

최초의 동력 비행기를 만든 라이트 형제를 모르는 사람은 없을 거예요. 끊임없는 실험을 통해 라이트 형제가 만든 첫 동력 비행기의 이름은 '플라이어'였어요. 플라이어의 첫 비행은 12초였지요. 라이트 형제는 포기하지 않고 연구를 거듭했어요. 그리고 2년 후, 39분간 비행을 성공시키며 새로운 비행 시대를 열었답니다.

> **잠깐 퀴즈** 라이트 형제가 만든 첫 동력 비행기의 이름은?
> 정답) 플라이어

1904년
러일 전쟁 발발
일본이 만주와 조선을 차지하려고 러시아와 벌인 전쟁

청일 전쟁에서 승리한 일본은 조선에 대한 지배권을 확실히 하려고 했으나 러시아가 이를 막고 나섰어요. 그러자 일본은 러시아의 군함을 기습하며 전쟁을 일으켰죠. 이 전쟁은 1년 만에 일본의 승리로 끝났어요. 근대 역사상 아시아 국가가 유럽 국가를 물리친 첫 번째 전쟁이었다고 해요.

일본의 쓰시마 전투 승리
1905년

상대성 이론 발표
1905년

1905년
일본의 쓰시마 전투 승리
일본이 러시아를 이기다

러일 전쟁이 계속되는 가운데 러시아도 일본도 지치고 있었어요. 그러다 일본은 쓰시마 해협에서 전투를 벌여 러시아의 발틱 함대를 격파했어요. 이로써 승기를 잡은 일본은 포츠머스 조약을 통해 한반도에 대한 지배권을 확보했어요.

▲ 포츠머스 조약을 맺는 일본과 러시아 대표들

1905년
상대성 이론 발표 과학
아인슈타인이 상대성 이론을 발표하다

특수 상대성 이론과 일반 상대성 이론은 현대 물리학의 새로운 장을 열었어요. 특수 상대성 이론의 결과 중 $E=mc^2$이라는 공식은 물질과 에너지의 관계를 나타낸 것인데 이 이론이 기초가 되어 핵에너지의 가능성이 증명되고 핵물리학이 시작되었어요. 미국이 개발한 원자 폭탄도 아인슈타인의 이론에 뿌리를 두고 있답니다.

▲ 히로시마에 떨어진 원자 폭탄

1905년 ~ 1906년

- **아인슈타인** 1879년~1955년
- **피의 일요일** 1905년

1879년~1955년

아인슈타인 인물
미국으로 망명한 독일의 천재 과학자

아인슈타인은 현대 과학을 상징하는 유명한 물리학자예요. 독일에서 태어나 공부하다가 2차 세계 대전이 일어나자 미국으로 망명했죠. 그는 스위스의 특허청에서 일하면서 세계적으로 유명한 이론을 담은 논문을 발표했어요. 아인슈타인의 나이 27살 때로, 상대성 이론 외에도 광양자 가설, 브라운 운동의 이론 등 많은 이론을 연구하고 발표했지요. 그는 노벨 물리학상을 수상하기도 했답니다.

▲ 미국 시민권을 받는 아인슈타인

1905년

피의 일요일
러시아가 시위자들을 향해 총탄을 퍼붓다

러일 전쟁에서 진 러시아의 경제는 매우 어려워졌어요. 굶주리다 지친 노동자와 가족들은 러시아의 개혁을 요구하게 되었죠. 노동자들은 '빵과 평화'를 원한다며 청원서를 가지고 황제가 있는 겨울 궁전으로 갔어요. 하지만 궁전에 도착하자마자 러시아 경찰이 총탄으로 진압해 수백 명이 사망했어요. '피의 일요일'이라고 알려진 이 학살 사건은 러시아 혁명의 불씨가 되었답니다.

▼ 피의 일요일이 벌어진 겨울 궁전

| 을사늑약 체결 | 샌프란시스코 지진 |
| 1905년 | 1906년 |

1905년

 **을사늑약 체결**

대한 제국 외교권을 빼앗기다

1905년, 을사년에 일본이 대한 제국을 보호해 주겠다면서 두 나라 사이에 조약을 맺자고 했어요. 사실은 대한 제국의 외교권을 뺏기 위한 것이었죠. 고종의 반대에도 불구하고 결국 일본의 강요로 조약이 맺어졌어요. 이 조약을 을사늑약이라고 하는데 일본에만 유리하고 조선에는 불리한 불평등 조약이었답니다.

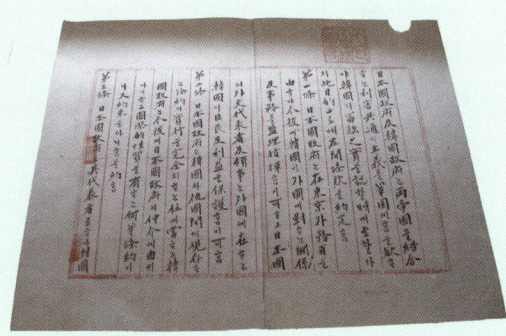

▲ 덕수궁 중명전에 전시된 을사늑약 문서

1906년

샌프란시스코 지진

샌안드레아스 단층을 만든 대지진

1906년 4월, 샌프란시스코에서 일어난 지진은 근대에 일어난 가장 강력한 지진 중 하나예요. 아직 리히터 지진계가 없던 시절이라 정확한 규모는 측정할 수 없었지만 약 7.7에서 8.2까지 되는 엄청난 규모의 지진이었죠. 이 지진으로 샌프란시스코의 80%가 무너지거나 불에 탔다고 해요. 거대한 샌안드레아스 단층이 생긴 것으로도 유명하지요.

▲ 지진 후 샌프란시스코 새크라멘토 거리 풍경

1906년 ~1907년

| 라디오 방송 시작 1906년 | 헤이그 특사 파견 1907년 |

1906년
라디오 방송 시작
처음으로 음성과 음악을 실어 보내다

캐나다의 물리학자 페선던(Fessenden)이 크리스마스이브 축하 메시지와 헨델의 「라르고」를 들려주며 최초의 라디오 방송을 시작했어요. 이후 안정적인 주파수를 이용하는 기술이 발달하게 되어 1915년에는 '라디오'라는 말이 널리 사용되기 시작했어요. 1920년대에는 라디오 방송국이 생기면서 라디오 전성시대가 열렸답니다. 우리나라 최초의 라디오 방송은 1927년 경성방송국에서 시작되었어요.

◀ 오래된 라디오

1907년
헤이그 특사 파견
고종이 헤이그에 비밀 특사를 보내다

고종은 일본 몰래 네덜란드 헤이그에서 열리는 만국 평화 회의에 특별 사절단을 보냈어요. 을사늑약은 일본의 강압으로 이루어진 것임을 세계에 알리기 위해서였죠. 하지만 이를 알게 된 일본의 방해로 헤이그 특사는 회의에 참석하지도 못했어요. 파견되었던 특사 세 명도 돌아오지 못한 채 한 명은 헤이그에서 죽고, 나머지 두 명은 해외에서 독립운동을 하게 되었어요.

▲ 헤이그 특사

고종 강제 퇴위
1907년

국채 보상 운동 시작
1907년

1907년

 고종 강제 퇴위
일본이 고종 황제를 몰아내다

헤이그 특사 사건을 알게 된 일본은 고종이 자신들에게 방해가 된다고 생각했어요. 그래서 고종을 강제로 퇴위시키고 아들인 순종을 황제의 자리에 올렸어요. 이후 고종은 덕수궁에서 감옥살이하듯 갇혀 살았다고 해요.

> **잠깐 퀴즈** 고종의 뒤를 이은 대한 제국의 마지막 황제는?
> 정답) 순종

▲ 순종

◀ 고종

1907년

 국채 보상 운동 시작
일본에 진 나라 빚을 갚자는 운동

'국채'는 나라가 지고 있는 빚이에요. 이때는 대한 제국이 일본에 진 빚이죠. 국채 보상 운동은 나라가 진 빚을 국민이 대신 갚아 경제 주권을 지키자는 운동이었어요. 대구에서 시작되어 전국으로 퍼져 나갔는데 남자들은 금연 운동을 벌이고 여자들은 비녀와 가락지 등을 모아 모금에 참여했다고 해요.

> **잠깐 퀴즈** 국채 보상 운동이 처음 시작된 지역은?
> 정답) 대구

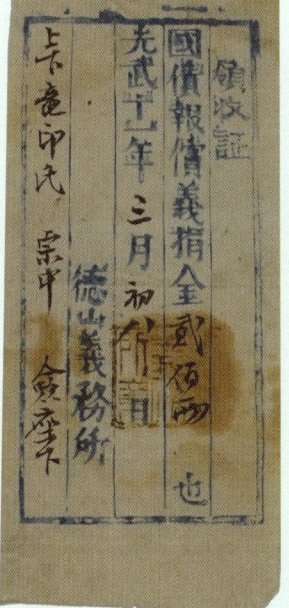

◀ 국채 보상 운동 영수증

1907년 ~ 1909년

| 진공청소기 개발 | 북극점 도착 |
| 1908년 | 1909년 |

1908년
진공청소기 개발
흡입 청소기가 탄생하다

진공청소기를 제일 처음 개발한 사람은 천식으로 고생하던 영국의 한 건물 관리인이었대요. 카펫을 청소할 때마다 고생하던 그는 빗자루를 회전하는 모터에 연결한 상자를 만들었어요. 이후 '흡입 청소기'라는 이름으로 특허를 받아 진공청소기의 장을 열었어요.

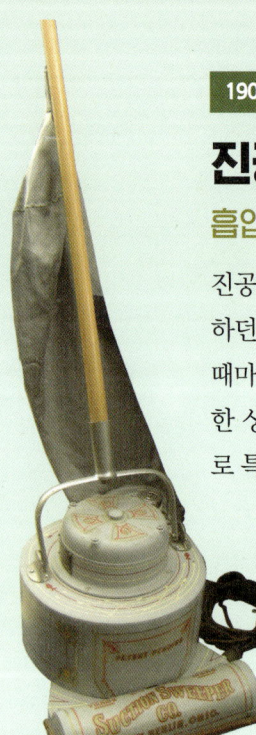
◀ 초기 진공청소기의 모습

1909년
북극점 도착
지구의 북쪽 지점에 도착하다

북극점은 지구의 가장 북쪽, 북위 90° 지점으로 북극해의 가운데 있어요. 미국인 로버트 피어리는 7번의 도전 끝에 북극점에 미국 국기를 꽂았어요. 하지만 최근에 발견된 피어리의 일지와 GPS를 이용해 알아본 결과에 따르면 이때 피어리가 도착한 지점은 정확한 북극점이 아니었다고 해요. 그래서 북극점에 도착한 것이 확실한 첫 탐험가는 1926년에 도착한 아문센 일행으로 본답니다.

안중근 의사 의거	간도 협약
1909년	1909년

1909년

안중근 의사 의거
이토 히로부미를 처단한 안중근이 생을 마감하다

안중근은 조선 침략을 주도한 이토 히로부미가 만주에 온다는 소식을 듣고 하얼빈 역에서 이토 히로부미를 직접 총으로 쏘아 사살한 독립운동가예요. 이후 러시아 헌병대에 잡혀 뤼순 감옥에서 생을 마감했죠. '하루라도 책을 읽지 않으면 입안에 가시가 돋는다.'는 유명한 말을 남기기도 한 안중근. 뮤지컬 「영웅」은 이때의 상황을 배경으로 한 작품이에요.

1909년

간도 협약
일본과 청나라가 간도의 영유권을 두고 맺은 조약

'간도'는 백두산 북쪽의 만주 지방 일대를 말해요. 지금의 연변 조선족 자치주가 있는 곳이죠. 이곳은 고구려와 발해의 땅이었어요. 또 조선 후기에는 백두산정계비를 세워 조선의 땅임을 확인하기도 했어요. 하지만 1909년 일본이 청과 맺은 간도 협약에서 간도를 청의 땅으로 인정하는 바람에 우리에겐 잃어버린 땅이 되었답니다.

▲ 백두산정계비

1909년 ~1911년

한일 강제 병합 1910년

토지 조사 사업 1910년

1910년

한일 강제 병합
일제가 조선을 식민지화하다

1905년 을사늑약으로 조선의 외교권을 빼앗은 일본은, 1907년 한일 신협약을 체결해 경찰권과 사법권까지 장악했어요. 그리고 1910년, 을사늑약에 찬성하며 나라를 팔았던 총리대신 이완용은 또다시 비밀리에 한일 병합 조약을 수락했어요. 이 조약은 조선의 통치권을 완전히 일제에 넘긴다는 것으로 나라의 국권을 상실하게 되는 것이었어요. 이로써 36년간의 일제 강점기가 시작되었답니다.

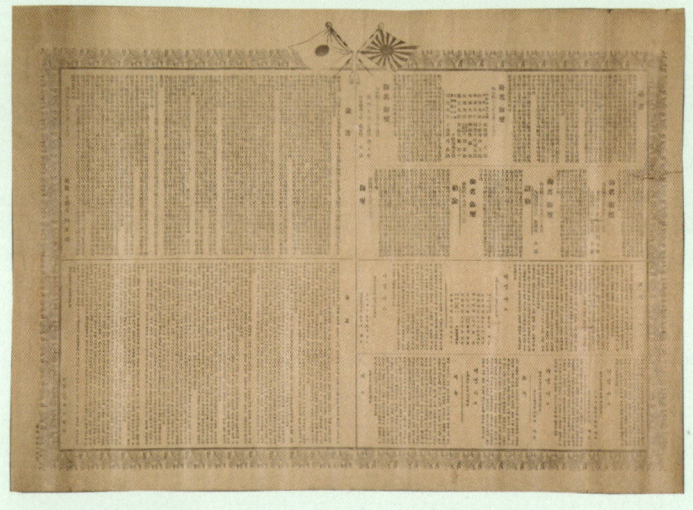
▲ 한일 병합 공고문

잠깐 퀴즈 을사늑약, 한일 병합 조약 등 나라를 파는 일에 앞장섰던 대표적 매국노는?
정답) 이완용

1910년

토지 조사 사업
식민 지배를 위한 토지 소유권 조사

한일 강제 병합 직후, 일제가 한반도의 토지 소유권을 조사하기 시작했어요. 이 조사는 토지세를 거두고 식민 지배를 강화하기 위한 것이었어요. 8년 동안 실시된 토지 조사 사업으로 많은 농민이 땅을 잃고 고향을 떠났어요. 또 왕실이나 관청의 토지도 일본의 조선 총독부 소유가 되면서 일본인들이 우리나라에서 더 많은 땅을 차지하게 되었지요.

여성 참정권 시위
1910년

신흥 무관 학교
1911년

1910년
여성 참정권 시위
영국에서도 여성 참정권을 위해 시위를 벌이다

1893년 뉴질랜드에서 최초로 여성의 참정권이 인정되었어요. 그리고 1910년, 영국에서도 투표권을 요구하는 평화적인 시위가 일어났죠. 하지만 경찰들이 여성 참정권 운동가들을 무력으로 진압한 사건이 있었어요. 이를 '검은 금요일'이라고 부른답니다. 영국은 오랜 시간 싸워 1928년이 되어서야 남성과 동등한 참정권을 인정했답니다. 미국은 1920년, 일본은 1945년, 프랑스는 1946년, 스위스는 1971년부터 여성이 투표를 할 수 있게 되었어요. 우리나라는 광복 후인 1948년에 평등한 참정권을 인정하였어요.

▲ 1920년 처음으로 미국 대통령 선거 중인 여성 유권자

▶ 영국의 여성 참정권에 힘쓴 에멀린 팽크허스트

1911년
신흥 무관 학교
만주에 세운 독립군 양성 학교

이회영은 조선이 일본의 손에 넘어가자 전 재산을 팔아 가족과 함께 만주로 건너간 독립운동가예요. 이회영은 이시영, 이동녕, 이상룡 등과 함께 만주에서 신흥 강습소를 설립하였어요. 그곳에서는 중등 교육과 군사 교육이 이루어졌으며 곧 신흥 중학교로 이름을 바꾸었어요. 수많은 사람이 찾아오면서 신흥 무관 학교로 확장하였고 많은 독립군을 길러 냈어요.

독립군을 키울 거야!
신흥무관학교
우당, 이회영

1911년

비타민 발견
1911년

마추픽추 탐험
1911년

1911년
비타민 발견 〔의학〕
생명 유지에 필수적인 유기 화합물

인류 역사상 비타민의 결핍으로 많은 병이 유행했지만 그 원인이 무엇인지는 몰랐어요. 다만 채소나 레몬 주스 등을 먹으면 치료가 된다는 것을 경험으로 알고 있었죠. 폴란드의 과학자 풍크는 특정한 질병이 필수 영양소가 부족할 때 발생한다는 것을 알아냈어요. 그리고 그 영양소의 이름을 생명(Vital) 유지에 필수적인 유기 화합물(Amine)이라는 뜻으로 비타민(Vitamins)이라고 불렀지요. 이후 비타민에 대한 연구는 계속되었고 지금까지 13가지 종류의 비타민이 밝혀졌어요.

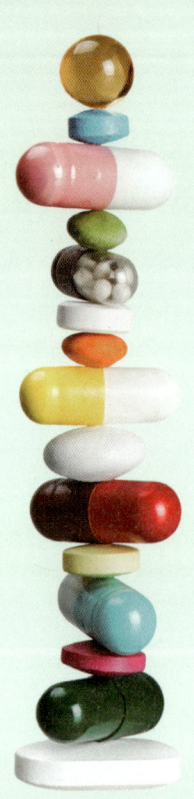

▼ 페루의 고대 의식용 가면

잠깐 퀴즈 마추픽추는 어느 나라의 도시였나요?
정답) 잉카 제국

1911년
마추픽추 탐험
해발 2,430m에 자리한 페루의 고대 도시

미국의 역사학과 교수 빙엄은 고대 잉카 제국의 수도를 찾기 위해 안데스산으로 들어갔어요. 그러다가 해발 2,400m 높이의 바위산 꼭대기, 무성한 풀숲에 가려진 마추픽추(Machu Picchu)를 발견했지요. 신전과 주택, 계단식 논밭이 그대로 보존된 신비의 도시 마추픽추는 지금까지도 어떤 도시였는지 왜 버려졌는지 정확하게 알려지지 않았다고 해요.

| 남극점 도착 | 「모나리자」 도난 사건 |
| 1911년 | 1911년 |

1911년
남극점 도착
아문센이 남극점을 정복하다

노르웨이인 아문센과 영국인 스콧, 둘은 각자의 나라에서 남극점을 향해 출발했어요. 결과적으로 남극점에 먼저 도착한 것은 아문센이었지요. 아문센은 피어리가 북극점을 정복했다는 이야기를 듣고 남극점 정복에 나선 것이라고 해요. 피어리의 북극점 정복이 논란이 되면서 역사상 정확하게 남극점과 북극점을 최초로 정복한 사람은 아문센이 되었답니다.

◀ 남극점에 간 스콧과 아문센

1911년
「모나리자」 도난 사건 예술
「모나리자」를 유명하게 만든 사건

지금은 누구나 다 아는 유명한 작품 「모나리자」. 「모나리자」가 유명하게 된 건 도난 사건 때문이었어요. 이탈리아인 페루자가 당시 프랑스의 루브르 박물관에 전시 중이던 「모나리자」를 훔쳤어요. 「모나리자」가 사라지자 많은 사람이 관심을 가지게 되었고 거액의 현상금도 걸렸죠. 2년 후, 페루자가 「모나리자」를 팔기 위해 내놓았다가 범행을 들키게 되었어요. 이후 「모나리자」는 루브르 박물관을 대표하는 작품이 되었어요.

▲ 루브르 박물관의 「모나리자」

1911년~1914년

청나라 마지막 황제 퇴위 1912년   **타이태닉호 침몰** 1912년

1912년
청나라 마지막 황제 퇴위
3살에 황제가 되어 3년간 재위한 청나라 마지막 황제 푸이

중국의 마지막 왕조, 청나라. 청나라는 만주족이 세운 나라였어요. 청나라 말기에는 유럽의 힘센 나라들이 중국을 넘봤고, 청일 전쟁에서도 일본에 패배하며 더는 아시아의 중심 국가가 아니었답니다. 중국의 마지막 황제 푸이는 세 살에 황제가 되었어요. 그리고 3년 만에 신해혁명이 일어나면서 청나라는 1912년 멸망하고 말았어요.

> **잠깐 퀴즈** 중국의 마지막 왕조는?
> 정답) 청나라

▲ 청나라의 마지막 황제 푸이

1912년
타이태닉호 침몰
역사상에 길이 남을 최대의 해난 사고

영화로 더욱 유명해진 타이태닉호 침몰 사건은 벌써 100년도 넘은 이야기예요. 당시 세계에서 가장 큰 배였던 타이태닉호는 영국에서 출발해 미국으로 가는 첫 항해 중 빙산에 부딪히며 침몰했어요. 2,200명의 승객 중 1,500명이 숨지는 역사상 최대의 해난 사고였지요.

◀ 일면에 난 타이태닉호의 침몰

1912년

대륙 이동설 주장 과학
베게너가 여섯 대륙은 하나의 대륙이었다는 것을 주장하다

지금으로부터 100여 년 전, 독일의 기상학자 베게너가 대륙 이동설을 주장했어요. 2억 년 전 세상은 하나로 합쳐져 있었는데 시간이 지나면서 대륙이 이동해 지금처럼 여섯 개의 대륙으로 쪼개졌다는 것이었죠. 베게너는 떨어져 있는 대륙의 해안선이 퍼즐 조각처럼 들어맞는다는 것과 똑같은 화석이 발견되었다는 것을 증거로 들었어요. 하지만 당시 과학자들은 말도 안 되는 소리라며 비웃었다고 해요. 50년이 지나서야 그의 이론이 과학적으로 증명되었답니다.

▲ 독일 우표 속 베게너

7
세계 대전의 시대

이 시대에는 전 세계를 휩쓴 두 차례의 큰 전쟁이 있었어요. 전쟁은 레이더, 텔레비전, 비행기의 발전과 항생제의 발명 등 과학 기술과 의학 분야에도 영향을 끼쳤어요. 미국은 대공황을 이겨 내고 전쟁의 승리로 더 큰 힘을 가지게 되었고, 소련은 사회주의를 대표하며 공산 국가 세력을 모았어요. 이로 인해 2차 세계 대전 후 분단되는 국가들이 생겨나기도 했답니다. 우리나라도 일제 강점기를 지나 남북이 분단되는 비극을 겪어야 했어요.

1914년
~1945년

1914년~1917년

파나마 운하 개통 1914년   **사라예보 사건** 1914년

1914년
파나마 운하 개통
태평양과 대서양을 잇는 인공 수로

운하는 육지를 파서 만드는 인공 수로예요. 파나마 운하는 태평양과 대서양을 빠르게 통과할 수 있도록 파나마 지역에 만들었죠. 이 운하를 이용하면 남아메리카를 돌아가지 않아도 되기 때문에 배의 운항 거리를 약 1만 5,000km가량 줄일 수 있다고 해요. 프랑스가 만들기 시작했지만 여러 가지 어려움으로 파산하고 미국이 33년 만에 완성했답니다.

1914년
사라예보 사건
오스트리아 프란츠 황태자 부부 암살 사건

탕, 탕! 1914년 6월 보스니아의 수도인 사라예보에서 총성이 울렸어요. 세르비아 '검은 손' 조직의 한 청년이 보스니아를 방문한 오스트리아 프란츠 황태자 부부를 총으로 암살한 것이죠. 당시 세르비아는 오스트리아 제국에 불만이 많았는데, 이날은 특히 세르비아 왕조가 오스트리아에 패배한 날이어서 황태자 방문을 모욕적으로 받아들였다고 해요. 이 사건이 도화선이 되어 제1차 세계 대전이 발발했답니다.

▲ 사건 현장에서 체포된 청년

제1차 세계 대전	미국의
1914년	제1차 세계 대전 참전
	1917년

1914년

제1차 세계 대전
세계 여러 나라가 참여한 4년간의 전쟁

오스트리아는 사라예보 사건을 이유로 세르비아에 전쟁을 선포했어요. 그러자 러시아가 세르비아 편을 들며 나섰지요. 오스트리아와 동맹을 맺고 있던 독일도 세력을 키울 욕심에 전쟁에 참여했어요. 이렇게 오스트리아 편 동맹국(독일)과 세르비아 편의 연합국(러시아, 프랑스, 영국, 미국, 일본)이 맞서면서 세계적인 전쟁이 시작되었어요. 4년간의 전쟁은 독일의 항복으로 막을 내렸어요.

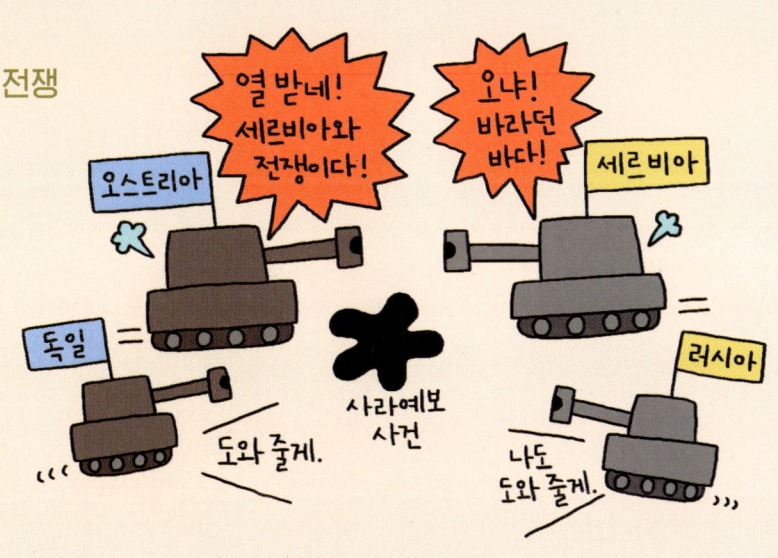

1917년

미국의 제1차 세계 대전 참전
미국, 중립을 포기하고 제1차 세계 대전에 참여하다

제1차 세계 대전이 일어났을 당시엔 미국은 참여하지 않고 중립을 지켰어요. 대신 전쟁에 필요한 물건들을 어느 편이든 상관하지 않고 만들어 팔았어요. 그러다 독일이 무제한 잠수함 작전으로 영국의 배를 격침했는데 그 배에 미국인 희생자가 128명이나 되었어요. 이에 미국은 중립의 입장을 버리고 직접 전쟁에 뛰어들었답니다.

잠깐 퀴즈 미국이 참전을 결정하는 계기가 된 독일의 작전은?
정답) 무제한 잠수함 작전

1917년~1919년

러시아 혁명 1917년

스페인 독감 유행 1918년

▲ 레닌

1917년
러시아 혁명
최초의 사회주의 정권이 탄생하다

러일 전쟁의 패배와 제1차 세계 대전 참여로 러시아의 경제는 날로 어려워졌어요. 결국, 먹을 것이 없는 노동자와 전쟁에 지친 병사들이 시위대에 가담하여 러시아 공화국 임시 정부가 세워졌지요. 하지만 임시 정부가 문제를 해결하지 못하자 레닌이 이끄는 볼셰비키(레닌을 지지한 급진파)가 임시 정부를 몰아내고 권력을 잡았어요. 이로써 노동자와 농민이 정부를 만들고 토지의 개인 소유를 금지하는 세계 최초의 사회주의 국가가 탄생하게 된 것이죠.

1918년
스페인 독감 유행 의학
인류 최대의 전염병이 퍼지다

스페인 독감이 스페인에서 발병한 것은 아니랍니다. 언제 어디서부터 시작되었는지 모르지만, 스페인 언론이 이 독감에 대해 심각하게 다루면서 스페인 독감이라고 불린 것이죠. 스페인 독감은 2년 동안 전 세계에서 2,500만~5,000만 명의 목숨을 앗아 간 인류 최대의 재앙이랍니다. 당시 일본의 식민지였던 우리나라도 이 독감으로 인해 14만 명이 목숨을 잃었다고 해요.

▼ 스페인 독감으로 마스크를 쓴 사람들

| 3·1 운동 | 유관순 |
| 1919년 | 1902년~1920년 |

1919년

 **3·1 운동**

3월 1일에 일어난 대한 독립 만세 운동

1919년 3월 1일, 민족 대표 33인이 독립 선언서를 낭독하고, 지금의 서울 종로 탑골 공원에서 만세 시위가 일어났어요. 이 만세 시위가 3·1 운동이랍니다. 도시에서 일어난 만세 시위는 농촌, 국외까지 퍼져 나갔어요. 처음에는 태극기를 휘날리며 만세를 외치는 비폭력 평화 시위였으나 일제의 무력 탄압으로 인해 차츰 무력 저항으로 변화되었지요. 3·1 운동의 영향으로 중국의 5·4 운동, 인도의 비폭력 저항 운동이 일어나게 되었다고 해요.

대한 독립 만세!

▼ 서대문 형무소 내부

1902년~1920년

 **유관순** 인물

3·1 운동을 주도한 소녀 독립운동가

3·1 운동 당시 이화 학당의 학생이었던 유관순은 남대문으로 향하는 만세 운동에 참여했어요. 이후 고향인 천안 아우내 장터에서 독립 선언서와 태극기를 나누어 주며 만세 운동을 주도했답니다. 유관순은 일본 경찰에 체포되어 감옥에 갇혀서도 만세 운동을 벌였다고 해요. 이로 인해 더욱 모진 고문을 받아 18세의 나이로 순국했어요.

1919년

| 인도의 비폭력 저항 운동 1919년 | 대한민국 임시 정부 수립 1919년 |

1919년
인도의 비폭력 저항 운동
영국의 총과 칼에 비폭력으로 맞서다

제1차 세계 대전 당시 인도는 영국의 식민지였어요. 인도는 우리나라에서 일어난 3·1 만세 운동의 영향을 받아 간디를 중심으로 비폭력 저항 운동을 펼쳤어요. 이에 영국은 총과 칼을 들고 인도인들을 탄압했지요. 하지만 영국의 잔인함이 오히려 인도인들을 하나로 만들었고 인도는 독립할 수 있었답니다.

> **잠깐 퀴즈** 인도의 비폭력 저항 운동가는?
> 정답) 간디

1919년
대한민국 임시 정부 수립
중국에 세운 대한민국 임시 정부

3·1 운동 이후, 독립운동을 조직적으로 하기 위해 정부 수립의 필요성을 느끼게 되었어요. 독립운동가들은 일본의 간섭이 적고, 세계의 공사관이 있어 외교 활동이 편리한 중국 상해에 대한민국의 임시 정부를 세웠어요. 우리나라 역사상 최초로 삼권 분립에 기초한 민주 공화 정부가 탄생한 것이죠.

▲ 상하이 골목길에 있는 대한민국 임시 정부

| 김구 | 신채호 |
| 1876년~1949년 | 1880년~1936년 |

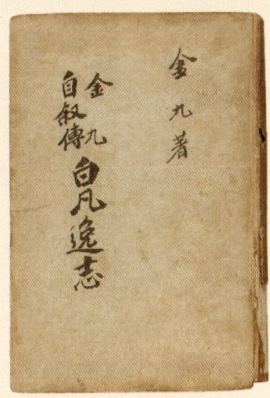
▲ 김구가 쓴 자서전, 『백범일지』

1876년~1949년

김구 인물
대한민국 임시 정부의 주석으로 독립운동을 한 민족 지도자

김구는 평생 나라와 민족을 위해 살았던 지도자였어요. 젊은 시절에는 동학 농민 운동에 참여했었고 독립운동에도 앞장섰었지요. 한인 애국단을 만들어 윤봉길, 이봉창 의거를 계획하고 상해에 있던 대한민국 임시 정부의 주석으로 해방이 될 때까지 임시 정부를 이끌기도 했답니다. 8·15 광복 이후에는 남한과 북한이 하나 된 완전한 자주독립 국가를 위해 통일 운동을 벌이다 암살당했어요. 저서로는 중국에서 독립운동을 하며 쓴 『백범일지』가 있어요.

신민회가 만든 대한 매일 신보 ▶

1880년~1936년

신채호 인물
역사를 연구한 독립운동가

신채호는 독립을 위해서는 일본이 거짓으로 바꾼 우리나라 역사를 바르게 알아야 한다고 생각했어요. 특히 을지문덕, 이순신 같은 영웅들과 고조선, 고구려 등의 역사를 책으로 써서 우리나라 민족의 우수성을 알리려고 했답니다. 항일 비밀 결사대인 신민회에도 참여하여 무력으로 일본과 맞서 싸울 것을 주장하기도 했어요.

 **잠깐 퀴즈** 신채호가 가담한 항일 비밀 결사대는?
정답) 신민회

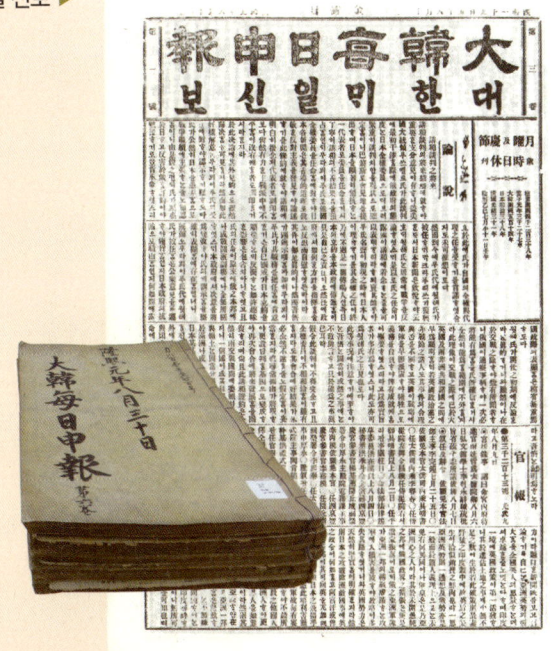

1919년 ~ 1922년

| 대서양 횡단 비행 1919년 | 봉오동 전투 1920년 | 청산리 전투 1920년 |

1919년

대서양 횡단 비행
비행기로 대서양을 건너다

라이트 형제가 1903년 첫 비행에 성공했어요. 그러나 12초의 짧은 시간이었지요. 그 후 15년 뒤 더욱 발전한 비행 제작 기술로 대서양을 횡단할 수 있게 되었어요. 그중에서도 올콕과 브라운은 평균 시속 190km/h로 비행하여 16시간 만에 미국에서 영국까지의 대서양 횡단에 성공했어요. 중간에 쉬지 않고 바로 대서양을 건넌 최초의 비행이었죠.

1920년

봉오동 전투
독립군 연합 부대가 일본군과 싸워 승리한 전투

1920년대부터 만주와 연해주를 비롯한 국외 독립운동 기지에서는 군사력을 갖춘 무장 독립 단체가 세워져 무장 독립을 준비했어요. '무장 독립'이란, 무기와 군사력을 갖춰 일본군과 맞서 싸워 독립하자는 것이죠. 그중 봉오동 전투는 1920년 6월, 홍범도가 이끄는 독립군 연합 부대가 중국 지린성의 봉오동 계곡으로 일본군을 유인해 크게 승리한 첫 전투랍니다.

1920년

청산리 전투
독립군 연합 부대가 청산리에서 크게 승리하다

봉오동 전투에서 패배한 일본은 대규모의 군인을 이끌고 만주로 왔어요. 이 소식을 들은 김좌진 장군은 홍범도가 이끄는 대한 독립군과 그 외 독립군들을 연합하여 청산리 백운평 계곡으로 일본군을 유인했답니다. 미리 매복해 있던 독립군은 유리한 위치를 차지하였고 10여 차례 전투를 치르면서 수천 명의 일본군을 죽이는 대승리를 거두었어요.

소비에트 연방 설립
1922년

스탈린
1879년~1953년

투탕카멘 무덤 발굴
1922년

1922년
소비에트 연방 설립
최초의 사회주의 연방 국가가 탄생하다

소비에트(Soviet)는 노동자들과 군인, 농민들이 자발적으로 만든 대표자 회의를 말해요. 레닌은 이 소비에트와 힘을 합쳐 임시 정부를 몰아내고 세계 최초로 사회주의 국가를 세웠어요. 수도를 모스크바로 옮기고 15개 공화국이 모여 '소비에트 사회주의 공화국 연방'을 수립하였어요. 이 나라가 바로 소비에트 연방, '소련'이에요.

1879년~1953년
스탈린 `인물`
레닌의 뒤를 이은 소련의 독재자

스탈린은 소련의 정치가로 레닌의 후계자였어요. 스탈린이라는 이름도 '강철의 인간'이라는 뜻으로 레닌이 붙여 준 별명이죠. 스탈린은 소련에서 자신의 경쟁 대상을 모두 제거하고 절대 권력자로 우뚝 섰어요. 그의 정책을 비판하거나 뜻이 다른 사람을 대거 숙청해 소련 공화국을 공포의 도가니로 몰아넣은 사람이기도 하답니다.

1922년
투탕카멘 무덤 발굴
황금 가면이 묻힌 이집트 파라오의 무덤을 발견하다

투탕카멘은 이집트의 왕(파라오)이었어요. 10살에 왕위에 올라 18세의 젊은 나이에 사망했어요. 그가 죽고 3천 년 후, 하워드 카터가 이 무덤을 발굴했을 때 무덤 안에는 미라와 함께 황금 가면 등 보존 상태가 훌륭한 수많은 보물이 쏟아져 나왔지요. 사실 그보다 더 관심을 끈 것은 발굴에 참여했던 사람들이 의문의 죽음을 맞았다는 '파라오의 저주' 때문이었답니다.

▶ 투탕카멘의 무덤

1922년 ~1927년 | 어린이날 제정 1923년 | 방정환 1899년~1931년

1923년

어린이날 제정
첫 어린이날 행사가 열리다

방정환은 일본의 탄압 속에서 아이들이 제대로 배우지 못하고 일하는 모습에 가슴 아파했어요. 그러다 어린이들에게 꿈을 심어 주기 위해 어린이날을 선포하고 1923년 5월 1일 첫 어린이날 행사를 열었어요. 이후 전국에서 열리는 기념행사로 발전했고 광복 이후에 5월 5일이 어린이날로 정해져 지금까지 기념하고 있는 것이랍니다. 참, '어린이'라는 말도 방정환이 만들어 쓰면서 널리 쓰이기 시작한 거예요.

> **잠깐 퀴즈** 어린이날을 만들고 어린이의 인권 운동에 큰 영향을 끼친 사람은?
> 정답) 방정환

1899년~1931년

방정환 인물
어린이를 사랑한 아동 문학가

방정환의 호는 소파예요. 그래서 소파 방정환이라고 부르죠. 아동학을 공부하고 아동의 인권을 위한 사회 운동을 펼치며 어린이날을 만들고, 아이들을 존중하는 분위기를 만들기 위해 '어린이'라는 칭호를 썼어요. 죽는 순간까지 "어린이를 두고 가니 잘 부탁한다."라는 말을 남길 정도로 어린이를 사랑하고 어린이들을 위한 문학 작품도 많이 만들었던 아이들의 아버지랍니다.

레이더 발명	텔레비전 시대 개막	유성 영화 등장
1924년	1925년	1927년

▲ 군 이동 방공 레이더

1924년
레이더 발명 〈과학〉
전파를 이용한 항공기 탐지 장치

영국의 기상 연구소에 근무하던 로버트 왓슨 와트는 라디오파를 이용해 적의 비행기 위치를 파악할 수 있는 레이더를 발명했어요. 레이더는 전파를 보내면 목표물에 부딪쳐 되돌아오는 것을 이용해 목표물을 파악하는 것이랍니다.

▼ 워싱턴 터코마에 있는 한 극장의 「재즈 싱어」 광고

1925년
텔레비전 시대 개막
전기 신호를 영상으로 보여 주다

공중 전파를 통해 움직이는 이미지를 전달하겠다는 꿈은 스코틀랜드 공학자 존 로지 베어드가 텔레비전이라고 부르는 장치를 개발하면서 실현되었어요. 그동안 라디오에 의존하던 사람들은 전파를 통해 음성과 영상을 보여 주는 텔레비전에 많은 관심을 가졌어요. 사실 처음에는 화면이 선명하지 못해 크게 호응받지 못했지만, 이후 계속 발전되어 지금의 텔레비전에 이르렀지요.

1927년
유성 영화 등장
소리가 입혀진 영화가 처음 나오다

영화에 소리가 나오지 않는다고 생각해 보세요. 정말 심심하겠죠? 그런데 1920년대 초반까지는 대사가 없거나 소리가 나오지 않는 무성 영화만 있었대요. 대신 영화를 상영하는 동안 뒤에서 새소리, 물소리, 주인공들의 대사 등을 대신 말해 주는 직업을 가진 사람들이 있었죠. 영화에 소리를 합치려는 노력과 기술이 발전하면서 워너브라더스 영화사에서 최초로 사람의 목소리를 영화 속에 담아낸 「재즈 싱어」라는 유성 영화가 탄생하였어요.

◀ 예전의 브라운관 텔레비전

1927년 ~1931년

페니실린 발견
1928년

대공황 시작
1929년

1928년

페니실린 발견 　과학

푸른곰팡이에서 얻은 물질로 만든 최초의 항생제

의사이자 미생물학자였던 플레밍은 세균 배양용 페트리 접시에 푸른곰팡이가 자란 것을 보고 연구한 끝에 페니실린을 발견했다고 해요. 푸른곰팡이 주변에 세균이 없어진 이유를 연구한 것이죠. 플레밍은 푸른곰팡이에서 분리한 페니실린이 다양한 병원균에 항균 작용을 하는 것을 알아냈어요. 그 결과 많은 사람의 목숨을 구하고 노벨상도 받았답니다.

1929년

대공황 시작

사상 최대의 경제 공황 사태

회사가 파산하고 사람들이 일자리를 잃고 은행에 맡긴 돈도 찾을 수 없을 만큼 경제가 혼란에 빠진 상태를 '공황'이라고 해요. 1929년 미국 월 스트리트의 주식 시장이 붕괴하면서 미국의 대공황이 시작되었어요. 미국의 대공황으로 인해 세계 여러 나라도 같이 어려움에 빠졌답니다.

▲ 무료 급식소에 줄 선 실직자들

명왕성 발견
1930년

엠파이어 스테이트 빌딩 건축
1931년

1930년

명왕성 발견 과학
미국 천문학자 톰보, 새로운 왜행성을 찾다

어렸을 때부터 하늘의 별을 관찰하기 좋아하던 클라이드 톰보는 항상 '어딘가에 새로운 행성이 있을 거야.'라고 생각했대요. 그렇게 천문대에서 근무하며 천체 망원경으로 찍은 사진들을 살펴보던 톰보는 그토록 찾아 헤매던 태양계의 9번째 행성을 발견하게 되었답니다. 바로 명왕성이죠. 그러나 명왕성은 크기가 작고 태양 주변을 도는 궤도도 심하게 일그러져 있어 2006년 국제 천문 연맹 회의 결과 행성에서 왜소행성으로 바뀌었고 명칭도 '134340 플루토'로 바뀌었답니다.

> **잠깐 퀴즈** 태양계의 9번째 행성이었다가 왜소행성으로 바뀐 행성은?
> 정답) 명왕성

1931년

엠파이어 스테이트 빌딩 건축
뉴욕에 102층짜리 초고층 빌딩을 짓다

자유의 여신상과 함께 미국을 대표하는 건물에는 엠파이어 스테이트 빌딩이 있어요. 엘리베이터의 기술이 발전함에 따라 세계적으로 최고 높이의 건물을 세우려는 경쟁이 치열했는데, 미국은 무려 102층짜리 빌딩을 만들었답니다. 이 빌딩은 1954년까지 세계 최고층 빌딩이었어요.

▲ 1930년 인근 공사 현장에서 보이는 엠파이어 스테이트 빌딩

1931년 ~1933년

- 일본의 만주 점령 **1931년**
- 조선어 학회 설립 **1931년**
- 도시락 폭탄 투척 **1932년**

1931년
일본의 만주 점령
일본이 만주 지역을 침략하다

만주는 원래 중국의 영토예요. 하지만 일본이 호시탐탐 노리고 있었죠. 세계 대공황으로 경제가 어려워진 일본은 만주 침략을 본격적으로 시작했어요. 일본은 남만주 철도를 폭파하고 중국군에게 뒤집어씌웠어요. 그리고 군사를 움직여 '만주국'을 세우고 자신들의 식민지로 삼았죠.

1931년

조선어 학회 설립
우리말과 우리글을 연구하는 단체

조선어 학회는 이때 우리의 말과 글을 연구하기 위해 조직한 단체예요. 조선어 학회는 『한글 맞춤법 통일안』을 발표하여 표준어의 기초를 다지고, 우리말을 모으는 말모이 작전을 통해 일본의 탄압 속에서도 우리말 『큰사전』을 발간하기 위해 노력했답니다. 광복 이후에는 '한글학회'로 이름을 바꾸어 현재까지 활동하고 있어요.

1932년
도시락 폭탄 투척
상하이 훙커우 공원에서 도시락 폭탄을 던지다

1932년 4월 29일 상하이 훙커우 공원에서는 일왕의 생일과 전쟁 승리를 축하하는 기념식이 열렸어요. 이때 윤봉길 의사는 도시락과 물통 모양의 폭탄을 들고 기념식장으로 들어갔어요. 윤봉길 의사는 무대를 향하여 폭탄을 던졌고 '대한 독립 만세'를 외쳤답니다. 이 사건으로 많은 일본 장교와 주요 인사들이 목숨을 잃거나 크게 다쳤다고 해요.

중동의 석유 개발 시작	뉴딜 정책	전자 현미경 개발
1932년	1932년	1933년

1932년
중동의 석유 개발 시작
중동에서 대규모 유전이 개발되다

석유는 아주 오래전부터 사용되었어요. 그러다가 석유의 가치를 알게 된 미국이 땅속에서 석유를 퍼내는 데 성공하고, 디젤 엔진이 개발되면서 석유의 사용량이 폭발적으로 증가했지요. 1932년에는 이라크가 영국의 지배에서 벗어나 독립 국가가 되면서 중동의 거대한 석유 매장량이 개발되기 시작했어요.

1932년
뉴딜 정책
미국이 펼친 경제 부흥 정책

미국의 주식 폭락으로 나라가 어려워지고 대공황으로 이어지자 루스벨트 대통령은 국가가 나서서 산업을 일으키고 경제를 부흥시키는 뉴딜 정책을 내놓았어요. 이 정책으로 댐 건설 등 공공사업을 통한 일자리가 생겨났어요. 또 물가를 안정시키기 위해 나라에서 생산하는 물건의 양과 값을 간섭할 수 있도록 했답니다.

> **잠깐 퀴즈** 대공황에서 벗어나기 위해 뉴딜 정책을 펼친 미국의 대통령은?
> 정답) 루스벨트

1933년
전자 현미경 개발 `과학`
전자파를 이용하여 물체를 확대하는 현미경을 개발하다

전자 현미경은 빛보다 파장이 짧은 전자파(전자선)를 이용해 물체를 전자 렌즈로 확대하는 현미경이에요. 독일의 루스카는 400배 확대할 수 있는 전자 현미경을 처음 개발했지요. 요즘은 25만 배까지 확대할 수 있다고 해요. 전자 현미경은 세포뿐만 아니라 아주 작은 물질의 분포 상태나 입체 구조 등의 분석도 가능해요.

1933년 ~1937년

여객 비행기 운항 1935년

리히터 지진계 개발 1935년

1935년
여객 비행기 운항
여행을 위해 비행기를 타다

비행기가 발명된 이래 제1차 세계 대전으로 빠르게 기술이 발달하였고 장거리 비행도 가능해졌어요. 이때는 주로 물건을 운반하거나 군용기로 사용되었죠. 사람들을 태우기 위한 전용 여객기는 1930년대가 되어서야 본격적으로 개발되기 시작했어요. 1935년 12월 처음 비행한 더글러스 DC-3은 많은 인원을 한꺼번에 수송하는 여객기의 시초라고 할 수 있어요.

▼ 더글러스 DC-3 기종의 비행기

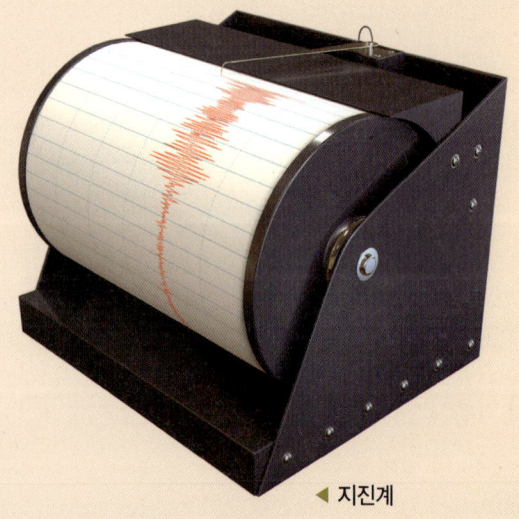
◀ 지진계

1935년
리히터 지진계 개발 〔과학〕
지진계를 개발하여 지진을 기록하다

예전에는 지진으로 인한 피해를 기준으로 지진의 크기를 측정했어요. 그러나 나라, 지역, 환경에 따라 피해가 달라 지진의 크기를 정확하게 알 수 없었어요. 이에 미국의 지진학자 찰스 리히터는 지진 기록의 최대 진폭과 처음 지진이 발생한 땅속으로부터 거리를 이용해 계산하는 리히터 지진계를 개발했어요. 또 이 지진계로 기록된 수치를 '규모'라고 해서 지진의 크기 또는 세기를 표현하는 단위로 사용할 것을 제안했지요. 이때부터 과학자들은 지진 규모를 측정하고 비교할 수 있게 되었답니다.

| 피카소의 게르니카 | 중일 전쟁 |
| 1937년 | 1937년 |

1937년

피카소의 게르니카 예술
피카소, 전쟁의 비참함을 그림으로 표현하다

피카소는 입체파를 대표하는 화가예요. 피카소가 그린 '게르니카'는 비극적인 사연을 담고 있어요. 독일의 나치군이 신기술로 만든 무기를 실험하기 위해 평화롭던 스페인의 작은 마을 게르니카에 3시간 이상 동안 무차별 폭격을 했어요. 당시 파리에서 활동하던 피카소는 조국의 끔찍한 소식을 듣고 전쟁을 반대하고 평화를 희망하는 「게르니카」를 완성했다고 해요.

▲ 스페인의 게르니카 마을에 새겨진 피카소의 「게르니카」 복제품

1937년

중일 전쟁
일본이 중국을 침략한 8년간의 전쟁

일본은 어려워진 나라 사정을 해결하기 위해 만주를 침략하여 식민지인 만주국을 세웠어요. 이에 만족하지 않고 중국을 호시탐탐 엿보던 중 1937년 베이징 근처 루거우차오에서 중국군과 일본군이 충돌하면서 대대적인 공격을 시작했어요. 중국의 거센 항의로 전쟁은 장기화하였고 1945년 일본이 태평양 전쟁에서 항복하고 나서야 무려 8년간의 중일 전쟁도 끝이 났어요.

▲ 전투 중인 일본군

1937년 ~1939년

제트기 시험 비행 성공
1939년

이육사의 「청포도」
1939년

▲ He-178 모형

1939년
제트기 시험 비행 성공 _{과학}
세계 최초 터보제트 항공기가 날다

라이트 형제가 만든 비행기로 하늘을 나는 데 성공한 이후 사람들은 더욱더 빠르게 날고 싶어 했어요. 1939년, 독일의 유명한 항공기 제작 회사인 하인켈에서 제트 엔진을 장착한 'He-178'을 제작하여 세계 최초로 제트기 시험 비행에 성공했지요. 제트 엔진은 기체나 액체 등의 유체를 아주 빠르게 뒤로 뿜어내 이때 발생하는 반작용으로 추진력을 얻는다고 해요. 이로 인해 초고속 비행기의 시대가 열렸답니다.

1939년
이육사의 「청포도」 _{예술}
민족 시인이자 독립운동가

이육사를 숫자로 쓰면? 264지요! 1927년 조선은행 대구지점 폭파 사건에 연루되어 대구 형무소에 갇혔을 때의 죄수 번호가 264였대요. 그 후부터 이육사라는 이름으로 활동했지요. 이육사의 본명은 이원록이에요. 이육사는 시를 통해 일제 강점기 시대 민족의 비극과 강렬한 저항 의지를 나타냈어요. 중학교, 고등학교에 가면 국어 교과서에서 이육사의 시를 만날 수 있을 거예요.

내 고장 칠월은 청포도가 익어가는 시절
이육사

제2차 세계 대전 발발
1939년

히틀러
1889년~1945년

1939년
제2차 세계 대전 발발
독일, 이탈리아, 일본이 일으킨 인류 최대의 전쟁

독일의 권력을 장악한 히틀러는 반대 세력을 눌러 나치스 정당 하나만 남겨 두고 독재 체제를 만들었어요. 독일 사람들은 히틀러의 정책이 경제를 안정시켰다고 생각하고 우수한 독일 민족이 유럽을 지배해야 한다는 히틀러의 생각을 믿고 따랐다고 해요. 전쟁 준비를 하던 히틀러는 1938년 오스트리아로 쳐들어갔고, 체코슬로바키아의 서쪽 땅도 빼앗았어요. 1939년 9월 1일 독일이 폴란드를 침략하면서 제2차 세계 대전이 시작되었답니다.

잠깐 퀴즈 제2차 세계 대전을 일으킨 나라는?
정답) 독일

1889년~1945년
히틀러 인물
세계 대전을 일으킨 독일의 독재자

히틀러는 독일의 정치가로 독일을 이끄는 총통이었어요. 그는 독일 민족의 유럽 제패를 실현하려고 제2차 세계 대전을 일으켰어요. 히틀러가 이끄는 독일 나치군은 유대인들을 학살하고 세계 여러 나라를 침략했지요. 하지만 연합군에 밀려 수도 베를린이 함락될 무렵, 자살로 생을 마감하였답니다.

| 1939년 ~1941년 | 전자식 디지털 컴퓨터 등장 1939년 | 프랑스 함락 1940년 | 일본의 제2차 세계 대전 가담 1940년 |

1939년

전자식 디지털 컴퓨터 등장 〈과학〉
최초의 디지털 컴퓨터가 등장하다

1939년 미국에서 아타나소프와 베리가 완전한 전자식 계산기를 발명했어요. 디지털 방식의 데이터와 재생식 메모리를 사용하는 등 오늘날 컴퓨터의 시초가 된 이 계산기는 만든 사람의 이름을 따서 ABC(Atanasoff-Berry Computer) 컴퓨터라고 불러요. 책상만 한 크기에 최초의 전자식 디지털 컴퓨터라고 하지만 실제 처리 속도나 계산 능력은 정확하게 밝혀지지 않았답니다.

▲ 아이오와 주립 대학에 있는 ABC 컴퓨터

1940년

프랑스 함락
프랑스가 독일에 함락되다

독일이 폴란드를 침략하자 영국과 프랑스는 독일에 전쟁을 선포하고 연합하였어요. 그러나 전쟁 준비를 착실히 한 독일의 힘은 대단했어요. 1940년 덴마크, 노르웨이, 네덜란드, 벨기에에 이어 프랑스 땅의 2/3까지 함락시켰답니다.

1940년

일본의 제2차 세계 대전 가담
일본, 동남아시아를 침략하다

유럽의 국가들이 독일과 전쟁을 벌이는 동안 일본은 독일, 이탈리아와 동맹을 맺고 동남아시아로 눈을 돌려 유럽의 식민지들을 빼앗기 위해 전쟁을 일으켰어요. 먼저 프랑스의 식민지였던 자원이 풍부한 인도차이나반도를 점령했답니다.

한국광복군 조직	진주만 공습
1940년	1941년

1940년

한국광복군 조직
대한민국 임시 정부가 조직한 최초의 정식 군대

대한민국 임시 정부는 일본과의 전쟁을 위해 정식 군대의 필요성을 느끼게 되었어요. 임시 정부의 주석 김구는 중국 곳곳에 독립 전쟁을 벌이는 독립군을 모아 우리나라 최초의 정식 군대 한국광복군을 조직하였답니다. 한국광복군은 미국 특수 부대의 지원으로 훈련을 받으며 국내로 돌아가 나라를 되찾으려 했어요. 하지만 갑작스러운 일본의 항복으로 뜻을 이루지 못했지요.

▲ 한국광복군 창립 기념사진

1941년

진주만 공습
일본, 미국 하와이 진주만을 공격하다

제2차 세계 대전 중 일본은 하와이 진주만에 있는 미국 태평양 함대를 기습 공격하여 수많은 전함과 비행기를 파괴했어요. 이때 미국인 사망자와 부상자는 2,300명 이상이었다고 해요. 일본은 진주만 공습과 동시에 홍콩과 말라야(지금의 말레이시아 지역)에 있던 영국 기지를 공격하고 필리핀에 있던 미국 비행장도 폭격했어요.

1941년 ~1943년

태평양 전쟁 발발 1941년

나치의 유대인 체포 1942년

1941년
태평양 전쟁 발발
일본과 연합군이 태평양을 사이에 두고 벌인 전쟁

일본의 진주만 공습으로 미국은 공개적으로 대일 선전 포고를 했어요. 미국은 제2차 세계 대전에 참전해 영국, 중국과 연합했어요. 미국을 비롯한 연합군은 일본과 태평양을 사이에 두고 전쟁을 하게 되는데 이 전쟁이 바로 태평양 전쟁이랍니다.

▲ 루스벨트 대통령과 연합국의 대표들

1942년
나치의 유대인 체포
나치 독일이 유대인을 학살하다

> **잠깐 퀴즈** 태평양 전쟁의 원인이 된 사건은?
> 정답) 진주만 공습

제2차 세계 대전을 일으킨 히틀러는 독일과 전 세계의 불행은 유대인들 때문이라고 생각했대요. 그래서 각 유럽으로 퍼진 유대인들을 체포해 강제 수용소(폴란드 아우슈비츠)에 가두고 독가스 및 갖은 방법으로 거의 몰살시켰답니다. 인간의 잔인함을 볼 수 있는 인류 최대의 대학살이었죠.

▲ 유대인 강제 수용소, 아우슈비츠

▲ 시체 소각로

미드웨이 해전
1942년

연합군의 이탈리아 침공
1943년

1942년
미드웨이 해전
미국, 암호 해독으로 승리를 이루다

미국은 진주만 공습의 보복으로 일본의 주요 도시를 폭격했어요. 이에 충격을 받은 일본은 야마모토 연합 함대를 보내 미드웨이섬에 있는 미군 기지를 점령하려는 계획을 세웠어요. 하지만 일본의 암호를 해독한 미국은 미리 대비하여 일본의 모든 항공 모함을 격파했답니다. 미드웨이 해전으로 미국은 태평양 전쟁에서 주도권을 잡게 되었지요.

▲ 불타고 있는 일본 순양함 위로 날고 있는 미군 폭격기

1943년
연합군의 이탈리아 침공
연합군, 이탈리아 본토를 침공하여 승리하다

미국과 연합국은 독일을 지원하는 이탈리아를 침공하기로 했어요. 당시 이탈리아는 무솔리니 정부가 독일 나치의 힘을 빌려 권력을 잡고 있었지요. 연합군은 이탈리아 본토를 공격해 항복을 받아 내었어요. 그렇게 이탈리아에서 나치 독일을 몰아내는 데 성공하면서 이탈리아 전역의 전쟁은 막을 내렸답니다.

▲ 무솔리니와 히틀러

1943년 ~1945년

결핵 치료제 스트렙토마이신 개발 1943년

노르망디 상륙 작전 1944년

1943년

결핵 치료제 스트렙토마이신 개발 〈의학〉

결핵 치료제를 개발하다

미국의 미생물학자 왁스먼(Waksman)과 그의 조수는 유기 물질을 분해하는 토양을 연구하던 중 폐렴에 효과적인 효소를 발견하게 되었어요. 그리고 이것을 연구하여 스트렙토마이신이라는 항생제를 개발했지요. 이 항생제는 최악의 질병인 결핵에 효력이 있음이 인정된 최초의 치료제랍니다. 이로써 페니실린과 더불어 환자의 생명을 구하는 또 하나의 항생제를 얻게 된 것이죠.

1944년

노르망디 상륙 작전

연합군이 노르망디에 상륙하여 프랑스를 해방한 해전

100만 명이 넘는 연합군이 노르망디 상륙 작전을 위해 영국 해안에 모였어요. 당시 독일도 노르망디 상륙 작전을 할 것이라는 것을 알고 있었대요. 독일은 어뢰를 장착한 U보트 잠수함으로 방어했으나 연합군의 전투기가 U보트를 격침시키고 총공격을 가해 오자 후퇴할 수 밖에 없었지요. 결국, 미·영 연합군의 프랑스 노르망디 상륙 작전이 성공하면서 프랑스 파리를 되찾았답니다.

잠깐 퀴즈 프랑스를 해방하는 데 결정적 도움이 된 해전은?
정답) 노르망디 해전

얄타 회담	독일 항복
1945년	1945년

1945년

얄타 회담
소련의 얄타에 모여 종전 이후 상황을 의논한 회담

독일이 항복하기 얼마 전, 종전 이후의 상황을 의논하기 위해 소련의 얄타에서 미국, 영국, 소련의 대표(루스벨트, 처칠, 스탈린)들이 모였어요. 이들은 독일이 항복하면 미국, 영국, 소련, 프랑스가 독일 영토를 나누어 다스릴 것을 결정했어요. 이로써 독일이 동서로 분단되는 결과를 낳았죠. 이 회담에서 우리나라 신탁 통치에 대한 이야기도 나왔다고 해요.

1945년

독일 항복
독일이 전쟁에서 무조건 항복 선언을 하다

얄타 회담이 끝난 지 얼마 지나지 않아 독일은 무조건 항복을 선언했어요. 제2차 세계 대전을 일으켰던 히틀러는 소련군이 독일의 베를린으로 진격하던 때, 수상 관저 지하실에서 자살했어요. 아직 일본의 항복을 받아 내지는 못했지만, 인류 최대의 전쟁은 서서히 끝나가고 있었답니다.

1945년

원자 폭탄 실험
1945년

1945년

원자 폭탄 실험 과학
우라늄을 이용한 강력한 살상 무기를 개발하다

1930년대 독일의 과학자들이 우라늄의 원자핵이 핵분열하면 엄청난 에너지가 나오는 것을 발견했어요. 처음에는 에너지 자원으로 사용하기 위해 개발했는데 제2차 세계 대전이 일어나자 우라늄을 이용한 폭탄을 연구하기 시작했죠. 연합군은 미국의 주도로 원자 폭탄을 개발하였고 인류 역사상 가장 강력한 살상 무기인 원자 폭탄 개발 및 실험에 성공하였답니다.

> **잠깐 퀴즈** 원자 폭탄의 주원료는?
> 정답) 우라늄

▲ 히로시마에 떨어진 '리틀 보이'

▲ 나가사키에 떨어진 '팻 맨'

원자 폭탄 사용
1945년

1945년

원자 폭탄 사용
원자 폭탄 공격으로 일본이 항복하다

미드웨이 해전으로 기세가 기울어진 일본은 이탈리아, 독일이 항복한 이후에도 끝까지 항복하지 않았어요. 이에 미국은 히로시마에 리틀 보이(Little Boy)라고 명명한 원자 폭탄을 투하했어요. 그리고 3일 후 다시 나가사키에 두 번째 폭탄 팻 맨(Fat Man)을 떨어뜨렸죠. 인류 역사상 처음으로 원자 폭탄의 공격을 받은 일본은 1945년 8월 15일 연합국에 항복했고 마침내 제2차 세계 대전은 끝이 났어요.

잠깐 퀴즈 우리나라는 언제 광복을 맞이하였나요?
정답) 1945년 8월 15일

▲ 원자 폭탄을 떨어뜨린 에놀라 게이 폭격기

▲ 원자 폭탄 투하 후 황폐한 히로시마

1945년

광복과 분단
1945년

모스크바 3국 외상 회의
1945년

1945년

광복과 분단
광복과 동시에 분단국가가 되다

우리나라는 일본의 항복으로 1945년 8월 15일에 광복을 맞이하였어요. 여운형을 중심으로 조선 건국 준비 위원회가 결성되고 김구를 비롯한 임시 정부 지도자들도 귀국해 새로운 나라 만들기에 참여했죠. 그러나 일본군의 무장을 해제한다는 이유로 북쪽에는 소련, 남쪽에는 미국이 주둔하면서 대한민국은 둘로 나뉘게 되었답니다.

1945년

모스크바 3국 외상 회의
미·영·소 대표 모스크바에 모여 한반도 문제를 논의하다

1945년 12월 미국, 영국, 소련 세 나라 대표는 모스크바에 모여 한반도 문제를 의논했어요. 회의 결과 민주적인 임시 정부를 수립하고 5년간 신탁 통치를 하기로 결정하였답니다. '신탁 통치'는 특정 국가가 일정 지역을 대신 통치하는 제도를 말해요. 모스크바 3국 외상 회의 결정에 우리 민족은 신탁 통치를 찬성하는 입장과 반대하는 입장이 대립하면서 갈등을 겪게 되었답니다.

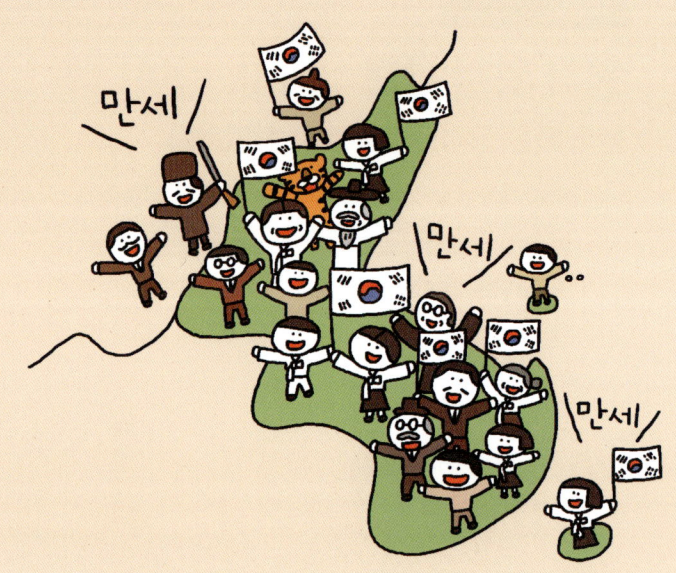

베트남 분단
1945년

UN, 국제 연합 탄생
1945년

1945년
베트남 분단
베트남이 둘로 나뉘다

베트남은 프랑스의 식민지였다가 제2차 세계 대전 중 일본의 보호국이 되었어요. 그러다 전쟁이 끝나고 일본이 항복하자 베트남의 공산주의자들은 독립을 선언했어요. 이때 베트남 공산주의를 이끈 사람은 호찌민이었죠. 하지만 프랑스가 다시 베트남의 지배권을 주장하며 반(反)공산주의 정서가 강한 남베트남을 장악했어요. 결국, 베트남도 우리나라와 마찬가지로 분단이 되었답니다.

1945년
UN, 국제 연합 탄생
국가 간 갈등을 조정하는 범세계적인 국제기구

국제 연합은 전쟁을 막고 평화를 지키자는 국제 연맹의 정신을 계승하여 설립되었어요. United Nations(국제 연합), 줄여서 UN 이라는 명칭은 루스벨트 대통령이 제안했죠. UN은 국가 간 갈등을 조정하고 전쟁 지역에 평화 유지군을 보내기도 하는데 현재 유일한 범세계적인 국제기관이랍니다. 2006년에는 우리나라 반기문이 국제 연합의 사무총장으로 당선되기도 했어요.

잠깐 퀴즈 전쟁을 막고 평화를 지키기 위해 설립된 국제기관은?
정답) 국제 연합(UN)

8 과학 기술의 시대

제2차 세계 대전이 끝나고 세계의 정세가 급격하게 변하기 시작했어요. 우리나라는 일제로부터 독립을 이루고 다시 나라의 기틀을 세우면서 여러 가지 사건, 사고도 잦았어요. 또 세계적으로는 인공위성 발사, 달 도착 등 우주 기술이 발달하고 휴대 전화, 컬러 TV, 개인용 컴퓨터, 인터넷 등 정보 통신 기술이 빠르게 발전했지요. 이런 과학 기술의 발달은 인간의 생활을 더욱 편리하게 만들기도 했지만, 세계 여러 나라가 지구촌으로 더 가까워지면서 바이러스나 질병의 전파도 빨라졌답니다.

1945년 ~ 현재

1945년 ~1947년

에니악 개발 1946년

안네의 일기 출간 1947년

1946년
에니악 개발 〔과학〕
집채만 한 세계 최초 전자식 디지털 컴퓨터

미국 육군은 적의 미사일 궤도를 빠른 시간 안에 계산하기 위해 컴퓨터를 개발하기 시작했어요. 그 결과 무게가 30t에 달하는 집채만 한 컴퓨터, 에니악(ENIAC)을 완성했지요. 에니악은 사람이 7시간에 걸려 푸는 문제를 3초 만에 해결했다고 해요. 당시로서는 아주 획기적인 능력이었죠.

1947년
안네의 일기 출간 〔예술〕
유대인 소녀 안네가 제2차 세계 대전 당시의 실상을 기록한 일기

세계적인 베스트셀러 『안네의 일기』는 유대인 소녀 안네 프랑크가 직접 쓴 일기예요. 2차 세계 대전 때 안네 프랑크와 가족은 유대인을 말살하려는 독일 나치를 피해 2년 동안 식료품 공장 뒷방에서 숨어서 생활했어요. 하지만 결국 발각되어 안네는 16살의 짧은 생을 마쳤어요. 『안네의 일기』는 유일하게 살아남은 그녀의 아버지에 의해 출판되어 세계 각국의 언어로 번역되었어요.

> **잠깐 퀴즈** 안네가 일기를 기록한 시대는 언제였나요?
> 정답) 제2차 세계 대전 시기

▲ 일기를 쓰는 안네의 모습

트랜지스터 개발	인도 독립	간디
1947년	1947년	1869년~1948년

1947년
트랜지스터 개발 `과학`
전기 신호를 증폭하는 작은 반도체 소자를 개발하다

오늘날 사용하는 대부분 전자 제품에 사용되는 필수 부품이죠. 미국의 벨 연구소, 세 명의 과학자가 만들어 낸 트랜지스터는 전자 공학 분야에 혁명을 일으켜 라디오, 계산기, 컴퓨터 등이 소형화되는 데 큰 역할을 했답니다.

1947년
인도 독립
인도가 영국의 지배에서 독립하다

인도는 간디의 비폭력 무저항 독립운동으로 세계 여론의 지지를 얻게 되면서 영국으로부터 독립했어요. 우리나라가 일제로부터 독립한 지 딱 2년 후인 1947년 8월 15일이었죠. 하지만 인도 내에서 힌두교도와 이슬람교도 사이의 무력 충돌이 벌어졌어요. 결국, 힌두교도의 인도와 이슬람교도의 파키스탄으로 갈라지게 되고, 오늘날까지도 치열한 갈등을 벌이고 있답니다.

1869년~1948년
간디 `인물`
비폭력 무저항 운동을 벌인 인도의 민족 운동 지도자

간디는 인도가 영국의 지배를 받던 시절, 변호사 자격을 취득했어요. 그 후, 남아프리카에서 차별받는 인도인을 보며 차별 폐지에 앞장섰지요. 인도로 돌아온 간디는 영국에 불복종하는 비폭력 무저항 운동을 벌였어요. 독립한 후에는 힌두교도들과 이슬람교도들이 사이좋게 지낼 것을 호소했지요. 그러다가 과격한 힌두교도가 쏜 총에 맞아 세상을 떠났어요. 사람들은 그를 위대한 영혼이라는 뜻의 '마하트마'를 붙여, 마하트마 간디라고 부른답니다.

1947년 ~1949년

| 5·10 총선거 1948년 | 제헌 국회 헌법 공포 1948년 | 대한민국 정부 수립 1948년 |

1948년

5·10 총선거
대한민국 최초의 국회의원 선거

광복 후, 국제 연합(UN)의 결정에 따라 남북한 총선거를 하려고 했었어요. 하지만 소련이 북한에 선거 관리 위원단이 들어오는 것을 거절했죠. 결국 1948년 5월 10일, 남한에서만 대한민국 최초의 국회의원 선거가 치러졌어요.

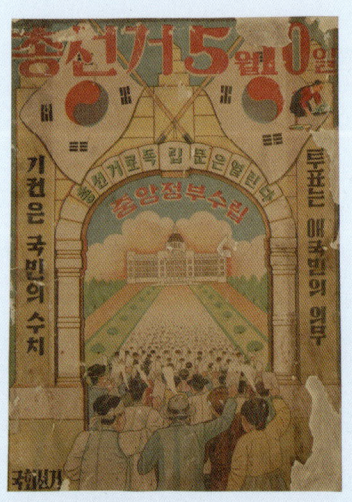

▲ 5·10 총선거 포스터

헌법 제1조 제1항 '대한민국은 민주 공화국이다.'

1948년

제헌 국회 헌법 공포
대한민국 최초의 헌법이 공포되다

5·10 총선거로 대한민국 제1대 국회가 구성되고 제일 먼저 한 일은 헌법을 만드는 것이었어요. 그래서 '제헌 국회'라고도 하지요. 헌법은 국가의 가장 기본적인 법으로 국민의 기본권을 보장하는 최고의 규범이랍니다. 1948년 7월 17일, 제헌 국회에서 최초의 헌법을 공포했어요. 7월 17일이 왜 제헌절인지 이제 알겠지요?

> **잠깐 퀴즈** 최초의 헌법이 만들어진 날을 기념하는 제헌절은 언제인가요?
> 정답) 7월 17일

1948년

대한민국 정부 수립
대한민국 최고 통치 기구가 수립되다

5·10 총선거로 구성된 제헌 국회에서 헌법이 제정되고 이 헌법에 따라 대통령 선거를 시행했어요. 그 결과 초대 대통령에는 이승만, 부통령에는 이시영이 당선되었죠. 1948년 8월 15일, 우리나라가 일제로부터 광복한 지 딱 3주년이 되는 날, 나라의 행정 일을 맡아 할 내각이 구성되면서 대한민국 최고의 통치 기구인 대한민국 정부가 수립되었답니다.

| 이승만 | 중국 건국 |
| 1875년~1965년 | 1949년 |

1875년~1965년

이승만 인물
대한민국 초대 대통령

이승만은 일제 강점기에는 독립 협회에서 활동했으며 상해 대한민국 임시 정부의 대통령을 지내기도 했어요. 1948년 대한민국 정부 수립과 함께 초대 대통령에 당선되어 제1대, 제2대, 제3대 대통령을 역임했어요. 하지만 대통령이 되는 과정에서 마음대로 헌법을 개정하고 부정 선거를 조작한 것이 들통나면서 대통령 자리에서 물러나 하와이로 망명했어요.

1949년
중국 건국
중국 공산당이 세운 나라

1912년 신해혁명으로 중국의 청나라 왕조가 무너지고, 중국 내에서는 중국 공산당과 중국 국민당이 10년 넘게 대립하며 무장 투쟁을 벌였어요. 이후 일본과 맞서 항일 전쟁에서 이긴 중국 공산당이 중국 국민당을 타이완으로 몰아내고 세운 나라가 바로 중국(중화 인민 공화국)이랍니다. 이때 중국 공산당을 승리로 이끈 지도자가 바로 중국의 제1대 주석 마오쩌둥(모택동)이에요.

▲ 천안문의 마오쩌둥 초상

1950년 ~1951년

6·25 전쟁 1950년

인천 상륙 작전 1950년

1950년

6·25 전쟁
북한이 남한을 침략하여 일으킨 전쟁

1945년 광복 이후, 북에는 조선 민주주의 인민 공화국이 세워졌어요. 남쪽에는 대한민국 정부가 들어섰고요. 그러다가 1950년 6월 25일 새벽, 소련과 중국의 지원을 받은 북한이 남쪽을 침략해 일으킨 전쟁이 바로 6·25 전쟁이에요. 아무런 대비를 하지 못했던 대한민국 정부는 후퇴를 거듭하며 부산으로 수도를 임시로 옮겨야 했어요.

잠깐 퀴즈 6·25 전쟁은 몇 년에 일어났나요?
정답) 1950년

▲ 6·25 당시 우리 국군

1950년

인천 상륙 작전
맥아더 장군이 인천에서 북한군의 후방을 공격한 작전

6·25전쟁이 시작되고 북한은 남쪽으로 계속 밀고 들어왔어요. 우리 국군은 마지막 방어선인 낙동강까지 후퇴하게 되었지요. 이때 맥아더 장군이 이끄는 유엔군은 북한군을 뒤에서 공격할 계획을 세우고 인천 월미도에 해군과 육군을 상륙시켰어요. 이 작전이 바로 인천 상륙 작전이랍니다. 이 작전의 성공으로 국군과 유엔군은 서울을 되찾고 전쟁의 주도권을 잡아 전세가 뒤바뀌게 되었어요.

◀ 맥아더 장군

| 컬러텔레비전 등장 | 원자력 발전소 가동 |
| 1951년 | 1951년 |

1951년
컬러텔레비전 등장
컬러로 보는 세상

컬러텔레비전은 1951년 미국에서 처음 도입되었어요. 처음에는 제대로 정착하지 못하다가 1954년부터 미국 전역에 컬러로 방송되기 시작했지요. 우리나라는 1980년에 KBS에서 대한민국 최초로 컬러텔레비전 방송을 시작했다고 해요.

1951년
원자력 발전소 가동 과학
원자력 에너지를 이용하여 전기를 생산하는 발전소

산업 혁명 이후 전 세계 전기의 대부분은 석유나 석탄 등 화석 연료를 태워 발생하는 열로 전기를 생산하는 화력 발전이었어요. 그러다가 1951년 원자로에서 만들어진 원자력이 전력 생산에 처음 사용되기 시작했어요. 원자력 발전소는 방사성 폐기물이 생긴다는 문제가 있지만, 온실가스를 발생시키지 않고, 많은 전력을 안정적으로 생산할 수 있다는 장점이 있어요. 현재 지구 전력의 6분의 1 정도가 원자력 발전을 이용하고 있다고 해요.

1951년 ~1955년

수소 폭탄 실험 1952년

휴전 협정 1953년

1952년

수소 폭탄 실험 과학
핵융합을 이용한 강력한 핵폭탄을 개발하다

제2차 세계 대전 후 최강국이 된 미국과 소련이 중심이 되어 세계가 두 편으로 갈라진 냉전 시대. 미국은 소련의 수소 폭탄 개발 성공을 견제하기 위해 먼저 경쟁적으로 수소 폭탄을 개발했어요. 원자 폭탄보다 강력한 파괴력을 가진 수소 폭탄 실험으로 남태평양의 섬 하나가 거의 사라졌다고 해요.

> **잠깐 퀴즈** 제2차 세계 대전 후, 미국과 소련을 중심으로 나뉘어 대립한 시기를 부르는 말은?
> 정답) 냉전 시대

▲ 첫 수소 폭탄 실험 후의 버섯구름

1953년

휴전 협정
6·25 전쟁이 중지되다

1950년 시작된 6·25 전쟁은 1953년 휴전 협정으로 막을 내렸어요. 당시 이승만 대통령은 이 협정에 반대했어요. 그래서 한국의 작전권을 가지고 있던 UN군이 북한, 중국의 대표만 모아 휴전 협정에 서명했다고 해요. 이 휴전 협정으로 6·25 전쟁이 중지되었고, 남한과 북한은 휴전 상태로 지금까지 유지되고 있어요.

▲ 북한의 휴전선

에베레스트산 최초 등반
1953년

디즈니랜드 개장
1955년

1953년
에베레스트산 최초 등반
세계 최고봉에 오르다

세계 각국의 탐험가들은 자신과 나라의 명예를 위해 가장 높은 산, 에베레스트산 정상에 오르려고 도전했어요. 그중 가장 열심인 나라가 영국이었어요. 영국의 탐험대는 무려 8번의 실패 후 드디어 1953년 5월에 인류 최초로 에베레스트산 정상에 올랐답니다.

1955년
디즈니랜드 개장
월트 디즈니가 만든 놀이공원

미키마우스와 도날드덕부터 시작해 겨울왕국, 알라딘까지 유명한 애니메이션을 만드는 만화 영화 제작자 월트 디즈니. 그가 1955년, 미국 캘리포니아에 세운 대규모의 놀이공원이 디즈니랜드예요. 디즈니랜드는 60년이 넘은 지금까지도 수많은 사람이 찾는 명소랍니다. 미국 외에 일본, 프랑스, 홍콩, 중국에도 디즈니랜드가 있어요.

| 1955년~1959년 | 미국 흑인 민권 운동의 불씨 1955년 | 마틴 루터 킹 1929년~1968년 |

1955년
미국 흑인 민권 운동의 불씨
『사라, 버스를 타다』의 실제 이야기

교과서에도 나오는 『사라, 버스를 타다』라는 동화를 읽어 봤을 거예요. 버스에 앉아 있던 흑인 아이가 백인에게 자리를 내주지 않아 경찰에 체포되면서 벌어지는 이야기 말이에요. 이 동화는 로사 파크스의 실제 이야기를 바탕으로 쓰였답니다. 당시 미국 남부에서는 흑인과 백인이 서로 따로 앉아야 하는 인종 차별법이 있었는데 이 사건으로 흑인 민권 운동의 불씨가 당겨졌어요. 이후 382일 동안 흑인들은 버스 보이콧을 하였고 로사 파크스는 커서 시민 운동가가 되었어요.

1929년~1968년
마틴 루터 킹 인물
평등한 세상을 꿈꾼 인권 운동가

마틴 루터 킹은 인종 차별에 맞서 평화적인 방법으로 흑인들의 불평등한 제도를 개선하기 위해 노력한 인권 운동가이자 목사예요. 흑인 민권 운동의 불씨가 되었던 로사 파크스 사건을 '버스 안 타기' 운동으로 승리로 이끌었고, 흑인들도 투표할 수 있는 권리를 얻는 데 크게 기여했지요. 1964년에는 그 공로를 인정받아 노벨 평화상을 수상하였어요.

> **잠깐 퀴즈** 마틴 루터 킹의 직업은?
> 정답) 목사

스푸트니크 발사	달 탐사선 루나	복사기 등장
1957년	1959년	1959년

1957년

스푸트니크 발사 과학

소련이 쏘아 올린 세계 최초의 인공위성

지구와 같은 행성 주위를 도는 천체를 '위성'이라고 해요. 지금 하늘에는 수천 개의 인공위성이 돌고 있지요. 세계 최초의 인공위성은 1957년에 발사된 소련의 스푸트니크 1호였어요. 한 달 후에는 스푸트니크 2호에 개를 태워 발사했죠. 지구로 다시 돌아오지 못했지만, 우주를 비행하는 우주선에서도 생명체가 살 수 있다는 것을 보여 준 최초의 실험이었어요.

여기는 스푸트니크!

▲ 러시아 우표에 새겨진 루나1, 2, 3호

1959년

달 탐사선 루나 과학

세계 최초 무인 달 탐사선

미국은 소련보다 먼저 달을 정복하기 위해 나섰어요. 1958년에 미국은 달을 탐사하기 위해 파이어니어 1·2·3호를 발사했지만 달 궤도에 진입하는 데는 실패. 그러다 1959년 소련이 발사한 루나 1호가 최초로 달 궤도 진입에 성공했어요. 이렇듯 1960년대 초반까지만 해도 소련의 우주 개발 기술은 미국보다 강했답니다.

1959년

복사기 등장

최초의 자동 복사기가 개발되다

복사기가 널리 대중들에게 퍼지기 시작한 것은 자동 복사기인 '제록스 914'가 개발되면서부터였어요. 제록스 914는 26초에 한 장씩 자동으로 복사할 수 있었다고 해요. 당시로선 꽤 획기적인 제품이었답니다. 최초의 컬러복사기도 1973년 제록스 회사에서 만들었어요.

현대의 복사기 ▶

1959년 ~1960년

비틀스 탄생 1959년

제인 구달, 침팬지 연구 시작 1960년

1959년
비틀스 탄생 예술
세계를 평정한 전설의 록 밴드

비틀스는 몰라도 '렛 잇 비(Let It Be)'라는 노래를 들으면 바로 아! 하고 알 거예요. 비틀스는 영국의 4인조 록 그룹이에요. 존 레넌, 폴 매카트니, 조지 해리슨, 링고 스타 네 사람으로 구성되었죠. 비틀스는 뛰어난 음악성과 대중성으로 세계적인 인기를 얻으며 대중음악의 역사를 바꿔 놓았다는 평을 받고 있어요. 지금도 비틀스의 노래는 많은 사람이 좋아하고 있답니다.

1960년
제인 구달, 침팬지 연구 시작 과학
침팬지에 대한 새로운 연구 결과가 밝혀지다

제인 구달은 영국의 동물학자이자 환경 운동가예요. 동물에 관심이 많았던 제인 구달은 아프리카 탄자니아에서 40년 동안이나 침팬지를 연구했어요. 그 결과 침팬지가 도구를 사용하고, 원시적인 형태의 전쟁을 하는 등 사회생활을 한다는 사실을 밝혀내 세상을 깜짝 놀라게 했지요. 1991년부터는 자연과 동물을 사랑하고 존중하는 마음을 알리기 위해 '뿌리와 새싹'이라는 국제 동물 환경 보호 운동을 진행하고 있답니다.

▲ 제인 구달

| 3·15 부정 선거 | 4·19 혁명 |
| 1960년 | 1960년 |

1960년

 ## 3·15 부정 선거
자유당과 이승만 대통령이 조작한 부정 선거

1960년, 우리나라에서 4번째 대통령과 부통령을 선출하는 선거가 있었어요. 이때 정권을 잡고 있던 자유당과 이승만 대통령은 이미 국민의 지지를 받지 못하고 있었어요. 이에 선거에서 질 것 같으니 유권자 명부 조작, 투표함 바꿔 치기 등 다양한 방법으로 부정 선거를 저질렀어요. 이것이 바로 3·15 부정 선거예요.

> **잠깐 퀴즈** 4·19 혁명의 직접적인 원인이 된 사건은?
> 정답) 3·15 부정 선거

1960년

 ## 4·19 혁명
시민과 학생들 3·15 부정 선거에 항의하다

3·15 부정 선거를 알게 된 국민과 학생들은 잘못된 선거를 무효로 하고 다시 선거를 해야 한다고 주장하며 시위를 벌였어요. 시위는 마산에서 처음 일어난 후 전국으로 번져 나갔죠. 그러다 4월 19일, 전국에서 수십만 명이 모여 시위를 벌였는데 이것을 4·19 혁명이라고 해요. 4·19 혁명으로 이승만 대통령이 물러나고 새로운 정부가 들어서게 되었답니다.

▲ 7·29 총선거에 당선된 윤보선 대통령, 정면 국무총리, 의원들

1960년 ~1962년

- 유인 우주 비행 1961년
- 베를린 장벽 건설 1961년

◀ 보스토크 1호

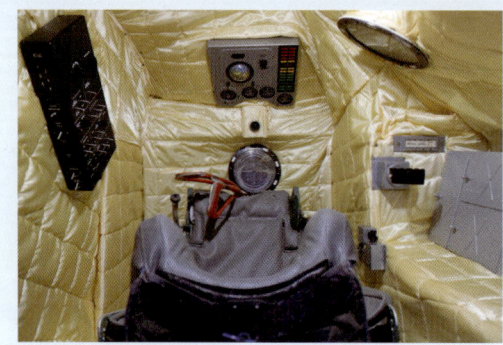

◀ 보스토크 1호 내부 모습

1961년

유인 우주 비행 〔과학〕

사람이 최초로 우주선을 타고 지구 궤도를 돌다

세계 최초로 인공위성을 발사하고 4년이 흐른 1961년, 소련은 다시 인류 역사상 처음으로 사람을 태운 우주선 보스토크 1호를 발사하며 새 역사를 썼어요. 유인 우주선 보스토크 1호는 108분 동안 지구를 한 바퀴 비행하고 다시 지구로 돌아왔어요. 이때 인류 최초로 우주에서 직접 지구를 바라본 우주 비행사는 유리 가가린이었어요.

1961년

베를린 장벽 건설

동독이 서독과의 경계에 쌓은 콘크리트 담장

제2차 세계 대전이 끝난 뒤 독일은 동독과 서독으로 나뉘게 되었어요. 우리나라가 북한과 남한으로 나뉜 것처럼요. 이후 동독의 많은 지식인과 기술자들이 좀 더 발전한 서독으로 망명하기 시작했어요. 이에 동독 정부는 동베를린과 서베를린의 경계에 높이 5m, 길이 165km의 콘크리트 장벽을 쌓아 사람들이 오고 가지 못하게 했어요. 이것이 바로 동서 냉전의 상징인 베를린 장벽이랍니다.

▲ 일부 기념으로 남긴 베를린 장벽의 모습

| 5·16 군사 정변 | 박정희 | 통신 위성 발사 |
| 1961년 | 1917년~1979년 | 1962년 |

1961년

5·16 군사 정변
박정희를 중심으로 군인들이 정권을 잡다

4·19 혁명으로 이승만 대통령이 물러나고 새로운 정부가 들어섰지만, 사회적인 혼란은 여전했어요. 이때 정부의 무능과 사회적 혼란을 이유로 당시 육군 소장이었던 박정희를 중심으로 한 일부 군인들이 정변을 일으키고 정권을 잡게 되었어요. 우리나라에서 군사 통치가 시작된 것이죠.

1917년~1979년

박정희 _{인물}
16년, 장기 집권 대통령

5·16 군사 정변으로 권력을 잡은 박정희는 제5대 대통령에 당선된 이후, 헌법을 고쳐 가며 제9대까지 총 다섯 차례나 대통령을 지냈어요. 경제 개발 5개년 계획, 새마을 운동 등 경제 발전에 크게 기여하기도 했지만, 장기 독재와 민주화 요구를 억누른 강압 정치로 평가가 엇갈리고 있어요.

1962년

통신 위성 발사 _{과학}
먼 나라 사이의 전파를 중계하기 위한 인공위성을 발사하다

미국에서 하는 야구 경기를 실시간으로 우리나라에서 볼 수 있는 이유는 바로 위성 중계 때문이죠. 최초의 TV 위성은 1962년 발사된 텔스타 1호예요. 이 위성은 미국과 대서양 너머에 있는 영국, 프랑스의 방송국 사이를 연결하여 실시간으로 영상을 중계했어요.

1962년 ~ 1968년

경제 개발 5개년 계획 1962년   **케네디 암살** 1963년

▲ 경제 개발 5개년 계획 기념우표

1962년
경제 개발 5개년 계획
빠른 경제 성장을 이끈 정책

박정희 대통령이 경제 발전을 위해 5년 단위로 추진한 정책을 경제 개발 5개년 계획이라고 해요. 1962년에 시작되어 1981년 4차까지 실시되었죠. 우리나라 경제는 이를 바탕으로 빠르게 성장했어요. 하지만 빈부 격차가 심해지고 인구가 도시로 집중되는 문제를 낳기도 했지요.

> **잠깐 퀴즈** 경제 개발 5개년 계획을 세우고 실행한 대통령은?
> 정답) 박정희 대통령

1963년
케네디 암살
미스터리로 남아 있는 케네디 대통령 암살 사건

미국 대통령인 존 F. 케네디는 인종, 종교, 성별에 따른 차별을 없애고 외교 면에서도 동서 냉전 완화를 위해 노력한 대통령이었어요. 그런 그가 텍사스에서 자동차 퍼레이드 중 암살범 오즈월드가 쏜 총에 맞아 사망하는 사건이 일어났어요. 오즈월드 역시 경찰서에서 조사를 받던 중 다른 사람에게 살해당해 사건의 배후와 진상은 정확하게 밝혀지지 않고 미스터리로 남아 있어요.

첫 심장 이식 수술	경인 고속 도로 개통
1967년	1968년

1967년
첫 심장 이식 수술 의학
세계 최초 심장 이식 수술

현대 의학으로도 심장 이식 수술은 굉장히 어려운 수술이에요. 심장 이식 수술을 처음 시도한 것은 남아프리카공화국 케이프타운의 한 병원이었어요. 자동차 사고로 사망한 여성의 심장을 기증받아 이식에 성공했지만, 이식을 받은 환자는 폐 감염으로 18일 만에 사망했다고 해요. 우리나라에서는 1992년 울산대 의대 송명근 교수가 처음으로 심장 이식에 성공했어요.

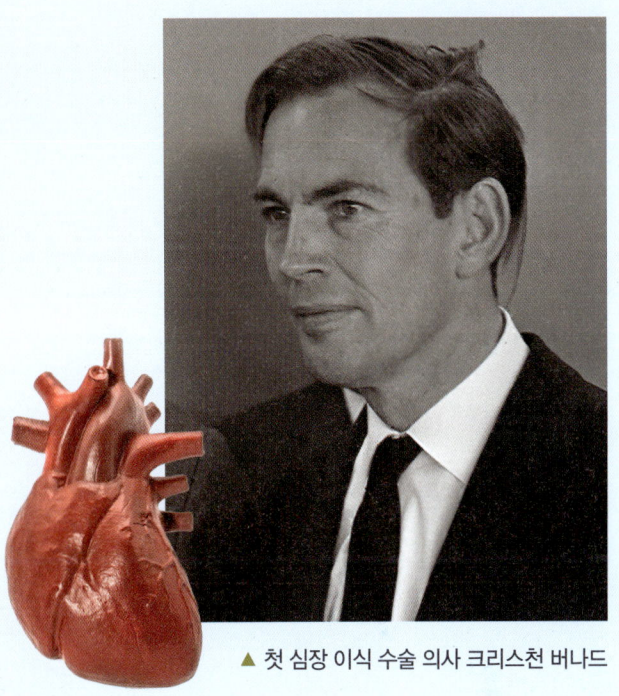
▲ 첫 심장 이식 수술 의사 크리스천 버나드

1968년
경인 고속 도로 개통 한국사
우리나라 최초의 고속 도로

우리나라 최초의 고속 도로는 서울과 인천을 잇는 경인 고속 도로였어요. 비록 도로 길이는 짧지만, 우리나라가 고속 도로 시대로 접어들었다는 상징적인 의미가 있는 도로죠. 경인 고속 도로의 개통으로 서울~인천 간의 소요 시간이 1시간에서 18분대로 단축되었답니다.

1968년 ~1972년

- 달 도착 1969년
- 현금 자동 입출금기 설치 1970년

1969년

달 도착 과학

아폴로 11호를 타고 인류 최초로 달에 착륙하다

인류 최초로 달 착륙에 성공한 나라는 미국이랍니다. 미국인 우주 비행사 닐 암스트롱은 아폴로 11호를 타고 최초로 달을 밟았어요. 그리고 2시간 30분 동안 흙과 암석 표본을 채취한 후, 과학 기기들을 설치하고 돌아왔지요. 닐 암스트롱이 달에 도착하여 내디뎠던 첫 발자국은 지금도 남아 있다고 해요. 달에는 물과 공기가 없어서 비, 바람도 없기 때문이랍니다.

잠깐 퀴즈 인류 최초로 달에 착륙한 미국의 우주선 이름은?
정답) 아폴로 11호

◀ 첫 발자국

1970년

현금 자동 입출금기 설치

은행 업무를 위한 기계가 등장하다

은행이나 편의점에 있는 현금 자동 입출금기를 본 적이 있지요? ATM(Automated Teller Machine)라고도 불리는 이 기계를 처음으로 설치한 곳은 런던의 바클레이즈 은행이었어요. 우리나라는 1979년, 조흥은행 명동 지점에 처음으로 설치되었다고 해요.

| 남북 적십자 회담 | 유신 헌법 | 비디오 게임 등장 |
| 1971년 | 1972년 | 1972년 |

1971년

남북 적십자 회담
남북의 이산가족을 찾기 위한 적십자 회담

우리나라에는 대한 적십자사가, 북한에는 조선 적십자사가 있어요. 대한 적십자사는 전쟁으로 헤어진 이산가족들이 다시 만날 수 있도록 조선 적십자사에 회담을 제안했어요. 북한도 찬성의 뜻을 보냈지만 서로의 의견이 달라 합의가 이루어지지 못했지요. 그렇게 여러 차례 서울과 평양을 오가며 회의한 끝에 1985년, 처음으로 남북 이산가족 고향 방문단 및 예술 공연단의 상호 교환이 이루어졌어요.

1972년

유신 헌법
대통령의 권한을 크게 강화한 헌법

대통령이 된 박정희는 헌법을 바꿔 가며 계속 대통령 자리를 유지했어요. 1972년에도 또 헌법을 바꿔 '유신 헌법'이라며 선포했어요. 원래 '유신'은 낡은 제도를 새롭게 고친다는 뜻이지만 박정희 정부가 선포한 유신 헌법은 대통령의 권한을 크게 강화하고 국민의 기본권을 제한하는 내용이 담겨 있었다고 해요.

> **잠깐 퀴즈** 박정희 정권의 독재를 유지하기 위해 만들어진 헌법은?
> 정답) 유신 헌법

1972년

비디오 게임 등장
최초의 비디오 게임 '퐁'

카트리지, 배틀 그라운드. 이름만 들어도 신나지요? 많은 사람의 여가 생활을 바꾼 비디오 게임이 처음 등장한 것은 1972년 미국에서였어요. 그전에도 간단한 비디오 게임이 있었지만, 상업용으로 제작 판매된 최초의 비디오 게임은 '퐁'이에요. 퐁은 탁구와 비슷한 게임으로 텔레비전 연결이 가능했다고 해요.

1972년 ~ 1978년

• 휴대 전화 등장 1973년
• 데스크톱 컴퓨터 상용화 1975년
• 지진, 중국 강타 1976년

1973년
휴대 전화 등장 과학
최초의 무선 전화 등장

휴대할 수 있는 전화가 최초로 등장한 것은 50년도 안 되었어요. 최초의 무선 휴대 전화는 모토로라 회사에서 선보인 다이나택이에요. 당시 이 전화의 무게는 약 900g이었고 충전하는 데 10시간이 걸렸대요. 그런데 통화는 단 3분 30초만 가능했다고 하니 요즘 스마트폰은 정말 많이 발전한 것이지요?

▲ 모토로라의 다이나택

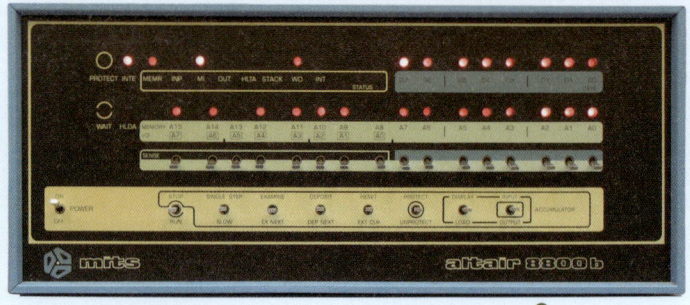
▲ 알테어 8800

1975년
데스크톱 컴퓨터 상용화 과학
가정용 컴퓨터의 제작

1975년, 하버드 대학생이었던 빌 게이츠와 프로그래머 폴 앨런에 의해 최초의 가정용 컴퓨터인 알테어 8800이 개발되었어요. 산업용으로 제작되던 컴퓨터가 가정용으로 제작되면서 큰 관심을 모았죠. 곧이어 스티브 잡스도 자신만의 컴퓨터를 만들어 팔기 시작했어요. 그 컴퓨터가 바로 애플 컴퓨터랍니다.

> **잠깐 퀴즈** 개인용 컴퓨터를 최초로 만들어 팔기 시작한 사람은?
> 정답) 빌 게이츠

1976년
지진, 중국 강타
리히터 7.8의 대지진이 일어나다

20세기 들어 가장 강력하고 파괴적인 지진이 중국 탕산에서 발생하였어요. 지진의 규모를 나타내는 리히터 지진계로 무려 7.8의 대형 지진이었답니다. 당시 중국의 큰 공업 도시 중 하나였던 탕산의 주택과 건물이 대부분 파괴되고, 24만 명이 사망했다는 공식 기록이 있어요.

| 보이저호 행성 탐사 | 시험관 아기 탄생 |
| 1977년 | 1978년 |

1977년

보이저호 행성 탐사 과학
나사(NASA)가 제작한 태양계 무인 탐사선

태양계 외곽을 탐사하기 위해 1977년 발사된 보이저 1호와 보이저 2호는 목성 표면의 소용돌이 바람을 확인하고, 토성의 고리까지 탐사했어요. 이렇게 원래의 임무를 성공적으로 완수하고, 지금은 태양계의 바깥쪽을 향해 날아가고 있답니다. 두 탐사선에는 혹시 외계인과 만날 것에 대비해 지구인의 모습과 그림, 편지, 음성 등을 담은 '지구의 속삭임'이라는 이름의 디스크가 들어 있다고 해요.

1978년

시험관 아기 탄생 의학
시험관에서 난자와 정자를 수정시킨 아기

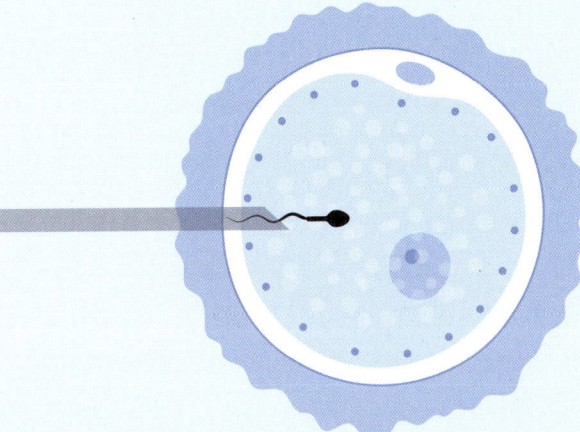

시험관 시술은 여성의 난자를 몸 밖으로 꺼내 유리관 안에서 정자와 결합한 후, 다시 자궁에 넣는 기술이에요. 자연적으로 임신하지 못하는 부부를 위해 개발되었죠. 세계 최초로 태어난 시험관 아기는 1978년 영국에서 태어난 루이스 브라운이에요. 우리나라는 1985년 10월 12일 최초로 시험관 아기 출산에 성공하였어요.

1978년 ~1980년

10·26 사태 1979년

테레사 수녀, 노벨 평화상 수상 1979년

1979년

10·26 사태
김재규가 박정희 대통령을 살해하다

유신 헌법으로 다시 대통령이 된 박정희 정권에 대해 사람들의 불만이 점점 쌓여갔어요. 독재와 유신 체제에 반대하며 민주주의를 요구하는 시위도 곳곳에서 일어나기 시작했고요. 부산과 마산에서는 거센 반대 시위가 있었어요. 이를 부마 민주 항쟁이라고 해요. 부마 민주 항쟁의 진압 과정에서 의견이 달랐던 중앙정보부 부장 김재규가 10월 26일 만찬 도중에 박정희 대통령을 권총으로 살해한 사건을 10·26 사태라고 해요.

1979년

테레사 수녀, 노벨 평화상 수상
가난한 사람들의 어머니 마더 테레사, 노벨 평화상을 받다

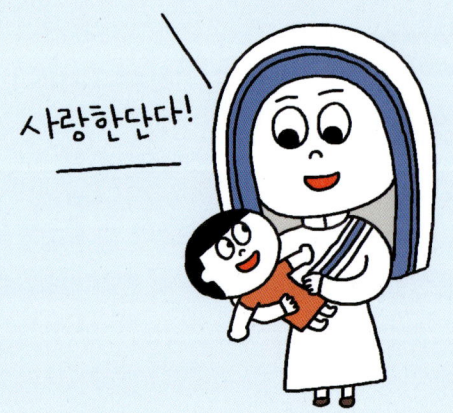

유고슬라비아에서 태어난 테레사 수녀는 인도 콜카타 지역에 '사랑의 선교 수녀회'를 만들고, 평생을 가난하고 병든 사람들을 돌보며 살았어요. 이렇게 가난한 사람들을 어머니처럼 돌보았기에 사람들은 그녀를 '마더 테레사'라고 불렀지요. 테레사 수녀는 1979년에 노벨 평화상을 받기도 했어요. 그녀가 만든 사랑의 선교 수녀회는 지금도 활발하게 운영되고 있어요.

이란·이라크 전쟁	5·18 광주 민주화 운동
1980년	1980년

1980년
이란·이라크 전쟁
영토와 석유를 둘러싼 전쟁

이란과 이라크는 오랜 세월 서로 사이가 좋지 않았어요. 둘 다 이슬람 국가지만 서로 다른 교리를 따르는 등 민족과 종교의 차이가 매우 컸답니다. 1980년 이라크가 영토 분쟁 때문에 이란을 공격하면서 이란·이라크 전쟁이 일어났어요. 8년간의 참혹한 전쟁은 UN의 중재로 마무리되었지만, 1991년 걸프 전쟁으로 다시 이어졌어요.

▲ 광주 민주화 운동 중인 시민들

잠깐 퀴즈 5·18 광주 민주화 운동을 폭력으로 진압한 대통령은?
정답) 전두환

1980년

5·18 광주 민주화 운동
광주 시민들이 군사 독재와 계엄령에 반대하며 벌인 민주화 운동

박정희 대통령의 죽음으로 독재 체제는 끝났지만, 정치는 다시 혼란에 빠졌어요. 이때, 당시 국군 보안 사령관이었던 전두환이 1979년 12월 12일 쿠데타를 일으켜 권력을 장악했어요. 그러자 민주주의를 원하는 광주 학생들이 시위에 나섰고, 전두환 대통령은 계엄군을 조직해 시민에게 총을 겨누고 폭력으로 진압했어요. 당시 정부는 '광주에서 북한에 의한 폭동이 일어났다!'고 선전했지만 결국 진실은 밝혀졌고 지금은 '5·18 광주 민주화 운동'으로 불린답니다.

1980년 ~1985년

미국 우주 왕복선 비행
1981년

에이즈 확인
1981년

1981년

미국 우주 왕복선 비행 과학

주요 부품이 재사용되는 유인 우주 왕복선을 개발하다

나사(NASA)는 여러 번 우주와 지구 사이를 왕복할 수 있는 유인 우주 왕복선을 제작했어요. 그리고 드디어 1981년, 2명의 우주 비행사를 태운 최초의 우주 왕복선 '컬럼비아호'를 발사했어요. 컬럼비아호는 2일 동안 지구를 36번 돌고 무사히 지구에 착륙했답니다. 이후에도 우주 공간에서 각종 과학 실험을 하다가 2003년 28번째 우주 비행을 마치고 지구로 돌아오는 중 공중 폭발하며 수명을 다했어요. 컬럼비아호의 총 비행 거리는 2억 149만 7,000km라고 해요.

▲ 컬럼비아호

1981년

에이즈 확인 의학

인간 면역 결핍 바이러스에 감염되어 면역력이 저하되는 질병

에이즈는 사람의 면역 체계를 공격해서 질병을 방어할 수 있는 능력을 떨어뜨리는 후천성 면역 결핍증을 부르는 말이에요. 1981년 미국의 질병 관리 예방 센터가 남성 동성애자들 사이에 치명적인 폐렴이 번지고 있다고 발표하면서 최초로 세상에 알려졌답니다. 이 병원체로부터 몸의 면역 작용을 유도하는 백신은 아직 개발되지 않았어요.

| 프로토콜 사용 | 오존 구멍 관찰 |
| 1983년 | 1985년 |

1983년
프로토콜 사용 과학
정보를 주고받는 표준 규칙을 정해 전 세계를 연결하다

컴퓨터끼리 서로 정보를 주고받기 위해서는 여러 가지 통신 규칙과 방법에 대한 약속들이 필요한데 이를 '프로토콜'이라고 해요. 서로 먼 곳에 있지만 필요한 정보를 공유하기 위해 인터넷은 TCP(Transmission Control Protocol)/IP(Internet Protocol)라는 표준 프로토콜을 사용해요. 이 프로토콜은 1983년 미국의 국립 과학 재단에서 국가의 부서를 연결하고 네트워크를 전 세계로 분산시키면서 사용되기 시작했답니다. 그러니까 지금의 인터넷은 이때부터 시작된 것이죠.

1985년
오존 구멍 관찰
지구 대기에 구멍이 뚫리다

남극과 북극 지방 대기의 성층권에는 오존층이 있어요. 이 오존층은 햇볕으로부터 지구를 보호하는 역할을 해요. 그런데 이 오존의 양이 급격히 감소하면서 미국 크기 정도의 오존 구멍이 생겼어요. 과학자들의 연구 결과에 의하면 에어컨이나 냉장고에 사용되는 프레온 가스(CFCs)가 오존층을 파괴한다고 해요.

> **잠깐 퀴즈** 오존층 파괴의 주원인이 되는 기체는?
> 정답) 프레온 가스

1985년 ~1986년

| 남북 이산가족 첫 상봉 1985년 | 체르노빌 원자력 발전 사고 1986년 |

1985년

남북 이산가족 첫 상봉
남북 이산가족이 처음으로 만나다

제8차 남북 적십자 회담에서 이산가족의 고향 방문이 서로 합의되었어요. 그 결과 동시에 판문점을 통과한 방문단은 평양 대극장과 서울 중앙 국립 극장에서 각각 두 차례의 예술단 공연을 했고, 이틀 동안 서울의 워커힐 호텔과 평양의 고려 호텔에서 이산가족 간의 만남이 있었어요. 이렇게 이산가족의 역사적인 첫 만남이 이루어진 뒤 2018년까지 21차례 이산가족 상봉이 진행되었답니다.

1986년

체르노빌 원자력 발전 사고
제4호 원자로가 폭발한 최악의 방사능 유출 사고

우크라이나의 체르노빌 원자력 발전소에서 원자로의 시험 가동 중 폭발 사고가 발생했어요. 이 사고로 방사능 물질이 공기 중으로 퍼져 나갔고, 화재 진압과 복구에 동원되었던 20여만 명이 방사능에 피폭(방사선에 쏘이게 되는 것)되었어요. 원전 주변 100개 마을이 완전 폐허가 되었고 지금까지도 사용 불가능한 지역으로 지정되어 있답니다. 보고서에 따르면 방사능 노출로 약 4천여 명 이상이 암으로 사망했는데 특히 어린이 암 환자가 7배 이상 증가했다고 해요.

▲ 폭발한 체르노빌 제4호 원자로

챌린저호 폭발
1986년

서울 아시안 게임 개최
1986년

1986년

챌린저호 폭발 [과학]
우주 왕복선 공중에서 폭발하다

챌린저호는 발사한 지 73초 만에 공중에서 폭발했어요. 이 사고로 승무원 7명이 전원 사망했고, 우주 개발 역사상 최대의 참사로 기록되었지요. 특히 발사되는 장면이 텔레비전으로 생중계되어 충격이 더 컸답니다. 이 사고는 추운 날씨로 얼어 버려 제 기능을 하지 못한 고무링 때문에 불꽃이 연료통으로 옮겨붙으며 일어났어요. 이 사고로 미국의 우주 개발은 한동안 중단되었어요.

◀ 희생자 추모비

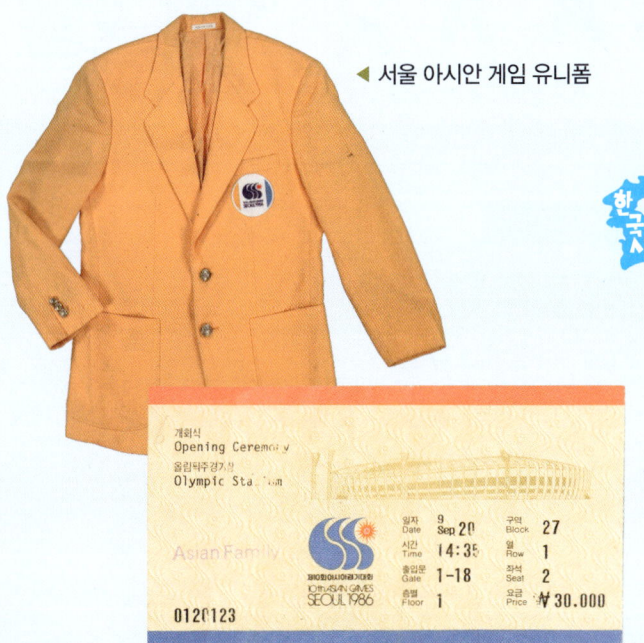

◀ 서울 아시안 게임 유니폼

1986년

서울 아시안 게임 개최 [한국사]
우리나라 서울에서 열린 아시안 게임

전 아시아인의 스포츠 축제인 아시안 게임이 우리나라 서울에서 개최되었어요. 서울 아시안 게임은 27개국에서 4,797명의 선수·임원이 참가한 역대 최대 규모의 대회였어요. 25개 종목의 경기가 진행되었고 우리나라는 종합 2위를 했답니다.

잠깐 퀴즈 대한민국 서울에서 아시안 게임이 개최된 해는?
정답) 1986년

▲ 서울 아시안 게임 입장권

1986년 ~1989년

6월 민주 항쟁 1987년

6·29 민주화 선언 1987년

1987년

6월 민주 항쟁
간접 선거에 반대하는 전국적인 민주화 투쟁

권력을 잡은 전두환 대통령은 신문이나 방송 등을 통제하고, 민주주의를 요구하는 사람들을 탄압하며 '호헌 선언'을 발표했어요. 원래 호헌(護憲: 보호할 호, 법 헌)은 법을 지키고 보호한다는 뜻이지만 전두환 정부는 법을 고쳐 대통령을 간접 선거로 뽑겠다는 뜻이었어요. 이에 분노한 시민들은 대통령 선거를 국민이 직접 뽑기를 주장하며 민주화 요구 시위를 벌였답니다.

1987년

6·29 민주화 선언
대통령 직선제의 부활

우리나라는 제2대 대통령부터 대통령을 국민이 직접 뽑는 대통령 직선제를 실시하고 있었어요. 그러다 박정희 대통령이 장기 집권을 위해 간접 선거제로 바꾸었죠. 6월 민주 항쟁에서 국민들은 대통령을 직접 뽑자는 요구를 했어요. 당시 대통령 후보였던 노태우는 국민의 요구를 받아들이겠다는 발표를 했는데 이것이 6·29 민주화 선언이에요.

> **잠깐 퀴즈** 6·29 민주화 선언의 가장 큰 의의는?
> 정답) 대통령 직선제 부활

서울 올림픽 개최	중국 톈안먼 사건
1988년	1989년

▲ 서울 올림픽 마스코트 '호돌이'

1988년

서울 올림픽 개최
스포츠로 동서 화합을 이룬 88올림픽

1988년, 우리나라에서 제24회 올림픽이 열렸어요. 그래서 '88 올림픽'이라고도 부르죠. 우리나라에서 열린 88 서울 올림픽은 스포츠를 통한 동서 세력의 화해를 보여 주었어요. 80년 모스크바 올림픽에는 미국 등 60개국이 불참했고, 84년 로스앤젤레스 올림픽에서는 소련 등 18개국이 불참했거든요. 12년 만에 미국을 비롯한 서방 국가와 소련 중심의 동유럽 국가들이 모두 참여해 역사상 가장 큰 규모로 열렸다는 점에서 세계의 주목을 받았답니다. 우리나라는 금메달 12개를 얻어 세계 4위를 기록했어요.

1989년

중국 톈안먼 사건
민주화 시위를 탱크로 진압한 천안문 사건

'톈안먼'은 중국 베이징의 천안문을 중국식으로 발음한 거예요. 톈안먼 사건은 민주화를 요구하는 학생과 시민들의 시위를 중국 정부가 무력으로 진압한 사건이에요. 당시 덩샤오핑(등소평)이 이끌던 중국 정부는 계엄령을 선포하고 천안문 광장에 모인 시위대를 향해 탱크와 장갑차로 무차별 발포를 했어요. 이 진압으로 수많은 사람이 죽고 중국은 세계 여러 나라의 비난을 받았답니다.

1989년 ~1991년

베를린 장벽 붕괴 1989년

이메일 사용 1989년

1989년

베를린 장벽 붕괴
서독과 동독을 나누던 분단의 장벽을 무너뜨리다

독일은 제2차 세계 대전의 패전국으로 나라가 서독과 동독 2개로 나뉘었어요. 수도 베를린을 2개로 나눈 베를린 장벽은 동독과 서독 분단의 상징이었죠. 그리고 약 30년 후, 동독에서 민주화를 요구하는 시위가 발생하자 동독은 베를린 장벽의 문을 열고 자유로운 출입을 허락한다는 발표를 했어요. 사람들은 문을 여는 데 만족하지 않고 저마다 망치와 삽을 들고 나와 장벽을 허물어뜨리기 시작했고 독일은 하나의 국가로 재탄생했어요.

1989년

이메일 사용 과학
편지를 대체한 컴퓨터 프로그램

요즘은 편지보다 전자 우편인 이메일을 더 많이 사용하죠? 1989년 레이 톰린슨은 독립적인 네트워크를 사용하는 서로 다른 사용자들 간에 메시지를 전송할 수 있는 시스템을 제작했어요. 그것이 지금의 이메일이에요. 톰린슨은 호스트 네트워크 이름과 사용자 이름을 분리하기 위해 '@ 부호'를 처음 사용한 것으로 알려져 있답니다.

허블 우주 망원경
1990년

소련 붕괴
1991년

1990년
허블 우주 망원경 과학
우주를 관찰하는 망원경

1990년 우주 왕복선 디스커버리호에는 거대한 화물이 실려 있었어요. 그것은 미국 항공 우주국(NASA)이 우주 왕복선을 이용해 지구 궤도에 올려놓은 천체 관측 망원경인 허블 우주 망원경이었답니다. 버스만 한 크기의 이 망원경은 지금도 지구의 대기권 밖에서 태양계 행성들과 멀리 있는 다양한 천체들에 대해 선명하고 아름다운 영상을 촬영하여 보내 주고 있어요.

1991년
소련 붕괴
사회주의 국가 소련이 무너지다

소련은 '소비에트 사회주의 공화국 연방'의 줄임말로 사회주의 국가들의 연방국이었어요. 1985년 고르바초프 대통령의 등장과 함께 소련에도 개혁 정책과 자유화 물결이 일어났어요. 그 결과 소련은 공산주의를 포기하고 공산당을 해체하게 되면서 붕괴했어요. 그 뒤 러시아를 비롯하여 우크라이나, 발트 3국 등 많은 나라가 소련에서 분리 독립했답니다.

잠깐 퀴즈 소련이 붕괴하고 세워진 대표적인 나라는?
정답) 러시아

▲ 박물관에 게양된 러시아 국기와 내려온 소련 국기

1991년 ~1992년

월드 와이드 웹(WWW) 공개
1991년

걸프 전쟁 발발
1991년

1991년
월드 와이드 웹(WWW) 공개
인터넷상에 흩어진 정보를 찾게 해주는 인터넷망

인터넷을 사용하려면 인터넷 익스플로러, 크롬 등의 웹 브라우저를 사용해야 해요. 웹 브라우저의 기본 기능은 인터넷 서비스 중에서 월드 와이드 웹(WWW) 관련 정보를 볼 수 있게 해주는 것인데요, 월드 와이드 웹(WWW)은 다양한 형태의 데이터와 정보에 접근할 수 있도록 해주는 인터넷 서비스랍니다. 월드 와이드 웹은 버너스 리에 의해 개발되기 시작해 1991년 배포되었어요. 웹이 탄생하고 5년 만에 인터넷 사용자가 60만에서 4천만 명으로 치솟았다고 해요.

1991년
걸프 전쟁 발발
UN의 다국적군이 이라크를 공격하다

이라크와 쿠웨이트는 석유 자원 때문에 오래전부터 분쟁이 자주 있었어요. 이라크는 이란과의 전쟁에서 승리한 후 그 여세를 몰아 쿠웨이트를 침공했어요. UN은 이라크를 침략자로 규정하고 이라크를 상대로 전쟁을 선포했지요. 1991년 1월 17일, 미국이 '사막의 폭풍 작전'이라 이름 지은 공격을 시작했고 그 후 영국을 비롯한 34개 다국적군이 전쟁에 나섰어요. 우리나라도 다국적군의 일원이었고요. 이 전쟁을 걸프 전쟁이라고 한답니다.

▲ 미국의 쿠웨이트 개입을 반대하는 미국 시민

남북한 UN 동시 가입
1991년

스마트폰의 등장
1992년

1991년

남북한 UN 동시 가입
남한과 북한이 UN 회원국이 되다

구소련이 해체되는 등 국제 사회가 크게 변화하면서 남한과 북한도 서로 화해 분위기를 조성하며 UN 동시 가입을 추진하게 되었어요. 사실 그동안은 서로가 한반도의 유일한 합법 정부라면서 단독 가입과 동시 가입을 두고 의견 차이가 있었어요. 그러다가 국제 관계에서 고립될 위기에 처한 북한이 입장을 바꾸면서 전 회원국 만장일치로 동시 UN 가입이 이루어진 것이랍니다.

1992년

스마트폰의 등장 과학
터치가 가능한 휴대 전화를 개발하다

최초의 스마트폰으로 꼽히는 휴대 전화는 IBM에서 개발한 '사이먼'이에요. 지금의 스마트폰과는 달리 크기도 크고 단색 화면이었지만 계산기, 메모장, 전자 우편, 팩스 등의 기능을 갖추고 있었지요. 또 손가락으로 화면을 터치해 전화번호를 입력할 수도 있었어요. 이후 스마트폰은 약 20여 년 만에 눈부신 발전을 이루었답니다.

▲ IBM의 사이먼

| 1992년 ~1995년 | 김일성 사망 1994년 | 성수 대교 붕괴 1994년 |

1994년

김일성 사망
북한 최고 권력자 사망하다

김일성은 조선 민주주의 인민 공화국(북한)의 최고 권력자였어요. 6·25 전쟁을 일으켰고, 이후에는 주체사상을 바탕으로 1인 독재 체제를 만들었지요. 김일성은 1994년 심근경색과 심장 쇼크로 사망했어요. 그리고 그의 아들인 김정일이 권력을 이어받았지요.

> **잠깐 퀴즈** 북한의 권력을 이어받은 김일성의 아들은?
> 정답) 김정일

▲ 김일성과 김정일 동상

1994년

성수 대교 붕괴
한강 다리가 무너지다

성수 대교는 한강을 가로지르는 다리예요. 1994년 10월 21일 오전 7시, 성수 대교의 가운데 부분이 갑자기 무너지는 사건이 일어났어요. 이 사건으로 등교하고 출근하던 학생과 시민 32명이 사망했다고 해요. 성수 대교는 붕괴 후 3년만인 1997년 7월에 새롭게 완공되었어요.

| 남아프리카 공화국 최초의 흑인 대통령 선출 1994년 | 위성 항법 장치(GPS) 상용화 1995년 |

1994년
남아프리카 공화국 최초의 흑인 대통령 선출
넬슨 만델라, 남아공 최초의 흑인 대통령이 되다

네덜란드와 영국의 식민 지배를 받았던 남아공에서는 백인과 흑인의 차별이 심했어요. 그때 넬슨 만델라는 아프리카 민족 회의를 중심으로 차별 정책에 대해 불복종 비폭력 운동을 벌이며 아프리카 흑인들의 자유와 민주주의, 인권을 위해 싸웠답니다. 그리고 1994년 남아프리카 공화국 최초 흑인 대통령으로 선출되었어요.

1995년
위성 항법 장치(GPS) 상용화 과학
위치를 알려 주는 인공위성의 등장

위성 항법 장치(GPS)는 인공위성을 이용하여 지구상에서 어디에 있는지 현재의 위치를 정확히 알 수 있게 해 주는 시스템이에요. 자동차나 비행기, 배 등을 운항할 때 널리 이용될 뿐만 아니라 땅을 측량하고 길을 안내할 때도 사용하지요. 위성 항법 장치(GPS)는 미국 국방성에 의해 개발되었는데 처음에는 군사용이었다고 해요. 그러다가 1995년부터 항공관제 분야에 사용하기 시작하면서 다양한 민간 분야에서도 사용할 수 있게 되었답니다.

1995년 ~1997년

삼풍백화점 붕괴 1995년

IMF 경제 위기 1997년

1995년

삼풍백화점 붕괴
서울 한복판 백화점이 무너지다

한강을 가로지르는 성수 대교가 붕괴한 지 1년 만에, 이번에는 서울에 있던 삼풍백화점이 갑자기 무너졌어요. 설계를 변경하고 무리하게 확장 공사를 하면서 발생한 사고였지요. 이 사고로 무려 502명이 소중한 목숨을 잃었답니다.

1997년

IMF 경제 위기
대한민국이 IMF에 달러를 빌리다

외국의 투자자들이 투자한 돈을 거두어들이기 시작하자 우리나라의 경제는 점점 어려워졌어요. 외국 자본이 빠져나가면서 많은 기업이 문을 닫고, 나라에서 가지고 있던 달러를 비롯한 외환이 급속하게 줄어들었죠. 정부는 어쩔 수 없이 IMF(국제 통화 기금)에서 돈을 빌려야 했어요. IMF는 돈을 지원해 주는 대신 기업의 구조 조정 등 여러 조건을 내걸었답니다. 이 조건에 따라 구조 조정이 이루어지면서 많은 노동자가 직업을 잃거나 공장이 문을 닫게 되었어요. 이때 국민들은 '금 모으기 운동'을 벌여 경제 위기를 극복하고자 발 벗고 나섰답니다.

▼ 인천광역시 옹진군의 금 모으기 행사

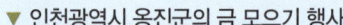

홍콩 반환
1997년

복제 양 돌리 탄생
1997년

1997년
홍콩 반환
영국 땅에서 중국 땅으로

1842년 아편 전쟁에서 영국에 패한 중국은 '홍콩을 영국에 넘겨준다.'는 내용이 들어간 난징 조약을 체결하게 되었어요. 그 후 영국은 홍콩과 그 주변 지역을 차지하게 되죠. 홍콩은 중국 땅 안에 있지만, 영국의 지배를 받으며 국제 금융 중심지로 크게 발전했어요. 그러다 홍콩 반환 협정이 체결되면서 1997년 7월 1일부터 155년간의 식민지 역사를 끝내고 중국으로 반환되었답니다.

◀ 2019년 홍콩 보안법을 거부하는 시민들

1997년
복제 양 돌리 탄생 (의학)
어미와 똑같이 복제된 양이 태어나다

영국에서 세계 최초로 복제 양 돌리가 태어났어요. '체세포 복제'라는 기술로 만들어진 복제 양 돌리는 어미 양과 생김새, 목소리, 몸을 구성하는 것들이 모두 똑같았답니다. 1999년에는 우리나라에서도 복제 소 영롱이가 태어났고, 복제 돼지, 복제 개 등 다양한 복제 동물이 태어났어요.

> **잠깐 퀴즈** 세계 최초로 체세포 복제를 통해 태어난 포유동물은?
> 정답) 복제 양 돌리

▲ 스코틀랜드 국립 박물관에 박제된 돌리

1997년 ~2000년

구글(Google) 검색 엔진 1998년

국제 우주 정거장 2000년

1998년
구글(Google) 검색 엔진
인터넷 검색 엔진의 등장

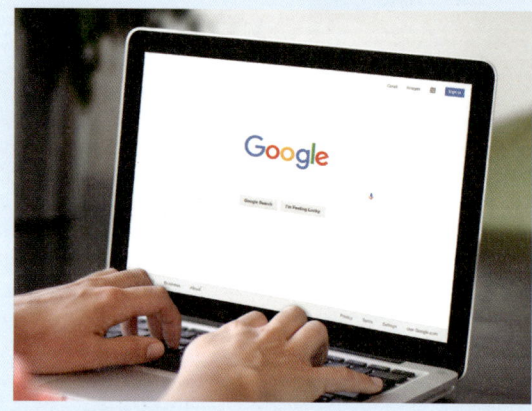

인터넷 검색! 하면 떠오르는 구글(Google). 구글은 미국의 인터넷 검색 엔진 회사로 래리 페이지와 세르게이 브린에 의해 설립되었어요. 월드 와이드 웹(WWW)에서 가장 많이 쓰이는 검색 엔진으로 다양한 서비스를 제공하고 있지요.

2000년
국제 우주 정거장 과학
우주에 띄워 놓은 정거장

우주 정거장은 우주 상공에서 사람이 장기간 머무르며 임무를 수행하는 우주 기지랍니다. 이 국제 우주 정거장(ISS)은 미국과 러시아를 비롯한 16개국이 참여해 건설했고, 2000년 11월 2일 처음으로 3명의 승무원이 도착해 상주하기 시작했다고 해요. 지금까지 17개국에서 약 220명이 거주하며 다양한 과학 실험과 외계를 탐사하는 연구를 진행하고 있지요. 참! 한국인 최초의 우주인인 이소연 씨도 2008년 국제 우주 정거장에서 연구 활동을 진행했었답니다.

| 남북 정상 회담 | 대한민국 최초 노벨 평화상 수상 |
| 2000년 | 2000년 |

2000년

남북 정상 회담
남북 최고 지도자의 첫 만남

남한과 북한의 최고 지도자가 만나는 첫 남북 정상 회담은 북한의 평양에서 열렸어요. 1945년 한반도가 분단된 이후 55년 만에 처음으로 남북한 정상이 만난 것이었지요. 두 정상은 회담 마지막 날, 남과 북이 함께 통일을 자주적으로 해결하기로 하자는 내용의 '6·15 남북 공동 선언'을 발표했어요. 이 회담 이후 이산가족 상봉, 금강산 관광 및 남북 간 민간 교류 사업이 본격적으로 이루어졌답니다.

2000년

대한민국 최초 노벨 평화상 수상
김대중 대통령 노벨 평화상을 받다

1901년 노벨상이 제정되고 약 100년 만에 우리나라에서도 최초의 노벨상 수상자가 나왔어요. 수상자는 대한민국의 제15대 대통령, 김대중이랍니다. 노벨 위원회는 분단의 상황에서 남한과 북한의 평화와 화해에 기여한 공로를 인정해 김대중 전 대통령을 노벨 평화상 수상자로 결정했다고 해요.

2000년 ~2003년

9·11 테러 2001년

한일 월드컵 개최 2002년

▲ 불타는 세계 무역 센터 쌍둥이 빌딩

▲ 9·11 테러 현장을 수습하는 소방관

2001년
9·11 테러
미국 최악의 테러

2001년 9월 11일 미국 뉴욕의 110층 세계 무역 센터(WTC) 쌍둥이 빌딩과 워싱턴의 국방부 건물에 항공기를 이용한 자살 테러 사건이 발생했어요. 이 사건은 오사마 빈 라덴의 이슬람 테러 조직인 알카에다 등이 미국 주도의 세계 평화를 막기 위해서 4대의 민간 항공기를 납치해서 일으킨 사건이에요. 이 사건으로 3,000명이 넘는 인명 피해가 발생했고, 세계 무역 센터 건물이 완전히 무너졌어요.

2002년

한일 월드컵 개최
한국과 일본이 공동으로 개최한 월드컵 대회

전 세계인이 함께 즐기는 월드컵 축구 대회. 제17회 월드컵 축구 대회는 한국과 일본에서 열렸어요. 아시아에서는 처음이었고, 월드컵 역사상 유일하게 두 나라 이상이 공동으로 개최한 대회였답니다. 이 대회에서 히딩크 감독이 이끈 우리나라 팀은 사상 최초로 월드컵 4강 진출에 성공했어요. 특히 우리나라 축구 팀 서포터즈인 '붉은 악마'의 응원전이 전국의 거리에서 펼쳐졌지요. '대~한민국! 짝짝짝 짝짝!' 이 구호는 모르는 사람이 없을 정도였어요.

▼ 서울 월드컵 경기장

붉은 악마 응원단 ▶

| 유로화 사용 | 사스 첫 환자 발생 | 미국의 이라크 침공 |
| 2002년 | 2002년 | 2003년 |

2002년

유로화 사용
유럽 연합의 단일 화폐가 등장하다

유럽의 정치, 경제의 통합을 위해 창립된 유럽 연합(EU). 영국이 탈퇴하면서 지금은 27개국이 소속되어 있는 유럽의 공동체예요. 유럽 연합의 회원국들은 각기 서로 다른 화폐를 사용하다 보니 나라 간 무역에 어려움이 있다고 판단했어요. 그래서 이를 해결하고 다른 지역과의 경쟁에서 유리하게 하려고 통화를 통일하여 '유로화'라는 공식 화폐를 만들어 사용하기 시작했답니다.

2002년

사스 첫 환자 발생 〈의학〉
세계에 퍼진 사스-코로나바이러스

사스(SARS)는 중증 급성 호흡기 증후군 전염병을 줄여서 부르는 명칭이랍니다. 2002년 11월 중국에서 처음 발생한 바이러스성 전염병으로 홍콩, 싱가포르, 베트남을 거쳐 세계적으로 퍼졌어요. 사스로 인해 약 7개월 동안 32개국에서 8,000여 명의 환자가 발생했고, 그 가운데 774명이 사망했다고 해요.

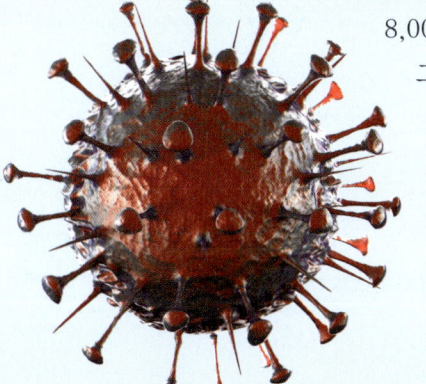

> **잠깐 퀴즈** 사스 바이러스에 의한 환자가 처음 발생한 나라는?
> 정답) 중국

2003년

미국의 이라크 침공
이라크, 다시 전쟁 속으로

1991년 걸프전 이후, 미국과 영국이 또다시 합동으로 이라크를 공격했어요. 미국은 이라크가 대량 살상 무기를 다량 보유하고 있다고 주장하며, 세계 평화를 위해서 테러 조직을 지원하는 이라크를 공격, 위험한 무기를 제거해야 한다고 주장했어요. 이렇게 시작된 전쟁은 미·영 연합군의 승리로 끝났어요. 하지만 대량 살상 무기는 찾지 못했답니다.

2003년 ~2007년

- 유튜브 등장 2005년
- 북한, 핵무기 보유 선언 2006년
- 명왕성, 행성에서 제외 2006년

2005년
유튜브 등장
구글이 운영하는 동영상 공유 서비스

유튜브는 사용자가 동영상을 온라인에 올리고 공유할 수 있도록 하는 플랫폼이에요. 친구들에게 파티 비디오를 배포하기 위해 '모두가 쉽게 비디오 영상을 공유할 수 있는 기술'을 생각하다가 만들어졌다고 해요. 유튜브는 당신(You)과 브라운관(Tube, 텔레비전)이라는 단어의 합성어랍니다.

2006년
북한, 핵무기 보유 선언

북한, 핵보유국이 되다

2006년, 북한은 함경북도 풍계리에 있는 핵 실험장에서 지하 핵 실험을 성공적으로 시행했다고 발표하였어요. 이로써 북한은 스스로 핵보유국의 지위를 획득했다고 주장했지요.

2006년
명왕성, 행성에서 제외 〈과학〉
왜소행성이 된 명왕성

명왕성은 1930년 발견 이후 태양계의 9번째 행성으로서 불렸지만, 2006년 국제 천문 연맹(IAU)의 행성 분류법이 바뀜에 따라 지금은 행성의 지위를 잃고 왜소행성으로 분류되었어요. 그래서 지금 태양계의 행성은 태양에 가까운 순서로 수성-금성-지구-화성-목성-토성-천왕성-해왕성 총 8개랍니다.

> **잠깐 퀴즈** 태양과 가장 가까운 행성은?
> 정답) 수성

| 인간 게놈 지도 완성 | 새로운 행성 발견 | 반기문 UN 사무총장 취임 |
| 2006년 | 2007년 | 2007년 |

2006년
인간 게놈 지도 완성 〔의학〕
인간의 유전 정보를 해독하다

게놈(Genome)은 유전자(Gene)와 염색체(Chromosome)의 두 단어를 합성해서 만든 말이에요. 그러니까 '한 생물의 전체 유전자'를 뜻하죠. 1990년부터 시작된 인간 게놈 지도 프로젝트가 종료되면서 인간의 모든 유전 정보가 해독되었다는 발표가 나왔어요. 게놈 지도의 완성은 암이나 알츠하이머병 같은 유전자 질환의 치료에 큰 도움이 되었답니다.

2007년
새로운 행성 발견 〔과학〕
태양계 밖의 지구

태양계 밖, 지구와 20광년 거리에 있는 천칭자리에 글리제 581이라는 적색왜성이 있어요. 천문학자들은 이 글리제 581 주변에 생명체가 존재할 가능성이 큰 행성이 있다고 발표했어요. 이 행성의 이름은 '글리제 581d'예요. 지금까지 발견한 행성 중에서 지구와 가장 비슷하고 액체 상태의 물도 존재할 가능성이 매우 크다고 해요.

2007년
반기문 UN 사무총장 취임
한국인 최초 UN 사무총장

반기문에 대한 위인전을 읽어 본 적이 있나요? 반기문은 UN(국제 연합)의 사무총장이었어요. UN은 국제 평화와 안전의 유지, 국제 협력을 위하여 설립된 국제 평화 기구예요. 반기문은 2007년 제8대 UN 사무총장에 선출되면서 임기를 시작했어요. 그리고 2011년에는 연임에 성공하면서 10년간 UN 사무총장으로서 책임을 다했답니다.

2007년 ~2010년

- 국보 1호 숭례문 방화 사건 **2008년**
- 한국 최초 위성 나로호 발사 **2009년**
- 오바마 대통령 취임 **2009년**

2008년

국보 1호 숭례문 방화 사건
국보 1호인 숭례문이 불타버린 사건

우리나라의 국보 1호는 숭례문(남대문)이랍니다. 그런데 이 국보 1호가 한 사람의 방화로 인해 불타버리는 사건이 벌어졌어요. 개인적인 불만으로 숭례문에 불을 지른 것이었죠. 2층 누각에서 발생한 불은 610년 동안 굳건히 서 있던 숭례문을 거의 모두 불태웠어요. 지금은 역사와 전통에 따른 방법으로 복원한 숭례문이 자리를 지키고 있는 것이랍니다.

잠깐 퀴즈 우리나라 국보 1호는 무엇인가요?
정답) 숭례문

2009년

한국 최초 위성 나로호 발사
우주로 보낸 한국형 위성

한국 항공 우주 연구원은 러시아의 도움을 받아 한국 최초의 우주 발사체인 나로호를 제작했어요. 그리고 2009년, 전라남도 고흥에 있는 나로 우주 센터에서 역사적인 첫 발사가 이루어졌지요. 하지만 나로호는 목표 궤도에 과학 기술 위성 2호를 올려놓는 데 실패하고 말았어요. 그 후 몇 차례의 도전 끝에 2013년 드디어 발사에 성공했답니다.

2009년

오바마 대통령 취임
미국 최초 흑인 대통령이 당선되다

2008년 미국 대통령 선거 역사상 처음으로 흑인이 대통령에 당선된 중요한 사건이었어요. 그전까지 미국의 대통령은 모두 백인 출신이었거든요. 불과 몇십 년 전만 해도 흑인이 자유롭게 투표하는 것조차 불가능했던 나라에서 최초의 흑인 대통령이 나온 것이랍니다.

| 아이티 지진 | 천안함 침몰 |
| 2010년 | 2010년 |

2010년

아이티 지진
섬나라 아이티에 진도 7.0의 대지진이 발생하다

2010년 1월 12일, 서인도 제도의 섬 아이티에서 진도 7.0의 강한 지진이 발생했어요. 이 지진으로 25만 명이 죽거나 다치고 100만 명 이상의 이재민이 발생했다고 해요. 대통령궁을 비롯한 많은 건물이 파괴되어 지진 후 수개월이 지나도록 많은 사람이 텐트를 치고 살았답니다.

▲ 지진으로 건물이 무너지는 아이티

2010년

천안함 침몰
대한민국 잠수함 침몰

서해 백령도 근처 바다에서 대한민국 해군의 천안함이 북한 잠수정의 어뢰 공격을 받아 침몰하는 사건이 발생했어요. 이때 천안함에 타고 있던 104명 중 46명이 전사했지요. 대한민국 정부는 천안함의 침몰 원인을 밝히기 위해 오스트레일리아, 미국, 스웨덴, 영국 등 5개국의 전문가로 구성된 합동 조사단을 꾸렸어요. 그리고 '천안함은 북한의 잠수정으로부터 발사된 어뢰 공격으로 침몰하였다.'라는 결론을 발표했어요. 하지만 북한은 자신들과 관련이 전혀 없다고 발뺌했답니다.

◀ 천안함 46용사 위령탑

2010년~2014년

부르즈 할리파 건축 2010년

후쿠시마 원자력 발전소 사고 2011년

2010년
부르즈 할리파 건축
두바이에 세워진 세계 초고층 건축물

부르즈 할리파는 아랍에미리트 두바이에 건설된 호텔과 주거 시설, 사무실, 쇼핑센터 등으로 이루어진 초고층 복합 건물이에요. 전체 높이는 829.84m, 163층으로 지금까지는 세계 초고층 건물이죠. 한국의 삼성물산이 시공사로 참여하여 3일에 1층씩 올리는 최단 공사 기간의 수행으로 세계의 주목을 받기도 했어요.

▲ 마을을 집어삼킨 쓰나미

2011년
후쿠시마 원자력 발전소 사고
지진과 쓰나미로 인한 후쿠시마 원자력 발전소 폭발

태평양 해역 해저에서 규모 9.0의 동일본 대지진이 발생했어요. 지진 발생에 이어 거대한 지진 해일(쓰나미)이 들이닥치면서 후쿠시마에 있는 원자력 발전소에서 수소 폭발과 방사능이 누출되는 사건이 발생했답니다. 이 사고로 방사성 물질이 퍼지면서 후쿠시마 지역의 땅에서는 암을 유발하는 물질이 검출되었고, 방사성 물질이 태평양까지 흘러들어 바닷속 생물에 심각한 오염을 일으켰어요.

| 강남 스타일 세계 진출 | 세월호 침몰 |
| 2012년 | 2014년 |

2012년

강남 스타일 세계 진출 예술
한류 열풍이 시작되다

전 세계 사람들이 따라 부르던 싸이의 '강남 스타일'. 재미있는 말춤과 뮤직비디오가 SNS를 타고 퍼져 나가면서 열풍을 일으켰지요. 유튜브 조회 수 20억 뷰라는 역대 최고의 기록을 세우면서 세계에 한국을 알리는 한류 열풍의 중심에 서기도 했답니다. 미국을 비롯해 유럽과 남미 30개 국가 아이튠즈 차트 1위에 올랐고, 유튜브 사이트 내 '좋아요' 추천 수도 최고 기록을 세워 기네스북에 기록되었다고 해요.

2014년

세월호 침몰
세월호가 진도 인근 바다에서 침몰하다

인천을 떠나 제주도로 향하던 여객선 세월호. 여기에는 제주도로 수학여행을 떠난 고등학생도 타고 있었어요. 이 세월호가 전남 병풍도 앞바다에서 화물 과적, 운전 미숙 등의 이유로 침몰했어요. 탑승객 476명 가운데 304명이 사망하거나 실종되는 대형 사고였죠. 세월호 참사 당시 실종자의 무사 귀환을 바라는 뜻으로 노란 리본 캠페인이 전국으로 일어났었어요. 이후에도 노란 리본은 세월호 사건을 잊지 말자는 의미로 쓰이고 있답니다.

2014년 ~ 현재

말레이시아 여객기 피격 사건
2014년

2014년

말레이시아 여객기 피격 사건
우크라이나 반군의 민간 여객기 피격

네덜란드를 떠나 말레이시아로 가던 보잉 777 여객기가 러시아 국경 근처에서 격추되는 사건이 벌어졌어요. 이 사고로 비행기에 타고 있던 298명 전원이 사망했지요. 가장 많은 희생자가 발생한 네덜란드 정부는 우크라이나 반군이 이 비행기를 정부군의 전투기로 오인해 격추했다고 발표했어요. 반군과 전혀 관련 없는 엉뚱한 사람들이 참변을 당한 것이죠.

`2019년`

코로나19 의학
전 세계를 휩쓴 바이러스

2019년 12월 중국 우한에서 처음 발생한 후 급속도로 전 세계에 퍼진 코로나 바이러스. 이 바이러스는 감염자의 비말(침방울)을 통해 전염된다고 해요. 발열, 기침, 폐렴 등의 증상이 나타나고 심하면 죽음에 이르기도 하여 개학이 연기되고, 나라 간의 이동이 금지되는 등 사상 초유의 사태들이 일어났죠. WHO(세계 보건 기구)는 홍콩 독감(1968), 신종 플루(2009)에 이어 사상 세 번째로 팬데믹(세계적 대유행)을 선포했답니다.

> **잠깐 퀴즈** 코로나19가 처음 발생한 곳은?
> 정답) 중국 우한

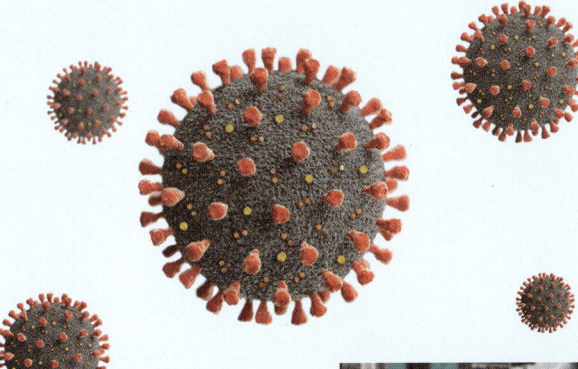

찾아보기

가

가야 건국	42
간도 협약	211
간디	251
갈릴레오 갈릴레이	103
감자의 전파	101
갑골 문자 등장	22
갑신정변	182
갑오개혁	193
강감찬	71
강남 스타일 세계 진출	295
강화 천도	79
강화도 조약	175
거란의 1차 침입	67
거란의 2차 침입	70
거란의 3차 침입	70
걸리버 여행기 출간	130
걸프 전쟁 발발	280
게티즈버그 전투	165
결핵 치료제 스트렙토마이신 개발	242
『경국대전』 완성	93
경인 고속 도로 개통	265
경인선 개통	202
경제 개발 5개년 계획	264
계산기 발명	116
고구려 건국	37
고구려 멸망	57
고구려 진대법 실시	44
고구려 평양 천도	48
고려 건국	64
고종	171
고종 강제 퇴위	209
공기 타이어 발명	188
공민왕의 개혁 정치	84
공자	26
과거 제도 실시	65
광개토 대왕	47
광개토 대왕릉비 건립	47
광복과 분단	246
구글(Google) 검색 엔진	286
구텐베르크의 『성서』	93
국보 1호 숭례문 방화 사건	292
국제 우주 정거장	286
국채 보상 운동 시작	209
귀주 대첩	71
규장각 설치	135
그레고리력 확립	104

그린란드 정착	66
그림 형제 동화 출간	145
근대 올림픽 개최	197
금속 인쇄술 등장	79
기묘사화	100
김구	225
김옥균	182
김일성 사망	282

나

나당 동맹	56
나당 전쟁	57
나제 동맹	48
나치의 유대인 체포	240
나침반 이용	76
나폴레옹	146
난징 조약	151
남극점 도착	215
남북 이산가족 첫 상봉	274
남북 적십자 회담	267
남북 전쟁 발발	163
남북 정상 회담	287
남북한 UN 동시 가입	281
남아프리카 공화국 최초의 흑인 대통령 선출	283
남연군 묘 도굴 사건	170

낭트 칙령	109
노르망디 상륙 작전	242
노벨상 재정	203
노예 무역 금지	142
노예 무역 시작	100
노예 해방 선언	164
노트르담 성당 건축	74
농경 생활 시작	14
뇌 해부	163
뉴딜 정책	233

다

다윈의 진화론 등장	161
다이너마이트 발명	168
달 도착	266
달 탐사선 루나	259
당나라 건국	53
대가야 멸망	51
대공황 시작	230
대관람차 등장	192
대동법 실시	111
『대동여지도』 제작	164
대륙 이동설 주장	217
대륙 횡단 철도 개통	172
대마도 정벌	89
대서양 횡단 비행	226

대수학의 개발	61
대조영	59
대한 제국 선포	200
대한민국 임시 정부 수립	224
대한민국 정부 수립	252
대한민국 최초 노벨 평화상 수상	287
데스크톱 컴퓨터 상용화	268
도도새 멸종	123
도시락 폭탄 투척	232
독립 선언문 채택	135
독립 협회 설립	199
독립신문 창간	199
독일 항복	243
돌턴의 원자설	141
동학 농민 운동	192
동학 창시	162
둥근 세계 지도 제작	74
드라큘라의 탄생	89
디젤 엔진 특허	190
디즈니랜드 개장	257

라

라디오 방송 시작	208
라이트 형제 첫 비행	204
러시아 혁명	222
러일 전쟁 발발	204

런던 대화재	119
레오나르도 다 빈치	92
레이더 발명	229
레이우엔훅 현미경 발명	118
로마 건국	27
로마 제국의 분열	47
루브르 박물관 개장	138
르네상스 시대의 시작	88
리히터 지진계 개발	234

마

마라톤 전투	29
마르코 폴로	81
마야 문명	44
마젤란	100
마추픽추 탐험	214
마취제를 사용한 최초의 수술	152
마테오 리치의 선교	110
마틴 루터 킹	258
만리장성 건설	88
만유인력의 법칙	121
만적의 난	76
말레이시아 여객기 피격 사건	296
말의 이용	15
메이지 유신	169
멕시코 독립 혁명	144

멘델의 유전 법칙	159
명나라 건국	85
명나라 멸망	116
명량 해전	108
명성 황후	171
명왕성 발견	231
명왕성, 행성에서 제외	290
『모나리자』 도난 사건	215
모르핀의 등장	142
모세의 기적	24
모스 부호 발명	149
모스크바 3국 외상 회의	246
모차르트	131
목판 인쇄 시작	52
몽골 부족 통일	77
몽골과의 전쟁 시작	78
무구정광대다라니경	60
무굴 제국의 등장	101
무균 수술 성공	169
무령왕릉 축조	50
무신 정변	75
무적함대 침공	106
무함마드	51
문무왕	58
물시계의 발명	23
미국 독립 전쟁	134
미국·멕시코 전쟁	153
미국 식민 협회 창립	146
미국 우주 왕복선 비행	272
미국 흑인 민권 운동의 불씨	258
미국, 알래스카를 사다	167
미국의 이라크 침공	289
미국의 제1차 세계 대전 참전	221
미국의 하와이 합병	202
미드웨이 해전	241
밀라노 칙령	45

바

바나나의 전파	45
바스티유 습격	137
바위 사원 건축	58
바이러스 발견	201
바이킹의 등장	60
박정희	263
박혁거세	37
반기문 UN 사무총장 취임	291
발해 건국	59
발해 멸망	64
방사능 발견	198
방정환	228
방향타 사용	81
백 년 전쟁	83
백제 건국	38

301

백제 멸망	57	비타민 발견	214
백제 웅진 천도	49	비틀스 탄생	260
베를린 장벽 건설	262	빅토리아 여왕 즉위	148
베를린 장벽 붕괴	278	빛의 속도 계산	120
베토벤	143		
베트남 분단	247		
병인양요	167		

사

병자호란	116	사라예보 사건	220
보스턴 차 사건	133	사스 첫 환자 발생	289
보이저호 행성 탐사	269	산소 발견	134
복사기 등장	259	산업 혁명의 시작	131
복제 양 돌리 탄생	285	살라미스 해전	30
본격적 벼농사의 시작	15	살수 대첩	53
본초 자오선 결정	180	『삼국사기』 편찬	73
볼로냐 대학 설립	72	삼별초의 항쟁	82
볼타 전지 시연	140	삼십 년 전쟁	114
봉오동 전투	226	삼풍백화점 붕괴	284
부르즈 할리파 건축	294	상대성 이론 발표	205
북극점 도착	210	상자형 카메라 등장	188
북벌 정책 추진	117	새로운 행성 발견	291
북한, 핵무기 보유 선언	290	샌프란시스코 지진	207
불교 전래	46	서울 아시안 게임 개최	275
불교의 기원	28	서울 올림픽 개최	277
불의 발견	12	서재필	183
붕당 정치의 시작	104	서희의 외교 담판	67
블루 모스크 완공	113	석기 출현	12
비디오 게임 등장	267	석유 유정 굴착 성공	160

석탄 연료 산업의 발달	126		스톤헨지 완성	19
석탄 채광 시작	79		스페인 독감 유행	222
선덕 여왕	55		스푸트니크 발사	259
섭씨온도 사용	130		시험관 아기 탄생	269
성 조르지오 은행	89		신대륙의 발견	94
성수 대교 붕괴	282		신돌석	195
세계 최초 놀이공원	105		신라 건국	36
세월호 침몰	295		신라의 한강 유역 차지	50
세종 대왕	91		신미양요	174
세포이 항쟁	160		신사임당	98
셰익스피어	102		신성 로마 제국의 탄생	61
소련 붕괴	279		신유박해	140
소비에트 연방 설립	227		신채호	225
소수의 사용	105		신흥 무관 학교	213
소크라테스	30		실용적 잠수함 등장	140
솔로몬	25		실크 로드	36
송나라 건국	66		십진법 발명	45
수나라 건국	52			
수소 발견	133		### 아	
수소 폭탄 실험	256			
수원 화성 완공	139		아관파천	198
수은 온도계 발명	128		아르키메데스	34
수학 기호 +, – 사용	94		아부심벨 신전 건립	24
순수 알루미늄 채취	186		아브라함	20
스마트폰의 등장	281		아이작 뉴턴	121
스크린을 통한 영화 상영	196		아이티 지진	293
스탈린	227		아인슈타인	206

아테네 민주주의	29		영조	129
아편 전쟁 발발	151		예수	39
안네의 일기 출간	250		오바마 대통령 취임	292
안시성 전투	54		오스만 제국	83
안중근 의사 의거	211		오존 구멍 관찰	273
알렉산더 대왕	32		올림픽의 시작	26
알파벳의 시작	21		왕건	64
앙코르 와트 건설	73		우리나라 최초의 국가 건국	18
얄타 회담	243		우정국 설치	181
어린이날 제정	228		우표 등장	150
에니악 개발	250		운디드 니 학살	189
에도 시대의 시작	110		『운명 교향곡』 완성	142
에디슨	178		운요호 사건	175
에베레스트 높이 측정	157		워털루 전투 패배	145
에베레스트산 최초 등반	257		원산 학사 설립	179
에어컨 등장	204		원소 주기율표 완성	173
에이브러햄 링컨	165		원자 폭탄 사용	245
에이즈 확인	272		원자 폭탄 실험	244
에펠탑	189		원자력 발전소 가동	255
엘리자베스 여왕	101		월드 와이드 웹(WWW) 공개	280
엠파이어 스테이트 빌딩 건축	231		위성 항법 장치(GPS) 상용화	283
여객 비행기 운항	234		위화도 회군	86
여성 참정권 시위	213		유관순	223
여성 참정권 운동	191		유럽 최초의 신문 발간	111
여진 정벌	72		유럽 최초의 지폐 출현	118
연개소문	54		유럽으로 간 차 문화	112
연합군의 이탈리아 침공	241		유로화 사용	289

항목	쪽
유성 영화 등장	229
유신 헌법	267
유인 우주 비행	262
유튜브 등장	290
을미사변	195
을사늑약 체결	207
이란·이라크 전쟁	271
이륜 자전거 발명	149
이메일 사용	278
이산화탄소 발견	130
이성계	87
이순신	109
이승만	253
이육사의 「청포도」	236
이자겸의 난	73
이차돈	49
인간 게놈 지도 완성	291
인공 탄산수 개발	133
인도 굽타 왕조 등장	46
인도 독립	251
인도 카스트 제도 등장	25
인도의 비폭력 저항 운동	224
인류 최초의 병원	31
인상주의 탄생	174
인쇄 신문의 등장	59
인조반정	115
인천 상륙 작전	254

항목	쪽
일본 개항	158
일본 통일	106
일본의 만주 점령	232
일본의 쓰시마 전투 승리	205
일본의 야마토 정권	46
일본의 제2차 세계 대전 가담	238
임오군란	178
임진왜란	106

자

항목	쪽
자격루 제작	90
자유의 여신상, 뉴욕 도착	185
잔 다르크	83
장보고	62
재봉틀 개발	152
전구 등장	177
전보의 상용화	163
전봉준	193
전자 현미경 개발	233
전자기 발견	147
전자식 디지털 컴퓨터 등장	238
전파의 발견	187
점자 창안	148
정묘호란	115
정약용	139
정유재란	108

정조	129		지구의 제작	95
제1차 세계 대전	221		지구의 크기 측정	33
제1차 십자군 전쟁	72		지진, 중국 강타	268
제2차 세계 대전 발발	237		『직지심체요절』 제작	85
제너럴셔먼호 사건	166		진공청소기 개발	210
제니 방적기 발명	132		진시황제	35
제인 구달, 침팬지 연구 시작	260		진주 대첩	107
제트기 시험 비행 성공	236		진주만 공습	239
제헌 국회 헌법 공포	252		진흥왕	51
조선 건국	87			
조선, 전화기 설치	200		**차**	
조선어 학회 설립	232			
종교 개혁	99		차이콥스키	150
종이의 발명	43		찰스 로버트 다윈	161
주몽	38		챌린저호 폭발	275
중국 건국	253		척화비 건립	174
중국 상 왕조 등장	21		천안함 침몰	293
중국 진나라 등장	34		천연두 예방 접종	138
중국 최초의 왕조 개국	19		천연두, 아메리카 강타	132
중국 춘추 전국 시대	26		천왕성 발견	136
중국 톈안먼 사건	277		철기 등장	23
중동의 석유 개발 시작	233		첨성대 건립	54
중일 전쟁	235		첫 삼국 통일	58
증기 기관 발명	127		첫 심장 이식 수술	265
증기 기관차 시운전 성공	141		첫 유리 제작	23
지구 온난화 예측	197		첫 토기 사용	14
지구의 자전 증명	157		청교도 아메리카 도착	114

청나라 건국	113
청나라 마지막 황제 퇴위	216
청동의 등장	16
청러 조약 체결	122
청산리 전투	226
청일 전쟁	194
청프 전쟁	181
청해진 설치	61
체르노빌 원자력 발전 사고	274
체인 자전거 등장	183
초신성 관측	104
최무선	86
최초 비단 생산	17
최초의 가축 개의 등장	14
최초의 공상 과학 소설 등장	166
최초의 동전	27
최초의 문자 점토판	16
최초의 사진	147
최초의 세계 일주	99
최초의 수력 발전소	196
최초의 수혈	120
최초의 열기구 비행	136
최초의 오토바이 제작	185
최초의 의학 기록	22
최초의 일식 기록	20
최초의 자동차 등장	184
최초의 잠수함 제작	134

최초의 전화기 발명	159
최초의 전화기 특허	176
최초의 지동설	33
최초의 한글 소설 「홍길동전」	103
최초의 화약 발명	62
최초의 휴대용 시계 발명	98
최충헌	75
추시계 발명	117
축음기 발명	177
칠정산 완성	90
칭기즈 칸	78

카

커피의 발견	62
컬러텔레비전 등장	255
케네디 암살	264
케플러의 법칙	111
코로나19	297
콜라 등장	187
콜럼버스	95
콜레라 원인 규명	158
콜로세움 건축	43
쿠빌라이의 중국 통일	82
퀴리, 방사능 측정	201

타

타이태닉호 침몰	216
타지마할 착공	115
탕평책 실시	128
태극기 최초 사용	179
태양 중심설 주장	102
태양 흑점 발견	112
태평양 전쟁 발발	240
태평천국의 난	156
테레사 수녀, 노벨 평화상 수상	270
텔레비전 시대 개막	229
토지 조사 사업	212
통신 위성 발사	263
통조림 발명	143
투탕카멘 무덤 발굴	227
트랜지스터 개발	251
트로이 유적지 발견	173

파

파나마 운하 개통	220
파라오의 등장	17
파르테논 신전 완공	31
파리 조약	132
파스퇴르 발효 연구	160
파스퇴르 백신 개발	186
파피루스 종이 제작	17
팔만대장경 제작	80
페니실린 발견	230
페르시아 전쟁	29
페르시아 제국 등장	28
포니 익스프레스 출현	162
폼페이 최후의 날	42
표현주의 탄생	191
풍차 사용	63
프랑스 대혁명	137
프랑스 함락	238
프로토콜 사용	273
플라스틱 발명	172
플라톤	32
피라미드 축조	18
피보나치 숫자	77
피사의 사탑	75
피아노 발명	127
피의 일요일	206
피카소의 게르니카	235
피타고라스의 정리	28

하

한국 최초 위성 나로호 발사	292
한국광복군 조직	239
한반도 인류 출현	12

한반도에 빗살무늬 토기 등장	15
한산도 대첩	107
한일 강제 병합	212
한일 월드컵 개최	288
한자 동맹 결성	81
한자의 정리	35
함무라비 법전	20
핼리 혜성	126
행주 대첩	108
허블 우주 망원경	279
허준의 『동의보감』	112
헤이그 특사 파견	208
현금 자동 입출금기 설치	266
혈액형 개념 등장	203
호모 사피엔스 출현	13
호주의 골드러시	156
홍경래의 난	144
홍콩 반환	285
화씨온도 사용	128
화통도감 설치	85
활과 화살 사용	13
활동사진 영사기 개발	190
황건적의 난	43
황룡사 9층 목탑 소실	80
황산벌 전투	56
후고구려 건국	63
후백제 건국	63
후삼국 통일	65
후쿠시마 원자력 발전소 사고	294
훅의 세포 발견	119
훈민정음 창제	91
휴대 전화 등장	268
휴전 협정	256
흑사병 창궐	84
흥선 대원군	170
히틀러	237

기타

'0'의 개념 확립	49
3·1 운동	223
3·15 부정 선거	261
4·19 혁명	261
5·10 총선거	252
5·16 군사 정변	263
5·18 광주 민주화 운동	271
6·25 전쟁	254
6·29 민주화 선언	276
6월 민주 항쟁	276
9·11 테러	288
10·26 사태	270
IMF 경제 위기	284
UN, 국제 연합 탄생	247
X선 발견	194

사진 출처

ⓒ강진군다산박물관
p139(목민심서)

ⓒ강화역사박물관
p80(팔만대장경), p85(직지)

ⓒ공공누리
p284(금 모으기 행사)

ⓒ국립경주박물관
p18(비파형 동검)

ⓒ국립고궁박물관
p108(비격진천뢰), p112(동의보감), p129(영조 어진)

ⓒ국립민속박물관
p164(대동여지도), p211(백두산정계비), p212(한일 합병 공고문), p252(5·10 총선거), p261(7·29 총선거), p264(경제 개발 5개년 계획 우표), p275(아시안 게임 유니폼, 입장권), p277(호돌이)

ⓒ국립중앙박물관
p15(빗살무늬 토기), p49(이차돈 순교비), p76(송광사 노비 문서), p79(고려 금속 활자), p85(화포), p93(경국대전), p98(수박과 들쥐), p103(홍길동전), p162(최제우), p171(고종), p174(척화비), p175(강화도 조약 관련 보고서), p178(임오군란), p183·p199(독립신문)

ⓒ국립한글박물관
p225(백범일지)

ⓒ국채보상운동기념관
p209(국채 보상 운동 영수증)

ⓒ대한민국역사박물관
p265(경인 고속 도로)

ⓒ문화재청
p42(금동관, 철제 갑옷), p55(선덕 여왕 무덤과 비석), p57(낙화암), p73(삼국사기), p79(강화 고려 궁궐터), p80(황룡사지), p87(태조 어진), p91(용비어천가), p108(대완구), p108(현자총통), p181(우정총국), p200(환구단), p202(경인선 레일), p223(유관순), p225(대한 매일 신보)

ⓒ예산군청
p170(남연군 묘)

ⓒTelefonaktiebolagetLMEricsson
p200(에릭슨 전화기)

ⓒ위키백과
p19(순임금), p22(최초 의학 기록), p23(신라 갑옷), p25(솔로몬), p29(페르시아 전쟁), p37(무용총 수렵도), p46(일본 불상), p48(평양성), p52(수나라 악사), p64왕건), p70(요나라 기병대), p74(둥근 세계 지도), p81(동방견문록), p82(쿠빌라이), p90(보루각 자격루), p91(훈민정음 서문), p106(무적함대), p106(도요토미 히데요시), p106(부산진 순절도), p108(거북선), p109(난중일기와 글씨), p110(도쿠가와 이에야스), p114(베스트팔렌 조약), p116(파스칼 계산기), p117(진자시계), p118(교자), p118(스톡홀름 은행권), p119(코르크 세포), p127(피아노), p130(셀시우스), p132(제니 방적기), p137(바스티유 습격), p137(프랑스 대혁명), p138(제너의 종두법), p140(볼타 전지), p147(헬리오그래피), p148(빅토리아 여왕), p151(난징조약), p152(에

테르 수술), p156(태평천국 동전), p159(멘델), p160(드레이크 유정), p163(폴 브로카), p164(노예 해방 선언문), p167(병인양요), p169(메이지 천황), p170(흥선 대원군), p174(인상), p177(에디슨), p177(전구), p179(데니 태극기), p181(청프 전쟁), p182(김옥균), p183(서재필), p183(로버 세이프), p188(코닥 광고), p190(키네토스코프 내부), p190(키네토스코프 관람), p191(절규), p191(흰 소), p193(전봉준), p194(평양 전투), p194(방사선 사진), p195(건천궁), p196(시네마토그래프), p201(퀴리 부인), p201(베이제린크), p202(경인선 개통식), p204(월리스 캐리어), p204(라이트 형제), p205(포츠머스 조약), p207(을사늑약), p208(헤이그 특사), p209(고종), p209(순종), p210(초기 진공청소기), p216(푸이), p220(사라예보), p229(재즈 싱어), p235(중일 전쟁), p238(ABC 컴퓨터), p239(한국광복군), p240(루스벨트와 대표들), p251(간디), p253(이승만), p257(디즈니), p263(박정희), p265(크리스천 버나드), p268(다이나택), p268(알테어 8800), p271(광주 시민), p274(이산가족 상봉), p281(IBM의 사이먼), p282(성수 대교), p284(삼풍백화점), p288(세계 무역 센터)

ⓒ개인 자료

p12(금굴) ⓒ네이버 블로그 bcs83

p27(리디아 동전) ⓒ뉴스다임

p51(진흥왕 순수비) ⓒ네이버 블로그 scientistts

p72(윤관 동상) ⓒ네이버 블로그 dmitrii00

p98(최초 휴대용 시계) ⓒ네이버 블로그 ringostar40

p129(정조 어진) ⓒ네이버 블로그 hyeng 19

p149(맥밀런의 자전거) ⓒ네이버 블로그 gbnadri

p195(건청궁) ⓒ네이버 블로그 asherjin

ⓒ셔터스톡

그 외 사진 전부

p21(상나라의 청동 유물들) Shan_shan

p22(갑골 문자, 우) Shan_shan

p26(논어) Shan_shan

p30(살라미스 해전) photo stella

p35(병마용, 상) SIHASAKPRACHUM

p36(석가탑) KoreaKHW

p37(장군총) beibaoke

p38(미륵사지 석탑) aminkorea

p38(백제 금동 대향로) Johnathan21

p47(광개토 대왕릉비) beibaoke

p50(무령왕릉과 장식품) Johnathan21

p51(무함마드 무덤) Photographer RM

p53(대안탑) WeiShen

p59(발해 석등) beibaoke

p60(바이킹의 배) paparazzza

p72(볼로냐 대학) RossHelen

p77(몽골 부족) Dmitry Chulov

p78(칭기즈 칸 동상) toiletroom

p83(잔 다르크) Nikonaft

p88(아담의 창조) Creative Lab

p91(세종 대왕) motive56

p92(최후의 만찬) Ungvari Attila

p93(성서) Rolf_52

p95(콜럼버스) Everett Collection

p95(지구의) Sergey Kohl

p105(뒤레하우스바켄) Stig Alenas

p110(마테오 리치) Zvonimir Atletic

p110(에도 시대 모습) nosonjai

p114(메이플라워호) chrisdorney

p119(런던 대화제 기념주화) CarlsPix

p121(뉴턴) Nicku

p138(루브르 박물관) JeanLuclchard

p141(페니다렌호) Zoltan Katona

p145(그림 형제) zabanski

p150(최초의 우표) Doctor Jools

p153(미국 멕시코 전쟁) Everett Collection

p162(포니 익스프레스) catwalker

p163(남북 전쟁) Everett Collection

p173(트로이 목마) Nejdet Duzen
p176(벨) Everett Collection
p184(삼륜 자동차) Sirio Carnevalino
p184(사륜 자동차) Sirio Carnevalino
p184(메르세데스-벤츠 로고) ArifinArt
p184(벤츠 자동차) medvedsky.kz
p187(코카콜라) vengerof, vvoe
p194(뢴트겐 박물관) John Kehly
p196(시네마토그래프) TPSTOCK
p196(수력 발전소) ValeStock
p197(파나티네코 경기장) PNIKOL
p211(안중근 우표) IgorGolovniov
p213(팽크허스트) Jonathan Tallon
p215(아문센) Sergey Goryachev
p215(모나리자) SIAATH
p216(타이태닉호) Everett Collection
p217(베게너) Galyamin Sergej
p223(서대문 형무소) E_Ryu
p224(대한민국 임시 정부) Tada Images
p226(대서양 횡단 비행) Olga Popova
p227(스탈린) Viacheslav Lopatin
p227(투탕카멘 무덤) Nick Brundle
p231(엠파이어 스테이트 빌딩) Joseph Sohm
p234(더글러스 DC-3) Dino Ramic
p235(게르니카) tichr
p237(히틀러) Everett Collection
p237(나치) C. Welman
p240(아우슈비츠) Cavit Gencturk
p240(시체 소각로) Brandon Fike
p241(무솔리니와 히틀러) Everett Collection
p245(에놀라 게이) Dan Thornberg
p245(히로시마) Everett Collection
p247(국제 연합) Alexandros Michailidis
p250(안네) GiuseppeCrimeni
p253(마오쩌둥) 4H4 Photography

p254(맥아더 장군) Johnathan21
p258(마틴 루터 킹) catwalker
p259(루나 우표) Timofeeff
p260(비틀스) Imma Gambardella
p260(제인 구달) Tinseltown
p262(보스토크 1호 내부) yakub88
p262(베를린 장벽 일부) Tupungato
p264(케네디) chrisdorney
p267(비디오 게임 퐁) Tinxi
p271(이란·이라크 전쟁) Northfoto
p275(챌린저호 폭발) Everett Collection
p275(희생자 추모비) LEE SNIDER PHOTO IMAGES
p277(올림픽 경기장) bonandbon
p277(천안문) Jono Photography
p278(베를린 장벽 붕괴) Ppictures
p280(미국 시민!) Joseph Sohm
p282(김일성, 김정일 동상) Torsten Pursche
p283(넬슨 만델라) mark reinstein
p285(홍콩 보안법 반대) Jimmy Siu
p285(복제 양 돌리) Jeff Whyte
p286(구글 검색 엔진) Castleski
p288(9·11 테러 현장) Anthony Correia
p288(붉은 악마) Johnathan21
p290(유튜브) rvlsoft
p291(반기문) A.PAES
p292(나로호) Photo Atrium
p292(오바마) Frederic Legrand - COMEO
p293(아이티) arindambanerjee
p293(천안함 추모비) Sunset.KIM
p294(부르즈 할리파) Junior Braz
p294(후쿠시마 쓰나미) Fly_and_Dive
p295(세월호 추모) Joshua Davenport
p296(말레이시아 여객기 피격) Alexander Chizhenok
p297(마스크 쓴 사람들) fotografkr

312